高校职务科技成果权属改革：理论与实践

陈　光　唐志红　周贤永 等　著

科 学 出 版 社
北　京

内容简介

本书系国内较早以“高校职务科技成果权属”为主题的专著，主要研究论述高校职务科技成果权属改革的理论基础与实践价值，致力于为持续推进和深化科技成果转化体制机制改革提供理论支撑和实践指导。本书简要介绍我国高校职务科技成果混合所有制改革背景，从经济学角度构建高校职务科技成果权属配置的理论分析框架，并对我国高校职务科技成果权属改革历程进行梳理，对主要发达国家和地区的高校职务发明成果转化制度进行对比分析，同时精选改革区域实践与典型案例，对我国高校职务科技成果混合所有制改革情况进行了剖析、总结与展望。

本书主要适合高等院校师生、相关科研院所研究人员以及政府相关部门的管理者阅读和使用，也可为高新技术企业和相关领域的人士提供参考。

图书在版编目(CIP)数据

高校职务科技成果权属改革：理论与实践 / 陈光等著. —北京：科学出版社，2022.10

ISBN 978-7-03-073336-8

Ⅰ.①高… Ⅱ.①陈… Ⅲ.①高等学校-科技成果-所有权-体制改革-研究-中国 Ⅳ.①G644

中国版本图书馆 CIP 数据核字（2022）第 182069 号

责任编辑：郑述方 / 责任校对：彭　映
责任印制：罗　科 / 封面设计：墨创文化

科学出版社出版
北京东黄城根北街16号
邮政编码：100717
http://www.sciencep.com

成都锦瑞印刷有限责任公司印刷
科学出版社发行　各地新华书店经销
*
2022年10月第　一　版　开本：787×1092 1/16
2022年10月第一次印刷　印张：10
字数：238 000

定价：118.00 元

（如有印装质量问题，我社负责调换）

前　言

截至 2018 年，我国发明专利申请量和授权量居世界第一，有效发明专利保有量居世界第三，但是科技成果转移转化的效率、质量不高，这一直是我国科技界备受关注的问题之一。与欧美发达国家的成果转化率相比，我国的科技成果转化率较低。有关数据表明，我国整体科技成果转化率仅为25%左右，真正产业化的不足 5%。根据 2017 年国家知识产权局网站发布的《高校专利转化现状调查研究》，我国的高校专利转化率仅为 5%～10%。高校科技成果转化难问题并非中国特有，而是世界各国共同面临的难题，因此被科学家称为“死亡之谷”。美国《拜杜法案》的出台，在 20 世纪 80～90 年代极大地提升了美国高校的专利申请和转化数量，然而，2000 年后美国各大学专利申请量又逐渐减少，有学者认为出现这种现象是因为《拜杜法案》作为一种激励性立法，其制度优势已经释放殆尽，出现了“效用终结”现象。日本为了建立激励机制，颁布了《大学技术转让促进法》，甚至将职务科技发明所有权的大部分赋予个人，但科技成果转化率依然低迷。北欧一些国家创设“教授特权”制度，其取得的实际效果也十分有限。

为推动科技成果转化为现实生产力，中国从 20 世纪 80 年代确立科技发展的“依靠”“面向”方针，并启动试点改革，近年来突出企业创新主体地位、不断深化“三权改革”，走过了漫长的探索之路，但“科技与经济的深度融合”问题，直到 2015 年全面创新改革试验区的建设启动时，依然是需要解决且具有全局性的体制机制难题之一。

2016 年 1 月，西南交通大学正式启动“职务科技成果混合所有制”改革，其核心含义是职务科技成果知识产权由职务发明人和学校共同所有，具体实现路径包括既有职务科技成果知识产权的分割确权，以及新知识产权的共同申请。从“职务科技成果混合所有制”改革的“破冰之举”，到 2018 年国务院决定在全国 8 个“全面创新改革试验区”推广“以事前产权激励为核心的职务科技成果权属改革”（见《国务院办公厅关于推广第二批支持创新相关改革措施的通知》）。实际上，高校科技成果本身的质量、成熟度、稳定性、与市场需求的契合度、知识成果的人身依附性、技术价值评价的特性、制度安排等都是影响高校职务科技成果转化的因素，权属制度安排只是其中一个。但在全球技术转移转化领域，科技成果的权属问题在理论和实践上都存在“模糊区”。本书“敢于”在这个时候挑战这一“世界性难题”，与其说是因为具有科学研究的“勇气”，毋宁说是因为波澜壮阔的中国经济社会发展过程中，前所未有的改革精神带来的历史性激励。

本书全面梳理了 1985 年以来中国科技体制的改革历程，总结了在政治法律、管理体制和创新发展背景下，中国从产权结构角度破解科技成果转化“死亡之谷”这一世纪迷思的经验。基于具体实践，将“高校职务科技成果权属”改革突破性地概括为“权利混合所有”“产权奖励前置”“专利质量提升”“无形资产界定”四个方面，融合法学、经济学、管理学的研究范式，首次建构高校职务科技成果混合所有制的全新理论分析框架，提出了以经济学效率为核心的新型 Y 效率理论。结合各国的创新实践，深入研究美国《拜杜法案》、加拿大的滑铁卢大学改革、北欧的“教授特权”制度变迁、英国职务发明制度、日本职务发明制度、以色列技术转移机构的管理范式等对我国科学技术成果转化的政策启示。本书还从专利确权、价值评估、技术转移、公司化运作等方面进行了多案例研究，为高校职务科技成果权属改革实践提供指南。本书适合高等院校师生、相关科研院所的研究与管理人员以及政府相关部门的管理者阅读和使用，也可为高新技术企业和相关领域的人士提供参考。

本书是西南交通大学创新创业与公共政策研究团队的集体成果。参加本书撰写的老师包括刘凤(第 1 章、第 3 章)、唐志红(第 2 章部分)、刘桂花(第 4 章部分)、明翠琴(第 4 章部分)、周贤永(第 2 章部分、第 6 章)、刘鑫(第 2 章部分、第 5 章部分、第 7 章)，李婷婷完成了第 5 章“试点政策效果评价”部分。陈光、刘凤、周贤永对全书进行了完善和修订，钟方媛参与了书稿校对和资料补充工作。感谢科学出版社张展、郑述方、李昀烨等同志的协调工作，没有他们的辛勤付出，本书不可能与读者见面。

陈　光

2019 年 9 月 1 日

目　　录

第1章　引言：科技界的“小岗村”

1.1　世界性难题

科技成果的转移转化是科技进入国民经济主战场的主要途径，与欧美发达国家的科技成果转化率相比，我国科技成果转化率较低。自1985年科技体制改革以来，我国通过建设技术交易市场、组建工程研究中心、创立企业孵化器和大学科技园、允许高等院校和科研院所办企业等措施，在一定程度上促进了科技成果的转移转化，但人们常说的“两张皮”问题始终没有得到有效解决。国家知识产权局统计数据显示，2016年我国拥有的106.6万项有效职务发明专利中，高等院校拥有21.05万项，占19.7%，科研院所拥有8.4万项，占7.9%。但有数据显示，我国高校的科技成果转化率非常低[①]。高校科技成果转化难问题并非中国特有，而是世界各国共同面临的难题，因此被日本科学家称为“死亡之谷”。如何走好高校科技成果转化的“最后一公里”？该问题在世界上一直备受关注。

美国在《拜杜法案》颁布之前，由政府资助的科研项目产生的专利权，一直归属于政府，复杂的审批程序导致政府资助的技术很少向私人部门转移。截至1980年，美国联邦政府持有近2.8万项专利，但只有不到5%的专利技术被转移到工业领域并实现商业化[②]。虽然《拜杜法案》在20世纪80～90年代极大地提升了美国高校的专利申请和转化数量，然而，2000年后美国各个大学专利申请量又逐渐减少，有学者认为这种现象是因为《拜杜法案》作为一种激励性立法，其制度优势已经释放殆尽，出现了“效用终结”现象。

日本的大学虽然依据日本政府1998年颁布的《关于促进大学等的技术研究成果向民间事业转让的法律》(以下简称《大学技术转让促进法》，被称为日本的《拜杜法案》)，纷纷成立或合作成立了技术转让机构(Techology Licensing Organization，TLO)[③]，日本的国立大学职务科技发明所有权的80%被赋予了个人，但科技成果转化率依然低迷。德国1957年制定的《雇员发明法》采用发明人特权制度，即高校教师作为发明人，对其发明创造享有自由支配的权利，但科研成果也难以实现产业化，科技成果转化率同样保持在低位。北欧一些国家虽然有“教授特权”制度，但其科技成果转化的效果也十分有限。

高校职务科技成果转化何以成为世界各国的共同难题？其根本原因在于科学技术系统和社会经济系统之间异常复杂的耦合关系。这主要表现在以下4个方面。

---

① 教育部《中国高校知识产权报告(2010)》的统计数据显示，我国高校专利转化率一般低于5%。

② 很多人认为，政府资助产生的发明被“束之高阁”的原因在于该发明的权利没有得到有效配置：政府拥有专利权，但没有动力和能力对其进行商业化；私人部门有动力和能力实现商业化，但得不到权利。

③ 2002年7月，经日本文部科学省与经济产业省承认设立的TLO共有27个，它们分别以财团法人、大学校内机构(私立大学具有法人资格)、股份公司、有限公司的形式注册，也就是说TLO必须具备法人资格，而日本的国立大学在法律上不具有法人资格，它只是国家机构的一部分，不能进行有交易行为的商业活动，不能单独创办 TLO。

一是技术的复杂性。技术成果的属性、类别、成熟度不同，其转化和运用就必然存在差异。技术兼具知识属性和商品属性，科技成果转化“少”的含义，首先是可供转化的高质量的成果“少”；其次是转化环节的复杂性高，价值评估、小试、中试、样品、试生产、量产等环节众多，在成果运行的任何一个环节，转化失败的可能性都较高。

二是市场的复杂性。市场需求和市场信号的动态性、随机性、不确定性致使技术成果在走向市场时必然面临风险性和多样性。风险性源于技术供给与市场需求的结构性矛盾，其导致技术成果的生产者、经营者、消费者之间产生复杂的技术市场关系。多样性源于技术价值的多元市场评估，以及“技术势差”和“技术扩散”导致的市场波动效应等。

三是技术成果的人身依附性。由于知识创造和生产的人因属性，即使是职务科技成果，也不是单纯由物质条件、项目经费等要素投入的产物，而是研究者创造性脑力劳动和科学思维同物质条件共同作用的结果。在此作用过程中，智力投入对科技成果的贡献，往往是成果最具价值的核心部分，因而技术成果具有明显的人身依附性，研究者拥有的隐性知识往往难以展示，所以在科技成果转化过程中，专业化支撑是极其重要和不可或缺的。

四是成果转化环境的复杂性。职务科技成果的法律环境、制度规范、管理体制和资源约束等导致成果转化具有环境上的复杂性。法律政策和管理体制的刚性与调控和管理的变动性，相关制度、法律法规可能出现的不协调和冲突等，都会使得成果运行转化的环境因时因地而不同，凸显出技术成果转化过程的复杂性。

实际上，高校科技成果本身的成熟度不高、稳定性不够、与市场需求的契合度不够，以及高校以科学研究和人才培养作为主要任务的基本特点等，都是影响高校职务科技成果转化的因素。在高校职务科技成果转化过程中，成果的权属制度安排只是其中一个因素。然而，在全球技术转移转化领域，职务科技成果的权属问题在理论和实践上都存在“模糊区”。本书“敢于”在这个时候挑战这一“世界性难题”，与其说是因为有“勇气”，毋宁说是因为中国经济和社会发展中，前所未有的改革精神带来的历史性激励。

当前，我国经济已由高速增长阶段转向高质量发展阶段，在转变发展方式、优化经济结构、转换增长动力的攻关期，解决当前高校科技成果转化率低这一世界性难题，提升高校职务科技成果转化效率，推动中国制造向中国创造转变，在创新发展时代既是大势所趋，又是形势所迫。

实践是检验真理的唯一标准。理论之树长青，是因为实践拥有不断前行的品格与动力。理论只有深刻反映并揭示实践的规律，才能不断丰富、拓展人类的知识宝库。

1.2 破冰之举

在中国西部的中心城市成都，一场源于高校的职务科技成果混合所有制改革，就将探索的触角伸向了直接改变生产关系的制度设计领域。2016 年 1 月 4 日，西南交通大学第十四届党委会第 24 次常委（扩大）会议按计划进行，议程进行到学校专利管理规定审定时，会场气氛凝重，在与会者激烈讨论后，审定通过了《西南交通大学专利管理规定》（西交党常纪〔2016〕1 号）。这就是后来被称为“西南交大九条”的著名改革文件。

“西南交大九条”的核心内容，也是引起法学界、政策界和实际操作层面争议最大的内容，是第二章“权属”部分提到的“职务发明权属混合所有制”的内容。文件规定“执行学校的任务或者主要利用学校物质技术条件完成的发明创造为职务发明创造。依照法律法规及各项政策规定，为实现对职务发明人或职务发明人团队（以下统称职务发明人）的奖励，学校将奖励前置简化为国有知识产权奖励。对既有专利和专利申请，学校通过专利权人和专利申请人变更的方式实现对职务发明人的奖励；对新的专利申请，学校通过共同申请实现对职务发明人的奖励。学校与职务发明人就专利权的归属和申请专利的权利签订奖励协议，规定或约定按 30%∶70%的比例共享专利权”。职务科技成果混合所有制的核心含义是职务科技成果知识产权由职务发明人和学校共同所有，具体实现路径有两个：既有职务科技成果知识产权的分割确权，以及新知识产权的共同申请。后来该校又将产权奖励比例调整为科研团队、学校、学院三方按 70%∶20%∶10%分配。

事实上，在“西南交大九条”出台之前，西南交通大学国家大学科技园就已经进行了职务科技成果混合所有制改革（以下简称“混改”）的尝试。2010 年，西南交通大学国家大学科技园将“隧道及地下工程喷膜防水材料”项目作为职务科技成果混合所有制试验的第一个方案，将原为西南交通大学所有的专利变更为教授团队与国家大学科技园共同所有，经第三方评估作价 500 万元入股成都嘉洲新型防水材料有限公司，教授团队持有其中 300 万元股份。该成果又在成都嘉洲新型防水材料有限公司内，经过 3 年多的产品化研发，于 2014 年完成了产品化，已取得 3000 多万元的销售收入。2012 年西南交大材料学院 HN 教授团队研发的“新型心血管支架”系列职务发明专利由西南交通大学持有，该系列专利由 20 多项发明专利组成。西南交通大学国家大学科技园作为该项目产业化的牵头方，在 2012 年与学校签订专利转让协议，将学校所有的职务发明专利权转移到国家大学科技园名下。由国家大学科技园向国家知识产权局出具专利权人变更申请文件，实现了发明人团队组建的公司与国家大学科技园共同持有专利权，通过第三方评估，该系列专利作价 1500 万元，发明人团队组建的公司持有 750 万元股权，促进了该成果的转化。2015 年，西南交通大学已有 4 个教授团队与科技园、投资方成立了科技型创业公司并进入孵化阶段。职务科技成果混合所有制的探索实践，极大地激发了大学科研团队推进科技成果转化的热情，并取得了较好的效果。2010～2015 年，西南交大仅有 14 项专利得到转让或许可。2016 年“西南交大九条”实施后，西南交大完成了超过 205 项职务发明知识产权分割确权，成立 24 家高科技创业公司，知识产权评估作价入股 1.3 亿元人民币，带动社会投资 8 亿元人民币[①]。

职务科技成果混合所有制改革也引发了巨大争议，争议焦点有三。一是我国的公立高等学校教师属于事业单位编制，国家财政支付发明人工资，按照《中华人民共和国专利法》的相关规定，雇主应当享有职务发明的专利权。因此，职务发明权属从法律上说应当为雇主即国家所有。二是为了促进科技成果转化，《中华人民共和国科学技术进步法（2007 年修订）》和《中华人民共和国促进科技成果转化法（2015 年修正）》已经明确将职务发明的权属赋予学校，学校可以通过奖励的方式将职务科技成果转化后的收益奖励给发明人，从

① 资料来源：唤醒“沉睡”中的科技成果——西南交大“混改”试验效应明显，科技日报，2019-02-01。

结果上看，这并不影响发明人的收益，因此，是否还有必要将产权明确给予发明人，即进行混合所有制改革，是有待进一步研究的问题。三是职务发明的权属在法理上属于国家，根据国有资产管理相关规定，如果将专利权一部分分割给个人或课题组，可能引发国有资产流失的问题。

艰难的探索也伴随着社会的关注。西南交通大学的职务科技成果混合所有制改革，在全国产生了很大影响，2016 年 5 月 21 日，中央电视台《新闻联播》节目，以《科技成果确权 自主创新提速》为题，用近 5 分钟专题报道了西南交通大学在加速科技成果转化中的尝试和实践，并将其称为科技领域的“小岗村试验”。同年 7 月，《经济半小时》节目又以《全面深化改革进行时：西南交大的“小岗村试验”》为题，对西南交通大学的“混改”进行了深度报道。“混改”实践正式拉开序幕后，更加激烈的争论也随之而来。有人说这是真正意义上的体制机制创新，也有人说这明显是违法违规之举。到底应该怎样看待“混改”的理论和实践意义？1962 年邓小平在接见出席中国共青团三届七中全会全体同志时指出，“生产关系究竟以什么形式为最好，恐怕要采取这样一种态度，就是哪种形式在哪个地方能够比较容易比较快地恢复和发展农业生产，就采取哪种形式；群众愿意采取哪种形式，就应该采取哪种形式……”[①]，也许这是观察新生事物应有的态度。“法无禁止即可为，法无授权不可为”，法律具有规范作用、评价作用、教育作用，能够直接或间接影响人们的行为模式，是一切实践的行动指南。事实上，建立法律规范的过程，也是人们不断深化实践的过程。

《中华人民共和国促进科技成果转化法(2015 修正)》第十八条明确规定国家设立研发机构、高等院校对其持有的科技成果，可以自主决定转让、许可或者作价投资；第十九条提出职务科技成果完成人和参加人在不变更职务科技成果权属的前提下，可以根据与本单位的协议进行该项科技成果的转化，并享有协议规定的权益。“三权改革”让高校拥有了科技成果的使用权、处置权和收益权，打破了高校科技成果转化的藩篱，许多高校将对发明人的奖励比例提高到 80%，甚至 90%。

然而，这场改革在实际操作过程中却遇到了一些问题。在股权激励方面，由于高等院校和科研院所的科技成果是国有无形资产，完成单位和个人的产权分割需要多个部门审批和多至数年的时间，程序十分烦琐。在价值评估方面，高等院校和科研院所将专利许可转让给企业，虽然可以产生较高的商业价值，但可能会受到使国有资产流失或低价出售的质疑，导致科技成果所属单位及其负责人“不敢转”，加之科技成果转化存在显著的不确定性和较高的风险，所以，实际上许多高校倾向于将科技成果长期“锁在抽屉里”[②]。

在多年的职务科技成果转化实践探索中，西南交大深刻体会到“不变更职务科技成果权属的前提”这项规定虽然使得高校拥有了《中华人民共和国科学技术进步法》赋予的专利所有权，以及《中华人民共和国促进科技成果转化法》赋予的专利处置权，但是因为《中华人民共和国促进科技成果转化法》赋予高校处置权的具体实施，受到《教育部直属高等

① 选自《邓小平文选(第一卷)》，人民出版社，1994。
② 中华人民共和国国家发展和改革委员会高技术产业司，全面创新改革试验百佳案例之十六——以事前产权激励为核心的职务科技成果权属混合所有制改革开辟科技成果快速转化的新路径，https://wenku.baidu.com/view/84c71b0ba0c7aa00b52acfc789eb172 dec63992c.html。

学校国有资产管理暂行办法》(教财〔2012〕6 号)等制度的约束，所以高校拥有的所有权和处置权事实上是不完整的。高校职务科技成果转化面临的层层阻碍仍然存在。《中华人民共和国促进科技成果转化法》并未触及产权的本质改革，难以从根本上改变“高校有转化权力，但没有转化动力；个人有转化动力，但没有转化权力”的困局。

2015 年，西南交通大学向四川省委省政府、成都市委市政府汇报了职务科技成果混合所有制改革试验情况，得到了四川省委省政府、成都市委市政府的支持。2015 年 12 月，四川省委发布《中共四川省委关于全面创新改革驱动转型发展的决定》，其中明确提出：“完善科技成果转移转化机制。将科技成果使用权、处置权和收益权下放至科研院所、高校。对科研院所、高校由财政资金支持形成，同时不涉及国防、国家安全、国家利益、重大社会公共利益的科技成果，由其自主实施转移转化，转移转化收益全部留归单位。开展职务科技成果权属混合所有制试点，明确科技人员与所属单位是科技成果权属的共同所有人。”2018 年修订的《四川省促进科技成果转化条例》，纳入了职务科技成果混合所有制改革相关内容，通过地方立法的方式，强化了科技成果转移转化的法治保障。

《中共四川省委关于全面创新改革驱动转型发展的决定》明确提出了将职务科技成果权属混合所有制试点作为四川省全面创新改革试验区建设的重要内容，充分肯定了西南交通大学的职务科技成果混合所有制改革试验，进一步坚定了西南交通大学改革的信心和决心。2016 年 1 月，西南交通大学正式出台了《西南交通大学专利管理规定》，正式启动了职务科技成果混合所有制改革工作。

2016 年 6 月 2 日，成都市发布了《促进国内外高校院所科技成果在蓉转移转化若干政策措施》(即“成都新十条”)，将职务科技成果混合所有制改革列为第一条：“支持在蓉高校和科研院所开展职务科技成果权属混合所有制改革。鼓励高校院所与发明人或由发明人团队组成的公司(以下简称发明人)之间，通过约定以股份或出资比例方式进行知识产权奖励，对既有职务科技成果进行分割确权；以共同申请知识产权的方式分割新的职务科技成果权属。发明人可享有不低于 70%的股权。”“成都新十条”的发布，充分肯定了西南交通大学的职务科技成果混合所有制改革试验。西南交通大学在四川省委省政府、成都市委市政府的大力支持下，决心与四川各高校和科研院所共同进行职务科技成果混合所有制改革，争取将职务科技成果混合所有制提炼成四川全面创新改革试验区中，可向全国推广复制的经验。

2016 年 11 月 7 日，中共中央办公厅、国务院办公厅印发《关于实行以增加知识价值为导向分配政策的若干意见》，指出：“允许项目承担单位和科研人员通过合同约定知识产权使用权和转化收益，探索赋予科研人员科技成果所有权或长期使用权。”

2016 年 12 月 26 日，四川省科学技术厅、四川省知识产权局发布《四川省职务科技成果权属混合所有制改革试点实施方案》。其中主要包括三个方面的试点任务：首先，是探索开展“先确权、后转化”的有效机制。其次，是推动形成体现增加知识价值的收入分配机制。充分发挥收入分配政策的激励导向作用，使科技人员收入与岗位职责、工作业绩、实际贡献紧密联系，让科技人员合理合法地实现“名利双收”。最后，是建立职务科技成果处置管理的有效方式。完善职务科技成果转化制度，在使用处置、价值评估、作价入股、企业创办等方面，形成针对性强、便于操作的实施细则。四川大学、西南交通大学等 20

所高校和研究院(所)成为试点单位。职务科技成果混合所有制改革在四川省推开试点。

2017年5月，“职务科技成果权属混合所有制改革试点”作为四川省第一批21条全面创新改革试验经验成果(川府函〔2017〕84号)之一在全省推广。

2018年9月，《国务院关于推动创新创业高质量发展打造“双创”升级版的意见》(国发〔2018〕32号)提出“试点开展赋予科研人员职务科技成果所有权或长期使用权”。

2018年12月，四川省科技厅、四川省发展和改革委员会等8部门联合发布《关于扩大职务科技成果权属混合所有制改革试点的指导意见》，明确扩大试点范围，将试点单位从20个扩大到45个，其中包括西南财经大学、中国电科集团十所等中央在川单位9个。截至2018年12月，四川省已经完成职务科技成果确权400余项，作价入股创办企业近60家，带动企业投资30亿元①。

2018年12月5日，国务院常务会议决定面向全国再次复制推广全面创新改革举措23项，其中“以事前产权激励为核心的职务科技成果权属改革”在包括四川(成德绵)、京津冀、上海、广东(珠三角)等8个全面创新改革试验区进行推广。“职务科技成果混合所有权改革”成为面向全国推广的经验。

2019年3月，中央全面深化改革委员会第七次会议审议通过《关于扩大高校和科研院所科研相关自主权的若干意见》。其中明确指出：科技、财政等部门要开展赋予科研人员职务科技成果所有权或长期使用权试点，为进一步完善职务科技成果权属制度探索路子。2019年3月29日，中华人民共和国财政部令第100号《财政部关于修改〈事业单位国有资产管理暂行办法〉的决定》，增加了第五十六条：“国家设立的研究开发机构、高等院校对其持有的科技成果，可以自主决定转让、许可或者作价投资，不需报主管部门、财政部门审批或者备案，并通过协议定价、在技术交易市场挂牌交易、拍卖等方式确定价格。”这个决定从制度上保障了高校职务科技成果处置权属的完整性。

改革之路从来都是风雨兼程、历经坎坷的，不会也不可能一蹴而就。从“西南交大九条”到“成都新十条”，从《四川省职务科技成果权属混合所有制改革试点实施方案》发布到中华人民共和国财政部《事业单位国有资产管理暂行办法》修改，从地方试点到全国经验，勇于探索的政府部门、相关高校和研究院所都在质疑声中摸索，试图找到解决问题的根本之道，探索有风险，改革有争议。一项改革举措到底应该受到质疑还是支持，从根本上说不是一个理论问题，而是一个实践问题。用邓小平同志的话来说：“判断的标准，应该主要是看是否有利于发展社会主义生产力，是否有利于增强社会主义国家的综合国力，是否有利于提高人民的生活水平。”在科学技术日益成为经济社会发展动力的今天，可以说，经济社会发展改革举措的判断标准，应该看其是否有利于释放科学研究生产力，是否有利于增强国家科技创新能力，是否有利于增进人民群众的获得感、幸福感和安全感。人们应一直秉承“让实践检验真理”的开放态度，跟踪、关注和研究职务科技成果混合所有制的改革进程。

---

① 资料来源：四川新闻网，http：//scnews.newssc.org/system/20181122/000924567.html。

1.3　问题的解决与新问题的产生

1.3.1　问题的解决

在西南交通大学等单位开始试验的“职务科技成果混合所有制改革”的核心，是将职务科技成果由单位所有改为单位和职务发明人混合所有，将“先转化、后奖励”改为“先确权、后转化”，将成果转化后的股权奖励前置为知识产权的奖励。混合所有制改革的本质是产权分割，权利的混合所有涉及产权结构，能解决或有助于解决长期以来悬而未决的体制机制问题。改革的“突破”和探索主要体现在以下四个方面。

1. 权利混合

根据《中华人民共和国专利法》相关条款中“共有专利权”和“权属约定”原则，通过已有专利权属变更、新专利共同申请两种途径，实现“共有专利权”在国家(集体)和团队(个人)之间的产权分割，从过去纯粹的“国有”改变为“混合所有”，此举引发了知识产权领域对制度创新的深入研讨，改变了理论界对“所有权不可分割”的认识，把“虚拟产权”改变为可以资产化的“物化产权”，同时明确了智力投入对科技成果的贡献，有助于解析科技成果形成过程中科研人员的必要劳动与剩余劳动的比例，为科技人员享有职务科技成果所有权的改革奠定了理论基础，改革采用了产权理论中“混合所有”或“专利共有”的概念，在理论和实践上肯定和确认了创造性脑力劳动对知识产品的价值贡献。

2. 前置奖励

将《中华人民共和国促进科技成果转化法》中允许的转化后股权奖励变为前置知识产权奖励，先确权再转化，实现事前产权激励。将科技成果处置权、收益权、分配权统一于可以预期的知识产权奖励。将“先转化、后奖励”变为“先确权、后转化”，大大简化了科技成果转化审批程序，只需高等院校审批通过，发明人或团队即可到国家知识产权局办理专利分割确权手续，专利许可或转让后即可按比例获得收益，作价入股后，职务发明人就拥有了公司的股权[①]。“先确权再转化”不仅保障了发明人的权益，激发了发明人的成果转化意愿，而且提升了职务发明人参与成果转化的动力，避免了成果转化后发明人无法取得收益或股权的情况出现，增强了发明人对成果转化的结果预期，从而大大提高了发明人深度参与科技成果转化的积极性。

3. 专利质量

长期以来，高校科研评价体系中的“唯论文论”，导致高校科研人员在申请专利成果时并不重视科研成果与市场需求的契合度，也产生了众多“泡沫专利”。这样的成果导向而非市场导向导致了一个现象，即众多的科研成果要么脱离社会需求，要么没有达到可以生产的

① 中华人民共和国国家发展和改革委员会高技术产业司，“全面创新改革试验百佳案例之十六——以事前产权激励为核心的职务科技成果权属混合所有制改革开辟科技成果快速转化的新路径”，https://wenku.baidu.com/view/84c71b0ba0c7aa00b52acfc789 eb172dec63992c.html。

成熟度，虽然成果数量很多，但是质量普遍不高。职务科技成果混合所有制能给予发明人明确的知识产权收益预期，并且在专利申请、维护费用方面也要求职务发明人承担同等的责任，所以，职务科技成果混合所有制改革的制度设计，有望反向激励职务发明人，让他们从立项、研究到申请知识产权的全过程都充分考虑成果的转化价值，从而从根源上鼓励其产出更多具备转化价值的科技成果，从供给侧改善科技成果的质量，挤出“专利泡沫”。

4. 资产界定

为贯彻落实“混改”政策，西南交通大学出台了新的《西南交通大学国有资产管理办法》，将科技成果与其他国有无形资产区分开来，一是避免了执行资产评估的障碍，也合理合法地化解了《中华人民共和国促进科技成果转化法》与《教育部直属高等学校国有资产管理暂行办法》中关于国有资产对外投资报备问题的矛盾。当然，2019 年 3 月 29 日，财政部修订《事业单位国有资产管理暂行办法》后，这个原本巨大的制度风险也从根本层面被化解了。2019 年 9 月 23 日，财政部印发《关于进一步加大授权力度促进科技成果转化的通知》，提出加大授权力度、简化管理程序；优化评估管理，明确收益归属；落实主体责任，加强监督管理；鼓励地方探索，支持改革创新四项指导性意见。

“混改”直击职务科技成果的所有权问题，改革在权利混合、前置奖励、专利质量和资产界定四个方面的突破和探索，激发了发明人对成果转化的热情，减少了《教育部直属高等学校国有资产管理暂行办法》不完善之处对高校管理人员造成的不便。当然，这项改革解决了一些老问题，同时又催生了一些更深刻的新问题。

1.3.2 新问题的产生

在职务发明人可拥有职务发明的部分产权后，以西南交通大学为代表的四川省高校科技成果转化呈“井喷”之势。西南交大等高校在职务科技成果所有权的分割确权上大胆创新，勇于实践，走出了一条路子，但职务科技成果混合所有制在现行制度与政策框架内的实施过程中，仍然面临一些深层次问题。

1. 科技成果权属在法律界定上的模糊和歧义

职务科技成果权属问题的主要法律依据是《中华人民共和国专利法》(表 1-1)。《中华人民共和国专利法》第六条共有三款，第一款的内容是“执行本单位的任务或者主要是利用本单位的物质技术条件所完成的发明创造为职务发明创造，职务发明创造申请专利的权利属于该单位；申请被批准后，该单位为专利权人”。第三款规定：“利用本单位的物质技术条件所完成的发明创造，单位与发明人或设计人订有合同，对申请专利的权利和专利权的归属作出约定的，从其约定”。第三款与第一款之间究竟是平行关系还是从属关系？不同的法学研究者和律师、法官等专业人士的理解不同，甚至有的完全相反。第三款表明，科技成果的所有权可以由单位和发明人共同所有或混合所有，而第一款则表明所有权归单位所有。而其他法律依据则更加明确地规定职务科技成果归单位所有(表 1-1)。

表 1-1　相关法律中科技成果权属的歧义

法律条文	主要内容	权属
《中华人民共和国专利法》第六条	第一款：职务发明创造申请专利的权利属于该单位；申请被批准后，该单位为专利权人	单位所有
	第三款：利用本单位的物质技术条件所完成的发明创造，单位与发明人或者设计人订有合同，对申请专利的权利和专利权的归属做出约定的，从其约定	可以混合所有
《中华人民共和国科学技术进步法》第二十条	利用财政性资金设立的科学技术基金项目或者科学技术计划项目所形成的发明专利权、计算机软件著作权、集成电路布图设计专有权和植物新品种权，除涉及国家安全、国家利益和重大社会公共利益的外，授权项目承担者依法取得	明确单位所有
《中华人民共和国促进科技成果转化法》第十八条、第十九条	第十八条：国家设立的研究开发机构、高等院校对其持有的科技成果，可以自主决定转让、许可或者作价投资，但应当通过协议定价、在技术交易市场挂牌交易、拍卖等方式确定价格	明确单位所有
	第十九条：国家设立的研究开发机构、高等院校所取得的职务科技成果，完成人和参加人在不变更职务科技成果权属的前提下，可以根据与本单位的协议进行该项科技成果的转化，并享有协议规定的权益	明确单位所有

2. 科技成果价值评估的“测不准”现象

科技成果的价值评估一直都是业界的难题之一。《中华人民共和国促进科技成果转化法》规定了可通过协议定价、在技术交易市场挂牌交易、拍卖等方式确定成果价格，但其仍无法取代现行《中华人民共和国公司法》中对无形资产入股必须经过第三方评估机构的规定。目前市场上的资产评估公司大多对有形资产的评估有丰富的经验，但是作为无形资产的科技成果，其评估要复杂得多。无论是通过成本定价、市场定价还是协议定价，都难以对科技成果的价值做出“精准”评估，事实上，科技成果价值的“测不准”现象正是科技成果商品化的重要特点。中华人民共和国财政部新修订的《事业单位国有资产管理暂行办法》规定，“国家设立的研究开发机构、高等院校将其持有的科技成果转让、许可或者作价投资给非国有全资企业的，由单位自主决定是否进行资产评估”“国家设立的研究开发机构、高等院校对其持有的科技成果，可以自主决定转让、许可或者作价投资，不需报主管部门、财政部门审批或者备案”，这样的规定更加符合科技成果转化的特点。当然就科技成果转化的市场需求而言，综合科技成果形成过程中投入的人力、物力成本，以及科技成果自身的价值定位与开发利用带来的后续价值、最终的交易价格都是由市场决定的。

3. 配套政策保障和具体管理办法尚不健全

职务科技成果混合所有制改革涉及国家、单位、团队、发明人，成果转化单位也包括学校、发明人所在单位、成果管理单位、成果转化单位等，然而相关的配套政策和管理办法却一直处于缺位的状态。虽然西南交通大学和成都市委市政府分别出台了“西南交大九条”和“成都新十条”，但它们仍是较笼统的政策性规定，缺乏具体的政策实施细则。例如“成都新十条”明确提出支持在蓉高校和科研院所对职务科技成果产权按 30%∶70%进行分割，然而关于分割确权之后，学校持有的 30%的股权如何处置、如何进行市场化运作、如何制定与新的国有资产管理办法相适应的管理制度等，尚缺乏具体的操作性规定。此外，职务科技成果所有混合所有制改革过程中涉及的专利共同转化责任与义务、融资与税收政策、监管与风险管理政策等，也还需细化，科技成果转化后对职务发明人进行股权奖励的行政手续和过程还比较烦琐，纳税比例也过高，这些都会在一定程度上影响到科技成果转化的顺利推进。从早期探索算起，“职务科技成果混合所有制改革”已经开展了10多年。但是在探索过程中所形成的经验，尚未提炼成具体的“混合所有制操作手册”，关于混合所有制在实施过程中的法定程序、权属本身的分割及其依据、分割后的评估作价、公司的创立运营等问题还需要具体实施办法。

4. 相关主体的责任、权利、利益和风险关系尚未理顺

职务科技成果在转化过程中，专利权主体主要包括单位、个人、中介服务机构以及其他利益相关者。职务科技成果转化难的问题，其前端的原因在于成果形成的多元主体资源投入与作用的复杂性，后端原因则是在科技成果转化过程中不同主体的利益诉求不一致，相关主体的责任、权利、利益和风险处置关系尚未理顺。成果转化过程中各主体没有科学合理地划分权利和责任关系，导致单位和个人权责不清晰，产生互相推诿责任的情况，进而导致后续的利益分配和风险承担无法落实。而作为单位职务科技成果转化相关主体之一的专业技术转化中介机构，在成果转化中则一直处于“缺位”的状态。这些因素最终导致了科技成果转化难以顺利进行。同时，科技成果混合所有制虽然解决了科研人员进行成果转化激励不足的问题，但没有解决科技成果转移转化服务人员激励不足的问题。

虽然“混改”在产权层面实现了突破，但是高校职务科技成果转化难是一个系统问题，涉及技术、主体、市场、组织等诸多因素，产权只是制度设计中的一种法律约束。职务科技成果转化问题是一个高度“复杂”的问题。权属问题的解决只是成果转化成功的必要非充分条件。从产权层面进行的探索是高校职务科技成果转化问题的“重要突破”，但是这一突破的效果，还需要成果转化相关环节的体制和政策进一步完备，也需要更长时间进行实践检验，还应该进行各种不同模式的探索实践。社会一旦关注成果转化难问题，职务科技成果权属改革就具有解放思想、启动系统性改革的独特作用。但是职务科技成果的运行，必然涉及多方主体，而成果转化的成功也并非仅仅取决于成果知识产权的拥有者。一项具有变革意义的公共政策，必须要平衡和兼顾各方，必须重点考量社会效益的最大化。西南交通大学从2010年开始探索职务科技成果混合所有制改革，已经历12年，为何这项突破性改革没有像当年安徽“小岗村”那样迅速波及全国？科技成果混合所有制深化改革在法理上、制度上和运行机制上的难点分别是什么？这些难点的突破空间有多大？职务科技成果权属的改革经验是否适合从高校系统进一步推广至其他领域？拥有部分产权的科技成果主体如何在确保国家安全、技术安全的前提下，进行跨国科技成果转移转化？高校职务科技成果混合所有制改革实践中出现的诸多问题，仍需进一步探索并解决。面向我国2035年基本实现社会主义现代化的发展目标，实现科学技术管理体系的现代化，不断优化科技成果产生、评价和转化的制度体系，显著提升高校职务科技成果转化的效率和质量，是我国经济社会高质量发展的必然要求。

本章参考文献

邓小平. 2001. 邓小平文选：第三卷. 北京：人民出版社.

Leydesdorff L, Meyer M. 2010. The decline of university patenting and the end of the Bayh–Dole effect. Scientometrics, 83(2): 355-362.

第 2 章　理论之基：一个新的分析框架

职务科技成果，是指发明人执行研究开发机构、高等院校和企业等单位的工作任务，或者主要利用上述单位的物质技术条件所完成的科技成果。研究开发机构、高等院校和企业组织属性不同，其职务科技成果也在成果来源、形成和转化方面存在差异，本书只讨论高等院校的职务科技成果权属改革问题，旨在打通科技成果转化的“最后一公里”。要破解这一世界性难题，既需要实践探索，也需要理论建构。

2.1　基本概念与理论基础

高校职务科技成果权属问题，涉及经济学、法学、管理学等多学科研究领域。科技成果作为智力劳动的特定知识产品，包括知识的产生、流动和应用等环节。其中，职务科技成果价值的形成与实现机制-智力资本和物质资本相对于知识价值的贡献度测量以及科技成果权属与产权效率等，都是值得深入研究的问题。

2.1.1　科技成果与职务科技成果

1. 科技成果

科技成果是对创新主体研究开发活动所取得的智力成果的总称。科技成果经知识产权行政管理部门确权后，才能形成法定的知识产权。科技成果首先是一项或多项发明创造的组合，发明创造是科技成果的形成前提和早期阶段，科技成果是对发明创造的有形化、集成化与体系化。现行《中华人民共和国专利法》第二条规定了“发明创造”的基本概念，即“本法所称的发明创造是指发明、实用新型和外观设计。发明，是指对产品、方法或者其改进所提出的新的技术方案。实用新型，是指对产品的形状、构造或者其结合所提出的适于实用的新的技术方案。外观设计，是指对产品的整体或局部的形状、图案或者其结合以及色彩与形状、图案的结合所作出的富有美感并适于工业应用的新设计”。本书中的发明创造，特指《中华人民共和国专利法》语境下的技术方案与设计。

进一步地，《中华人民共和国民法典》第三编“合同”第二十章“技术合同”中有关于“技术成果”的表述，但未明确技术成果的定义。中华人民共和国最高人民法院发布的《最高人民法院关于审理技术合同纠纷案件适用法律若干问题的解释》中正式出现了“技术成果”的司法解释，即“技术成果，是指利用科学技术知识、信息和经验作出的涉及产品、工艺、材料及其改进等的技术方案，包括专利、专利申请、技术秘密、计算机软件、集成电路布图设计、植物新品种等”。可见，技术成果与发明创造相类似，都是指技术方案或新设计，但其范畴更广，不仅限于《中华人民共和国专利法》语境之下。2015 年修正并实施的《中华人民共和国促进科技成果转化法》中第二条规定了“科技成果”的概念，即“通过科学研究与技术开发所产生的具有实用价值的成果”。由此可以发现，科技成果更加强调发明创造的“实用价值”，其与市场的关系密切。因此，在我国的法律体系中，科技成果的外延大于技术成果，技术成果的外延大于发明创造。

2. 职务科技成果

“职务科技成果”作为我国的一个专门提法，其在法学以及制度经济学领域的概念界定，构成对本问题研究分析的基础。关于职务科技成果的界定，我国法律体系中的《中华人民共和国民法典》《中华人民共和国专利法》《中华人民共和国促进科技成果转化法》等均有涉及，该定义也是本书的核心概念之一。《中华人民共和国民法典》作为新中国第一部以法典命名的法律，规定了处理民事纠纷时的“合同优先”原则。《中华人民共和国民法典》第八百四十七条指出，“职务技术成果是执行法人或者非法人组织的工作任务，或者主要是利用法人或者非法人组织的物质技术条件所完成的技术成果”，也就是说，职务技术成果的所有权原则上属于单位。现行《中华人民共和国专利法》对“职务发明创造”这个“职务科技成果”的下位概念有明确的界定：“执行本单位的任务或者主要是利用本单位的物质技术条件所完成的发明创造为职务发明创造。职务发明创造申请专利的权利属于该单位；申请被批准后，该单位为专利权人。”同时《中华人民共和国专利法》还规定，“利用本单位的物质技术条件所完成的发明创造，单位与发明人或者设计人订有合同，对申请专利的权利和专利权的归属作出约定的，从其约定”。可见，《中华人民共和国专利法》中明确了职务发明创造的权属归单位，但利用本单位的物质技术条件所完成的职务发明创造，可以由单位和发明人约定权利的归属。

2015 年修订的《中华人民共和国促进科技成果转化法》第二条规定，“职务科技成果，是指执行研究开发机构、高等院校和企业等单位的工作任务，或者主要是利用上述单位的物质技术条件所完成的科技成果”。第十九条指出，“国家设立的研究开发机构、高等院校所取得的职务科技成果，完成人和参加人在不变更职务科技成果权属的前提下，可以根据与本单位的协议进行该项科技成果的转化，并享有协议规定的权益。该单位对上述科技成果转化活动应当予以支持”。《中华人民共和国促进科技成果转化法》规定，职务科技成果的所有权归属为单位，其中，国有科研机构、院校，职务科技成果权属属于单位，且不能变更。这一规定与《中华人民共和国专利法》中，职务发明创造(下位于“职务科技成果”)可由单位和发明人约定权属的条款相冲突。总体而言，我国现行各法律对职务科技成果概念的界定基本一致，但对职务科技成果归属即科技成果产权归属的规定，则有不一致的情况，因此发生了诸多由职务科技成果产权归属引发的单位与个人的纠纷。

2.1.2 产权与职务科技成果产权

1. 产权

现代产权理论是在对传统微观经济学、福利经济学的根本缺陷进行思考和批判的基础上形成的，由科斯、威廉姆森等提出。1937 年 11 月，科斯在英国《经济学家》杂志发表

《企业的性质》，文中首创的交易费用概念是现代产权理论产生的重要标志。1960 年，科斯《社会成本问题》一文的发表则成为现代西方产权理论逐步成熟的标志。在科斯看来，交易是稀缺的，市场的运行是需要成本的，所以，交易费用是市场价格机制的运用成本。它包括两个主要内容：①发现贴现价格，获得精确的市场信息的成本；②在市场交易中，交易人之间谈判、讨价还价和履行合同的成本(Coase，1960)。后人从科斯的相关研究中总结出三条基本定理，即“科斯定理”，其中前两条如下。

科斯定理 1：如果交易费用为零，那么无论产权如何界定，市场机制都会自动使资源配置达到最优。

科斯定理 2：如果交易费用为正，不同的权利界定会带来不同效率的资源配置。

科斯定理已经成为产权经济学的基础理论，它是关于交易费用、产权界定和资源配置效率三者之间内在联系的定理，是在分析外部性问题过程中逐步形成的。外部性是指从事生产活动的当事人给他人或社会带来的影响。例如，某人抽烟污染了空气导致他人被动吸二手烟，在影响自己身体健康的同时，还让他人身体受到损害。在经济学中，外部性的产生是由于经济主体的产权划分不明确，侵犯他人的利益成为可能，而产权的功能之一就是界定清楚每个人的权利，使外部性得以内在化。因此，外部性的存在及其解决，也是现代产权理论的重要内容。西方学者在讨论产权时一般都基于上面两条定理提出他们对产权的不同看法。

《牛津法律大辞典》中明确定义，产权“亦称财产所有权，是指存在于任何客体之中或之上的完全权利，它包括占有权、使用权、出借权、转让权、用尽权、消费权和其他与财产相关的权利”。H. 德姆塞茨(H. Demsetz)从产权的功能和作用出发，认为“所谓产权，意指使自己或他人受益或受损的权利”“产权是社会的工具，其意义来自这样一个事实：在一个人与他人做交易时，产权有助于他形成自己可以合理持有的预期(科斯等，1994)。”诺斯也从与德姆塞茨基本一致的角度给产权下了定义：“产权本质上是一种排他性权利。”他既强调了产权是人与人之间的关系，即产权主体排斥他人的关系，又强调了产权的功能化，即排他性行为(科斯等，1994)。

马克思所说的产权主要指生产资料的所有权。马克思把生产资料从一般产品和资源中分离出来，当作社会经济关系和社会制度的决定性因素。

事实上，无论从哪个角度界定产权，它本质上都是由所有权、使用权、处置权、收益权等一系列权利组成的权利组合。其中，所有权是核心权利，使用权、处置权、收益权等是衍生性权利。

2. 职务科技成果产权

知识产权是关于人类在社会实践中创造的智力劳动成果的专有权利，也称为“知识所属权”，指“权利人对其智力劳动所创作的成果和经营活动中的标记、信誉所依法享有的专有权利”，一般只在有限时间内有效。各种智力创造如发明、外观设计、文学和艺术作品，以及在商业中使用的标志、名称、图像，都可被认为是某一个人或组织拥有的知识产权。

从知识产权产生历史看，17 世纪上半叶产生了近代专利制度；之后产生了“专利说明书”制度；后来基于法院在处理侵权纠纷时的需要，才产生了“权利要求书”制度。据斯坦福大学法学院马克·莱姆利(Mark Lemley)教授的研究，术语“知识产权”的广泛使用是在 1967 年世界知识产权组织成立后。在 21 世纪，知识产权与人类生活息息相关，尤其是在商业竞争上，我们更能看到它的重要作用。

职务科技成果的产权问题，归根结底就是职务科技成果归谁所有，以及由此带来的所有权收益分配问题。职务科技成果的产权归谁所有，主要看在获得职务科技成果的过程中有谁参与，并对这一过程进行了实质性投入。职务科技成果的取得是科研人员的创造性劳动、知识、资本及单位的物质技术条件等多要素共同作用的结果，在多种要素投入主体中，谁的投入更多、贡献更为重要，则职务科技成果就应主要归属于谁。职务科技成果是由科研人员运用自身已有的知识，利用单位给予的工作机会以及物质技术条件进行创造性劳动取得的，单位对各类资本与物质技术条件的前期投入，为科研人员的智力劳动提供了基本保障与方向引导，但科研人员的智力活动与智慧劳动在其中也起了关键性作用。概括而言，职务科技成果是两种主要力量共同作用的结果，一是科研人员的智力劳动投入；二是国家或单位的物质技术条件投入。从法学视角看，不同国家基于各自的公共利益、发展阶段与现实需求对职务科技成果的所有权(包含于产权)进行了相应的规定。其中，以“国家”或“单位”优先作为职务科技成果产权归属立法原则的国家，其立法意图侧重于公共利益优先，认为国家对创新成果的技术、物质投入起决定作用，即坚持公共利益优先论，创新成果的资源效用最大化取决于国家与单位的作用，个人是社会创新资源要素配置的组成部分，应优先保障国家和公共安全利益；以“个人”优先作为职务科技成果产权归属立法原则的国家，其立法意图是体现并肯定个人智力劳动在成果创造中不可替代的核心价值，即坚持知识价值优先论，立法上的“个人优先”原则从理论和实践上都能激发创新者的积极性，进而充分激发市场活力。“个人”与“单位”对职务科技成果产权的混合所有制度，虽未在各个国家的立法上得到成文规定，但从原则释义上看，其应属于“个人优先”与“单位优先”的折中选择。《中华人民共和国专利法》第六条第三款规定的单位与个人之间的“约定归属”原则，本质上就是这种“折中选择”的法律体现，但这还有待得到进一步明确，即从法律上肯定个人对职务科技成果创造及其转化具有至关重要的作用。

规定职务科技成果产权归属于个人，是从法律上肯定个人在创新过程中的主体性，劳动创造价值的理论应是界定科技成果归属的最核心思想。约翰·洛克(1982)在《政府论》一书中讨论了财产私有权问题，他认为，劳动是获得私人财产的重要途径，劳动使人具备获得私人财产权的合理性，“每人对他自己的人身都享有一种所有权，除他以外任何人都没有这种权利。他的身体所从事的劳动和他的双手所进行的工作，都可以说是属于他的。”如果在职务科技成果产生以后，科研人员得到成果的产权，这更有利于该成果的应用、推广及价值实现，则可将成果产权赋予科研人员，否则产权应当由单位所有。我国《最高人民法院关于审理技术合同纠纷案件适用法律若干问题的解释》(法释〔2004〕20 号)对其适用《中华人民共和国合同法》做出了司法解释，规定在以下两种情形中，科研人员可享有科技成果所有权：一是单位与科研人员事先约定在履职中完成的科技成果归科研人员所有的；二是科研人员利用法人或者其他组织提供的物质技术条件，约定返还资金或者缴纳使用费的。在上述两种情况下，科研人员个人完成的技术成果归该成果完成人个人所有。但值得注意的是，公立研究机构（如高校、科研院所）由于单位性质、创新方式、资金来源、劳动关系等方面的差异，职务科技成果的产权归属问题应做不同处理，有些成果属于科研人员完成本单位任务而产生，有些则属于基于课题申报的自由研究，个人对不同成果的智力劳动投入程度存在差异，因此，高校教师、科研院所研究人员群体内部对职务科技成果产权的归属态度就有较大区别，这也是未来立法应着重考虑的内容。

诺斯指出，理解产权制度的主要基石之一就是产权理论（Merges，2000），产权分析对于制度效率的影响十分重要。对高校职务发明权属制度的研究，在某种意义上就是对技术创新激励机制的研究。一般而言，对职务发明人的激励主要包含两个方面：一是物质奖励，各国专利法对职务发明人的物质奖励大多都有明确规定，陶鑫良（2016）认为，职务发明创造奖酬立法应当采用“上不封顶，下要保底”的模式，最大限度激励职务发明人；刘强和罗凯中（2017）指出，高校职务发明活动相较于企业发明活动具有相对独立性，应提高对高校职务发明人的奖酬标准。尽管针对职务发明人成果产出与转化实施的物质奖励的确有所提升，但仍须认识到，物质奖励激发的额外创新可能不足以弥补制度成本，合理的激励方式及其影响仍有待进一步研究。二是知识产权激励，根据新制度经济学中的产权理论，知识产权权属配置的功能有三，即激励约束、外部性内在化以及资源配置，知识产权激励是一种理论讨论与实践探索的方向。Hart 和 Moore（2008）认为，产权具有激励约束功能，缔约者如果察觉到契约中有他应得的权利，他将受到激励并因此投入大量精力，相反则会产生大量额外交易成本。高校职务发明权属的产权激励使得发明人对其成果回报的预期提升，进而增加将发明进行转化和利用的努力，如果最终形成的产权激励使私人成本接近社会成本，私人收益接近社会收益，那么这种产权配置就是有效率的。此外，张胜等（2016）认为，对职务发明人的知识产权激励实现显性知识与隐性知识控制权的统一，有利于高校教师与科研人员根据技术发展以及市场与投资者的需要持续改进和完善技术成果。知识产权激励较之于物质奖励，其最大的优势是由此产生的，对高校职务发明人的持续激励效应，对成果产出具有正向作用。除以上两方面之外，还有一种激励方式是股权奖励，例如清华大学采用高校与教师科研团队以及社会资本三方建立合资公司的方式，高校以股权奖励形式激励教师科研团队进行成果转化，在公司成立后，知识产权由学校所有变更至新成立的公司所有，可见，股权奖励在本质上也属于知识产权激励。

2.1.3　知识与知识共享机制

知识是一个复杂、抽象的概念，迄今为止人们仍普遍认为知识尚无标准的定义，因为不同学者从不同的视角出发，对知识的内涵有不同的理解。经济合作与发展组织（OECD）将知识归纳为四种类型（Foray and Lundvall，1998），即事实知识（know-what）、原理知识（know-why）、技能知识（know-how）和人力知识（know-who）。从表现形式上通常将知识分为显性知识（explicit knowledge）和隐性知识（tacit knowledge）两大类：显性知识可识别、可记录、可编码、可表达，并且能够与他人直接共享；隐性知识是更高层次的知识，是个体长期以来创造、积累的结果，隐藏在个体的头脑中，甚至知识的拥有者都不能完全意识到它的存在，它是新知识的源泉。隐性知识主要由人们在活动、情境、交流、对话中用直觉来理解，因而难以编码、模仿。相较于显性知识，实现隐性知识的共享要困难、复杂得多。本书中拥有知识产权属性的高校职务科技成果中，就包含诸多隐性知识，且其与发明人之间存在不可分割的关系。

1. 知识的多维属性

1) 知识的公共性

知识具有公共物品的一般属性，即受益人的非排他性和非竞争性。知识可以在主体间相互传递，主体可以将从其他主体吸收到的知识内化为自己的知识，并在此基础上进行知识创新。一个组织或个人消费知识产品，并不能排除其他组织或个人也同时消费这种产品，知识消费的增加不会引起知识成本的增加。知识作为经营过程中占主导地位的资源，在生产、传播和使用过程中，不会因为太多人使用而减少平均收益，知识的价值会因为其逐步取代传统资源，而随着使用范围的扩大不断增加。也就是说，知识资源的投入与主体所获取的边际效益成正比，投入越多、收益越多，这与基于不可再生资源的传统收益递减规律有本质不同。知识的收益递增使知识共享得以持续。知识的公共性是知识共享的基础。

2) 知识的转移性和流动性

人要通过实践学习来意会、领悟知识，无论哪种形式的知识，其之所以经过编码后能够被表达出来，都是因为组织或者个人受到了某种激励。知识的实践特征对知识在不同主体间的流动增加了难度。科研机构和企业本质上是知识的集合体，有效的知识转移和流动是持续发挥竞争优势的基础。知识的转移和流动包括知识传递和知识接收，这是一个连续的过程，无论是在组织机构之间还是组织机构内部，知识的转移性和流动性都是一个非常重要的议题。知识的转移性和流动性是区分知识类别的一个重要依据，一般认为易于表达与交流的是显性知识，不易表达和交流的是隐性知识。知识在实践过程中的转移性和流动性是知识共享的前提。

3) 知识的聚集性

知识总是和特定的环境联系，在特定的环境下，知识由处于特定领域的人掌握，但并不是集中于某一个人或组织。知识的聚集性与共享知识的组织文化、结构、能力等密切相关。知识的聚集性特征有利于促进组织内部的沟通。知识的吸收依赖于接收者把新知识纳入现存知识中的能力，人类的知识创新行为，都依赖于知识的聚集性，在知识被清楚表达时，知识的聚集性就能体现出来，知识的聚集性是知识共享效率的重要影响因素。

4) 知识的专属性

基于 Cooke (2012) 的自组织创新动力学理论，应从复杂系统理论的角度来理解创新理论，强调系统中元素之间的相互作用。在知识产权视角下，协同创新过程就是知识产权应用和获得的过程，知识产权的本质是知识资本与货币资本相结合而产生的一种专有知识，作为对主体智力劳动成果的有效激励方式，知识产权以无形财产权的形式，由国家法律法规赋予主体在一定时期内的专有权或独占权。创新网络系统中的知识具有专属性特征，即法律赋予主体就其所拥有的知识产权享有专有权、垄断权，并通过保障权利人的利益来激励其进行知识创造，从而保证创新网络系统中知识价值分布的平等性，让知识能被系统成员所感知。因此，知识产权管理对知识专属性价值的保护很重要，可保证主体投资回报的安全性。

2. 知识的共享机制

知识共享是指知识提供方和知识接受方通过各种共享渠道和手段相互沟通、交流和学习彼此的显性知识和隐性知识，以帮助自己或对方发展新的行动能力，或者双方共同创造新知识的双向互动行为过程。知识共享是复杂系统，其中要素包括共享的主体、客体、环境。知识提供者和知识接受者是知识共享的主体，知识提供者外化自身知识，知识接受者提出需求并接受知识，并将知识内化为自身资源是知识共享的过程；知识本身是知识共享的客体；组织制度、文化、结构以及管理规则是知识共享的环境，这些因素直接影响知识共享的效率。知识共享强调参与主体共同拥有知识并通过知识在主体间的外化和内化等过程，使知识资源实现共享，并在组织内外不断扩散，进而实现知识的创新和增值(李笑冬，2010)。知识共享是参与主体间的连续交互过程。知识共享是主体间通过不断沟通进行知识转移和学习的过程，这个过程对知识提供者而言是一个选择性地“推”的过程，对知识接受者而言则是一个选择性地“拉”的过程，该过程实现了部分知识库的转移，进而建立新的知识库(范晓春，2008)。

知识的专属性和知识共享系统的复杂性决定了知识共享机制的必要性。知识由于其专属性特点，无法自由地在不同主体间传递，各个相关主体需要通过不断学习和沟通来完成知识的共享(Elkeles and Phillips，2010)。组织的知识共享行为可以看成一种市场交易行为，就像商品买卖一样，只有建立有效的“交易”活动机制才能达到组织的最终目标(Tan，1994)，知识共享就如同不同主体将其具有的知识拿到知识市场中，跟其他主体的知识进行交换，知识提供方就如同市场中的卖家，知识接受方就如同市场中的买家，只要是在知识市场中，无论卖家还是买家，最终都能获得相应的“报酬”(Danvenport and Prusak，1998)。知识共享是一个复杂的系统，且具有动态性，在知识共享系统运作的过程中，各种因素相互发生作用，不断变化，最终导致知识共享行为不断发展，形成知识共享网络系统。知识共享过程中，主体不仅要转移知识，还要对转移后的知识进行学习以实现知识的增值和创新(Kaser and Miles，2002)。

借鉴复杂网络行为相关理论的观点，网络中的知识专属性是一种保护机制，在创新网络中约束那些缺乏信任的知识流动过程，可以将其看成对网络中新链接的规范和规则。然而，对知识共享网络中的主体来说，激励知识共享和创新的一个重要因素，就是占有自己在知识创新活动中的成果，而这种知识创新成果又需要有价值的专属成果分享机制。因此，知识的专属性和知识共享网络的复杂性决定了建立知识共享机制的必要性，这种知识共享机制也可称为知识专属性机制。知识专属性机制包括正式的知识产权机制(专利、商标或者版权)和非正式的知识产权机制(建立高信任的关系、建立先发优势和优先锁定)，它们共同对核心知识、无形资产及其产生的利润进行保护。

知识共享机制的构建和完善是高校科技成果转化的基本保障。高校科技成果服务于社会经济需要，推动行业、区域科技进步和科技创新。高校的成果向经济和社会领域转化，其依托的媒介是知识和技术(或原创技术)等无形的智力成果。因此，首先需要建立有利于高校知识、技术成果向社会和经济领域输出、转移的体制机制，实现高校、科研院所、企业等相关主体的知识共享。实践表明，有效的知识共享机制对于创新保护非常重要，是提高高校科技成果转化效率，实现利益最大化的重要保障。

在产学研合作创新的过程中，知识共享具有非常重要的意义。知识共享可以使企业掌握更多的核心技术，从而获得更多的经济利益以维护其竞争优势，知识共享也可以使科研机构不断通过科技成果转化来为自己的理论研究水平提高奠定基础，并根据市场变化和企业的需求来合理优化资源配置，调整教学方式、创新研发方法；同时，知识共享也会导致企业和科研机构面临更激烈的竞争，产权的归属机制不明晰、不完善可能会导致隐性知识大量外化，核心技术泄露，让知识主体失去主要的竞争优势。目前，许多科研机构都面临着科技成果转化效率低下、很难开展新的研发项目、无法提高理论研究水平等困境，其主要原因就是知识产权归属体系不完善。所以，产权归属体系的明晰和完善可以为科研机构注入新的血液。

2.2　研究现状与问题提出

2.2.1　研究文献可视化分析

本书采用可视化分析工具研究高校职务科技成果领域的相关文献。从全球研究热点出发，本书选取“职务发明或职务科技成果”(duty invention，employee invention，service invention，professional invention)、“高校知识产权”(university intellectual property right，university IPR，university intellectual property)、“教授特权”(professors’ privilege)、“高校雇员专利”(academic employee patent)、“学术专利所有权”(academic patent ownership)、“大学专利所有权”(university patent ownership，university-own patent)、“发明人专利所有权”(inventor patent ownership，inventor-own patent)、“机构所有权”(institutional patent ownership)、“法规”(law)、“制度”(regulation，rule)、“政策”(policy)为关键词，从 Web of Science(WoS)中获取 2684 条数据。运用 CiteSpace 软件去重后，得到有效数据 2660 条，年份跨度为 1991～2018 年，设置时间切片为 2 进行分析，采用 Top$N$=50 生成网络，对文献共被引数进行可视化分析，网络模块化指标 Q=0.5956＞0.3，所得网络结构显著；依据对数极大似然率，以关键词命名标签词，得到图 2-1。

由图 2-1 可见，国际研究领域对高校职务发明的关注较早，且较早聚焦于如何推动高校专利商业化问题。基于 WoS 的 1991～2018 年高校职务发明相关研究热点见表 2-1。

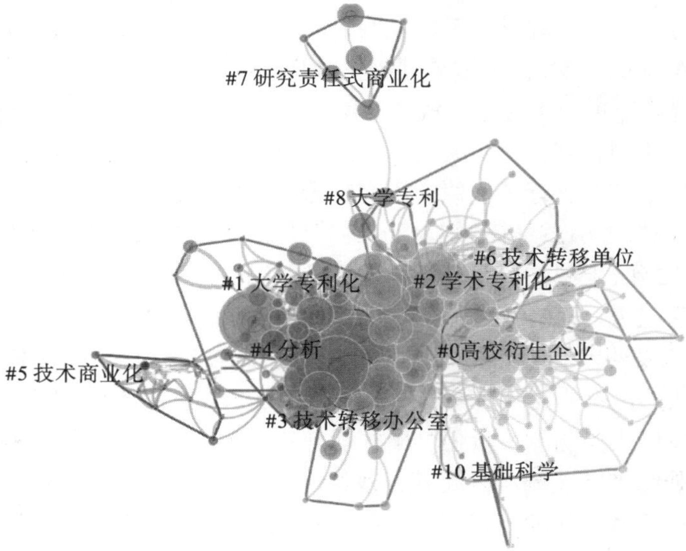

图 2-1　外文研究文献共被引聚类图

表 2-1　基于 WoS 的高校职务发明相关研究关键词聚类

聚类号	文献量/篇	紧密程度	平均年份	极大似然率提取标签词
0	52	0.754	2011	高校衍生企业
1	50	0.667	2002	高校专利化
2	49	0.727	2008	学术专利化
3	42	0.639	2005	技术转移办公室
4	13	0.906	1999	分析子公司；社会网络
5	12	0.879	1997	技术商业化（校企联盟、合作研究、产品快速商业化）
6	11	0.922	2010	技术转移单位（技术评估与许可）
7	7	0.993	2004	研究责任式商业化
8	5	0.958	2006	高校专利（版税、激励）
10	3	0.98	2005	基础科学（产业研究机构、吸收能力、创新系统、技术领域）

2.2.2　文献回顾与问题提出

高校职务科技成果转化一直是国内外研究领域关注的焦点。相关学者从科技成果转化的主体、渠道、中介机构建设、激励机制等方面进行了一系列研究。

美国学者在《拜杜法案》的制度框架下，针对激励高校教师披露发明成果和促进科技成果转化的问题进行了大量研究。Macho-Stadler 等（2007）和 Humberstone（2009）分别着重研究了高校技术转移办公室在高校教师发明成果披露和科技成果转化方面的作用，Panagopoulos 和 Carayannis（2013）从提升高校教师发明成果披露比率的政策方面进行了深入分析。Jensen 等（2003）和 Thursby 等（2009）学者则基于高校教师发明成果披露、发明许可和科技成果转化等多个视角开展了综合性研究，他们对以美国教授作为第一发明人的 5811 个专利样本展开了调查研究，结果显示 26%的成果被单独分给了企业而不是高校；他们分析了专利特征、大学政策和发明人的研究领域对于教授发明成果披露的影响，他们发现(Thursby et al.，2009)，被单独配置给高校的专利较之单独配置给企业的专利更具基础性，不论得到配置的企业是否成熟，其所得专利都更具应用性；学校给予发明人的职务发明收入分配比例越高，发明人将专利配置给自己新创公司的可能性越低。

国内学者常旭华等也进行了类似的研究(Chang et al.，2016，2017；Fong et al.，2018；陈强和常旭华，2013，2015；陈强等，2014；常旭华等，2016，2017；常旭华，2017)，他们对1985～2012年，国内35所高校机械工程、电信和生命科学领域的28864项教师发明专利进行调查后发现，有高达14.31%的发明专利的专利权人不完全是教师所在高校，与此同时，教师将发明专利披露给其所在高校的行为与其专利许可收益分配比例呈正相关。蒋舸(2016)认为，职务发明活动难以监督，导致职务发明的代理成本高昂。该问题有时只能通过允许发明人参与剩余价值分配才能解决，但如果奖酬激发的额外创新尚不足以弥补制度成本，强制推行奖酬难以起到有效作用。何敏等(何敏，2007，2012；何敏和肇旭，2009；王林和何敏，2002)认为在发明成果收益分配上，我国的“厚雇主”倾向、美国的“厚雇员”原则以及法国的“折中”主义均失之偏颇，应当建立职务发明的类型化制度，以各方的投入比例作为权益归属的基本依据，建立以财产权利共享、开发风险共担为核心的职务发明归属制度。

西南交通大学许义文早在1996年就提出了职务发明共有制概念，他认为实施共有制有利于充分调动职务发明人的积极性。杨林瑞(2000)、朱姣林(2004)、李恒(2010)，潘志浩(2010)等学者也持类似的观点。然而，关于这一问题的讨论一直没有取得一致结论。邓志新和黄金火(2007)、沈伟和刘强(2016)等学者认为职务发明共有制在理论和实践上还存在诸多问题，他们指出职务发明专利权共有制有其难以克服的缺陷，且可能对企业的研发活动产生严重的负面影响；通过实行共有制来保障职务发明人的预期利益，该目标也难以实现，因而该制度的可行性令人怀疑。这种争论自20世纪90年代以来就持续不断，论战在理论上主要围绕共有制对职务发明人积极性调动的效果欠佳和实施操作的不便展开，且该问题一直未在实际操作层面进行较大规模的试验或改革。

近年来，国内学者对职务发明权属制度的背景、实施与改革进行了探索，探索涉及职务发明范围的认定与权利分配(郑其斌，2009)、对《中华人民共和国专利法》和《职务发明条例草案(送审稿)》中相关概念的界定与原则适用(李晓秋，2006；刘鑫，2018)，以及职务发明的收益分配机制(郭英远和张胜，2015)等。随着我国科技创新体制机制改革的深入，不同的人针对高校职务发明的“混合所有制”改革也有不同的认知和解读。例如，在2018年4月23日西南交通大学国家大学科技园与北京大学法学院联合举办的“职务科技成果混合所有制：法学与经济学视角”修法研讨会上，北京大学法学院张守文指出，制度应服务于现实经济社会发展需要，有效激发科技创新，甚至是颠覆性的科技创新，加强单位和个人之间的合同约定、明晰权利归属确实非常必要，而立法上的配套、系统上的完善则更加重要，他认为《中华人民共和国促进科技成果转化法》如果能和《中华人民共和国专利法》修订、整合在一起，就产生了系统的战略法律制度构建，也有利于对制度的统筹考虑；中国社会科学院知识产权中心李明德认为，知识产权制度是市场经济的制度，让单位与雇员自己约定权属可能要比法律规定权属好，在涉及国有企事业单位的职务发明权属的情况中，并不需要对《中华人民共和国专利法》做出修改，而需要对《中华人民共和国促进科技成果转化法》《事业单位国有资产管理暂行办法》进行修改；北京大学科技开发部姚卫浩认为，《中华人民共和国促进科技成果转化法》已经从立法层面针对单位和个人做了较大让利，已实现了使用权、处置权、收益权的下放，修订《中华人民共和国专利法》第六条并不能解决科技成果转化的核心问题；北京理工大学法学院曲三强认为，讨论"职务科技成果混合所有制"与修订《中华人民共和国专利法》第六条，不仅仅是在讨论职务成果形成以后应该怎么分配利益，也是在讨论怎样通过修法激励更多的可转化成果产出，法定配置产权是成本最小的方式，而通过合同来约定产权则需要较高的成本，他提出，由于智力劳动本身有溢出效应，智力劳动创造的价值是无法用工资对价的，因此，是否可能在职务发明制度之外，再创造一个共有的发明制度，并重新赋予它法律定义；在进行"第六条"修订时，最好能确认约定优先，剩下的问题就不再由《中华人民共和国专利法》解决，而要通过修订其他的法律来解决；中国人民大学知识产权学院郭禾指出，WTO 规则认为职务发明属于民事权利，因此，约定优先应该是普遍适用的原则，就《中华人民共和国专利法》第六条而言，权属问题本质上是一个确认民事权利归属的问题，因此关于其修订，最好能够确认约定优先，其余问题要通过修订其他的法律来解决；学界应该呼吁改变现行的激励政策，修订激励单位和个人共同创新和转化的法律条文。中国政法大学冯晓青在总结发言中谈到，"职务科技成果混合所有制"在法律上实际上是一个有关共有产权的概念，学界应该提倡改变现行的激励政策，形成激励单位和个人共同实现创新和转化的法律条文①。

本书将目前国内理论与实务领域对"职务科技成果所有权"的观点进行归类整理，将其分为以下两个方面：支持"高校优先"的观点多从立法与制度层面出发，认为高校职务发明是国家财政投入产生的创新成果，在职务发明"雇主优先"的制度安排下，应确保高校优先享有职务发明的知识产权，才能实现资源效率的最大化（Thursby et al.，2009），同时降低国有资产流失，解决知识产权的边界模糊问题，并减少国家权利个人化等带来的法律风险与制度成本（张宗任，2014），可以通过物质奖励来实现对科研人员的有效激励（乔永忠等，2008）。支持"发明人优先"以及"混合所有制"的观点则多从管理学与经济学视角出发，这些观点认为从数据和效果上看，目前我国的职务发明权属制度使得知识产权交易成本过高，效率过低，激励不充分，不利于高校创新成果的产出与转化。

在新一轮技术大变革时代，创新驱动发展战略处于国家发展全局的核心位置，而中国高校创新活动的频繁性和创新成果实践价值的优质性，使得各界再次将目光聚焦于高校职务发明专利的产业化转换，这次尝试属于实践超前于理论的突破。西南交通大学等高校为推动高校职务科技成果的转化，创造性地从产权角度对职务科技成果的归属问题进行探索和改革，规定"学校与职务发明人就专利权的归属和申请专利的权利签订奖励协议，规定或约定按 30%∶70%的比例共享专利权"，也就是将《中华人民共和国专利法》规定的事后奖励转变为前置产权激励，这一改革引起了社会各方的关注和热烈讨论。支持者认为这样的制度设计有助于提升科研人员的积极性，有助于促进科研成果的产业化（潘晓宇和马霖，2017；陈桂兵，2017）；反对者则认为这样的设计在本质上就是国有资产的流失，科

① https：//news.swjtu.edu.cn/Mobile/ShowNews-16426-0-1.shtml.

研人员利用职务时间和国家科研经费产出科技成果就是其本职工作，原有的产权结构以及工资和奖金已经体现出对其劳动的认可，推动职务发明专利的市场化转化制度设计，其核心在于提升学校的积极性，进行混合所有制改革在法律上不符合相关规定，对于科技成果转化积极性提升效果不大，利益分配机制不合理，实际操作也非常困难，甚至会阻碍科技成果转移转化(陈柏强等，2017)；还有一些人对混合所有制改革过程中存在的问题和困难提出了相关对策和建议(张铭慎，2017；丁明磊，2018；霍京华和金燕华，2017)。随着各大主流媒体对“西南交大模式”的深度报道，并将其肯定为科技领域改革的“小岗村试验”，人们的关注焦点也转移到了专利权属改革的法律依据、理论基础、改革组织的制度设计等方面，讨论中依然不乏对国有资产流失、产权比例分配不合理的质疑。本书旨在依据经济学、法学和管理科学相关理论，对高校职务科技成果的权属问题做出理论阐释。

2.2.3 知识产权的“黑箱”特点

知识产权的重要性毋庸置疑。现有研究文献对知识产权的所有权、专属权等主体权利的界定以及保护进行了深度研究，这些研究旨在解决专利在保护期内的所有权安排及其对应的控制和收益权归属问题。但实际上，关于知识产权的研究只是从法理上解决了所有权在形式上的归属问题，而知识产权的核心在于通过所有权的界定实现主体收益权的保障。我们假定产权的保护是实现收益权的前提，所有权的界定仅是收益权保障的必要条件，但事实上，知识产权运用中的道德风险在很大程度上制约了知识产权收益，因此需要解决由知识产权内在属性决定的分配方式问题。曹阳(2011)的研究表明，技术入股办企业的模式相对于技术许可红利模式，保障了发明人对知识成果剩余收益权的分配，能较好解决技术转移中发明人面临的道德风险问题。该研究间接地说明，知识产权的研究不是简单地从所有权角度界定权属归谁所有，或者利益相关者的权利分配，而必须从知识产权与发明人不可分割这一事实出发，讨论对发明人利益的激励性保障，从而推动知识产权收益的最大化，简单地杜绝别人使用不是知识产权保护的目的。不完全契约理论认为，如果契约是不完全的，就会出现当事人事前专用性人力资本投资不足的现象。其背后的逻辑是：如果投资者在事前做出了专用性投资，且这种投资无法写入契约或者无法被第三方(如法庭)证实，那么他在事后谈判过程中就有被对方“敲竹杠”的风险[式(2.1)～式(2.4)]。

假设职务发明成果发明人的专用性人力资本投资水平和职务发明的经济收益分别为 i_{hp} 和 $R(i_{\mathrm{hp}})$，其中收益函数满足边际收益递减规律，则最优专用性人力资本投资水平 i_{hp1} 满足以下条件：

$$\max(R(i_{\mathrm{hp}})-i_{\mathrm{hp}}) \tag{2.1}$$

$$R'(i_{\mathrm{hp1}})=1 \tag{2.2}$$

然而，如果职务发明的知识产权分配由高校主导，由于发明人的人力资本水平具有专用性，为促进合作，双方需要经过一系列讨价还价，其结果导致每方都只能取得经济收益的一部分 $R(i_{\mathrm{hp}})/n$ (其中 $n>1$)，该情况下职务发明成果的经济收益和专用性人力资本投入水平 i_{hp2} 为如下形式：

$$\max(R(i_{\mathrm{hp}})/n-i_{\mathrm{hp}}) \tag{2.3}$$

$$R'(i_{hp2}) = n \tag{2.4}$$

由 $R(i_{hp})$ 的二阶导数小于 0 可得 $i_{hp2} < i_{hp1}$，在后一种情况下，发明人的专用性人力资本投入显然不足。事实上，由于知识产权的确权和交易都属于不完全契约，其作为一个封闭的黑箱无助于知识产权所有权价值的最终实现。

2.3　高校职务发明专利权分析范式：Y 效率理论①

关注高校职务科技成果产权的效率及其最终对生产力的影响是该领域的一贯研究逻辑，本书利用经济学、法学和管理学相关理论，构建了一套以 Y 效率为核心的新分析框架。

2.3.1　Y 效率理论的经济学假设

现代经济学领域从亚当·斯密开始，就明确该学科的使命是对效率的研究。中国高校职务发明专利长期以来的产业化效率低下问题备受学术界的关注，为进一步探索和解释该问题的主要原因与机理，本书将创造力资本、知识代理和所有权结构的相关理论结合起来，尝试构建中国高校职务发明专利权的 Y 效率理论：对高校职务发明人职务发明成果利益主导的制度安排，在短期和长期均会对该领域的实践产生显著影响。高校职务发明人从事产业应用型创新活动，对其个人而言无论从短期还是长期看，均能产生明显的正效益；而对单位而言，该制度安排在短期有利于提升创新积极性，从而提升该单位的创新效率；但从长期看，则可能因为单位对应用型创新的过度正向刺激，而弱化该单位的基础创新工作，从而导致高校在基础科学方面的研究责任难以体现，如图 2-2 所示。

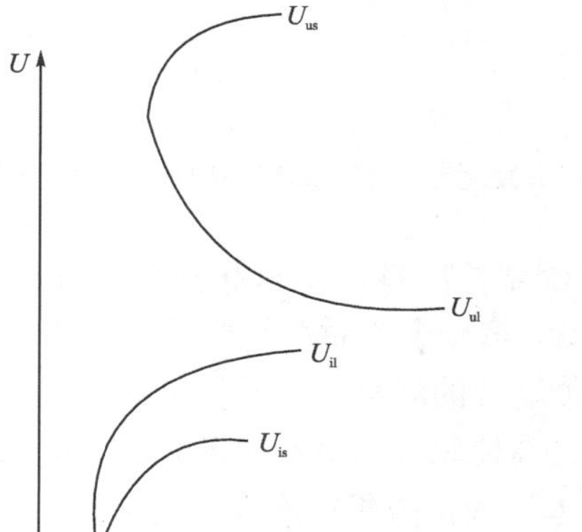

图 2-2　高校职务发明成果利益主导制度的专利权属 Y 效率示意图

注：U_{us} 和 U_{ul} 分别为在高校职务发明成果利益主导制度安排下学校的短期和长期效益；U_{is} 和 U_{il} 分别为职务发明人的短期和长期效益。

① 本部分相关成果已发表，见唐志红，陈光，周贤永，等.创造力资本视角下的高校职务发明专利权效率理论构建[J].软科学，2019(5)：35-40.

从短期看，高校职务发明成果利益主导的制度安排一方面有助于实现发明人与发明成果利用之间的有效耦合，从而提升成果的市场化收益；另一方面则可能因为发明人对自身发明的认知偏差而阻碍成果的市场化。从长期看，该制度会鼓励高校科技工作者偏好从事市场化技术研发，减少高校对基础科研的投入，可能最终阻碍高校科研的长远发展。

以生产力的提升为导向，以效率为根本是本书理论研究的逻辑起点。马歇尔将企业家才能与劳动力、土地、资本要素并列称为生产要素；进一步地，在技术创新过程中，相对于劳动力和企业家才能，科技工作者的创造力资本决定了技术创新的方向和成果，是科技创新的决定性力量。高校职务发明专利属于专门知识，其代理权由知识所有者掌握，能有效提升专利产业化的可能性，而发明专利的权属就是典型的虚拟所有权。

本书认为，在传统制度安排下，高校作为行政管理主体对职务发明具有主导权，高校的行政导向以及激励机制特点，使得专利主导者对推动专利的转化失去动力。创造力资本作用的条件以及权利界定，是高校职务发明专利权归属的效率起点，在信息不对称的背景下，发明人对专利知识的代理可以提升契约价值，而知识产权所有的虚拟性特点，使得其权利的物化成为最终实现效率的关键(图 2-3)。

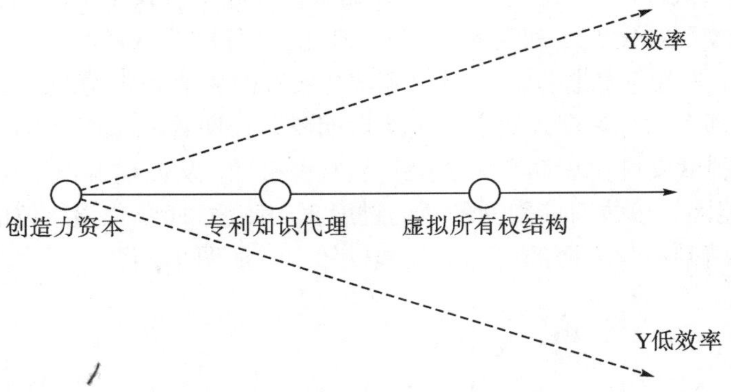

图 2-3　基于高校职务发明专利权形成转化周期的 Y 效率理论基本分析范式

从发明专利形成的内生因素角度看，专利发明人的创造力资本是专利形成的能动因素，对专利权效率机制的设计，第一个方面在于鼓励货币资本投入人对发明专利的持续支持；第二个方面在于发明人能动性的激励；第三个方面在于市场化资本对专利商业化模式的激励。本书利用此思路研究高校职务发明专利权的效率机制设计，以界定科研人员投入劳动，即非同质化创造力资本后所得成果的产权实现形式。

本书将汲取效率理论、创造力资本相关研究、委托代理理论和产权理论的前沿成果，构建关于高校职务发明专利权的 Y 效率理论，旨在说明从高校职务发明专利权形成和成果转化的生命周期角度看，究竟为何会出现效率较低的情形；在何种条件下才会提高效率。本书将从以下几个方面展开具体讨论。

(1) Y 效率理论提出的背景。根据哈维·莱宾斯坦提出的 X 效率理论，组织及其动机中可能存在低效率。尽管大家都知道 X 低效率的广泛存在，但职务发明专利权的相关研究还是旨在解决厂商和创造力资本的所有权归属问题，而不是消除 X 低效率。本书试图对职务发明专利权属中的 X 效率问题进行分析，并在此基础上进一步提出可以更好地分析和解释高校职务发明专利权归属的 Y 效率理论。

(2)混合所有制产权设计中，高校对职务发明产权的垄断或竞争模式下的“效率无关论”。基于混合所有制产权设计的职务发明专利权实现路径，高校作为职务发明代理人将为职务发明专利权价值的实现进行一种活动，即让职务发明的市场化价值低于由职务发明者主导时的价值，而且不论知识产权是在垄断体制下，还是在竞争体制下，其作为产品或要素在市场上运营时，这一结果总与职务发明产权结构无关。

(3)职务发明人的创造性劳动对于最终成果的影响难以事先量化，这使得后期确权时难以计算发明的成本，必须从未来收益的角度对发明价值大小以及权属结构进行分析。

(4)职务发明人与高校在专利权的转让中存在明显的委托代理关系，专利权效率的设计核心在于对代理人的激励。高校职务发明人在很大程度上决定了职务发明的可利用水平。契约以及产业化制度应如何避免其中的风险？

(5)高校职务发明所有权的虚拟权属性质对成果转化的影响。职务发明人对发明结果的事实控制权使得职务发明成果得到产权界定，尤其是在所有权界定时，高校始终处于弱势一方，这一结果与高校投入以及高校转化产生的利益无关。

为便于分析，本书的研究基于以下两个核心假设。

(1)弱理性经济人假设：经济利益虽不是高校职务发明人利用自身创造力资本从事职务发明的基本动力，但经济利益对其具有显著的激励作用。

(2)非利益最大化假设：高校作为行政管理部门，在中国乃至世界大多数高校体制下不具有经济利益导向，或者经济利益最大化并不是高校获得知识产权的动机。

2.3.2　Y 效率理论的组成要素

1. 创造力资本

1)创造力资本的内涵

创造力资本是人的创造能力与相关资源结合，转化为资本属性在高附加值知识和产品生产过程中的体现。创造力资本在人力资本与其他资本组合中具有创造性资源的设计和组合能力，人们运用创造力资本，对既有资源组合和生产路径的改变而产生新的生产函数，激发更强的生产力，在信息经济时代全方位促进科技创新，实现从制造到创造的资本最大化。

人力资本理论起初是以经济发展理论的形式出现的，舒尔茨的人力资本模型、阿罗的“干中学”模型、罗默的知识推动模型和卢卡斯的人力资本模型都是从人力资本角度解释经济增长的代表性理论。张维迎从现代企业理论出发，分析了人力资本产权理论，他认为，由于契约的不完备，让契约中最重要、最难监督的成员获得企业所有权可以使企业的总价值最大化，因而出现了“资本雇佣劳动”，即把企业所有权安排给“经营者”是最优方案，那些有财产也有企业家能力的人被赋予企业所有权，成为企业的经营者。周其仁从人力资本与其所有者不可分离的特性出发，得出“人力资本与非人力资本分享企业所有权”的结论。杨瑞龙和周业安(1997)认为企业所有权通常是分散地对称分布于不同的所有权主体(人力资本与非人力资本方)之间，每个所有权主体的产权份额是各所有者之间讨价还价的结果，谈判能力的强弱与他们的资本专用性程度及其在企业中的相对重要性变化以及信息显示机制有关。

2) 从知识到创造力资本

创造力资本是从一般意义上的人力资本中分离出来的，它源自人们对知识以及知识分工的认识。

事实上，在知识要素尤其是创造力资本作用愈发突出的时代，生产力要素理论也突破了局限于劳动力、土地、资本、企业家的分析框架，创造力资本是生产要素内最具有活力、最有利于提升资源配置效率的关键性资本的观点，已经成为共识。

知识是一个复杂抽象的概念，迄今人们仍普遍认为知识尚无标准定义，因为不同学者从不同的视角出发，对知识的内涵有不同的理解和界定。一般人们认为知识是符合文明演进方向的人类对物质世界以及精神世界探索结果的总和。柏拉图认为，一条陈述能称得上是知识，必须满足三个条件，它一定是被验证过的，正确的，而且能被人们相信。

哈耶克是最早指出知识及其分工对经济有效运行具有重要意义的学者，其提出的深刻见解是组织绩效取决于决策权和决策相关重要知识的匹配程度。詹森等认为，一个人或一个企业面临的机会集合(opportunity set)，是个人所拥有的知识的函数(科斯等，1999)。在技术变革呈现出爆发性、颠覆性的新时代，企业间的竞争是新产品和服务的价值竞争，而不再是成本相对较低的专业水平竞争，创造力资本的作用毫无疑问需要被重新评估，其至少具备与企业家资本同等的重要性。之所以有人质疑以发明者为主导的高校职务发明专利权属设计可能导致国有资产流失，是因为他们只关注了发明成果的物质资本以及货币资本投入，而忽略了创造力资本的投入。物质和货币资本具有同质性，而创造力资本具有差异性。高校及其科研工作者面临的机会集合是个人所拥有的知识的函数，当知识在决策中产生价值时，使决策权与可利用的知识相匹配能产生收益。这里，有两条路径可以使决策权和知识相匹配。一是将知识转移给具有决策权的人；二是将决策权转移给具有知识的人(图 2-4)。詹森和麦克林强调，对知识的有效利用和行为控制的权衡不能为企业目标服务，企业试图决定决策权的位置，是希望由信息缺乏和代理问题引起的总成本减到最小。而实际上，对于组织问题的解决来说，更具决定性的因素是关注可能创造知识“存量”的决策。

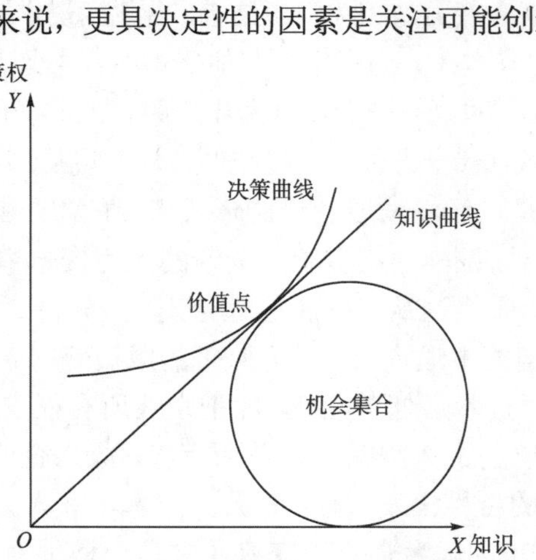

图 2-4 决策权与重要知识的组合关系

高校职务发明是国家科学研究经费与发明人人力资本共同投入的结果。本书关注的焦点不是人力资本的形成及其作用，而是高校职务发明成果中人力资本与非人力资本的契约均衡。资本同质性假设堪称资本理论中的灾难，舒尔茨在 1975 年区分了五类具有经济价值的人类能力：学习能力、完成有意义工作的能力、进行各项文娱体育活动的能力、创造力和应付非均衡情况的能力。发明是一个创造的过程，是人的创造力的集中体现，不同的发明人呈现出劳动力的异质性，因此创造力资本对于职务发明成果的最终产生以及收益的实现具有积极作用。本书研究的问题是发明人在发明成果知识产权中人力资本的投入如何界定及其获得人力资本合理收益的路径，重点关注基于创造力资本与其载体不可分割的特征，以及高校职务发明利益转化中的契约设计。

本书将高校职务发明成果的价值以式(2.5)～式(2.8)表示。

$$U_{\mathrm{p}} = f(K_{\mathrm{i}}, K_{\mathrm{m}}) \tag{2.5}$$

$$f(K_{\mathrm{i}}, 0) > 0 \tag{2.6}$$

$$f(0, K_{\mathrm{m}}) = 0 \tag{2.7}$$

$$\frac{\partial U_{\mathrm{p}}}{\partial K_{\mathrm{i}}} > \frac{\partial U_{\mathrm{p}}}{\partial K_{\mathrm{m}}} > 0 \tag{2.8}$$

式中，U_{p} 表示职务发明成果的价值；K_{i}、K_{m} 分别表示发明人投入的创造力资本和单位投入的物质资本。用 d_{i} 和 d_{m} 分别表示发明人和单位在职务发明产生及转化过程中的决策权（$d_{\mathrm{i}}+d_{\mathrm{m}}=1$，$d_{\mathrm{i}}>0$，$d_{\mathrm{m}}>0$），从社会最优化的利益角度看，$d_{\mathrm{i}}>d_{\mathrm{m}}$。

3) 专门知识代理

相对于实物资产的代理，职务发明专利的代理是以发明者与其发明专利不可分割为前提的，其代理关系是一种契约：高校(即委托人)聘用发明人(即代理人)代表高校履行某些职责，高校会把若干决策权托付给代理人，代理人通过行使这些决策权，可将人力资本与货币资本融合成为知识产权，进一步对知识产权进行契约设计，推动知识产权与货币资本的进一步组合从而实现产权收益。当然，还存在另一种契约形式，即高校职务发明人作为委托人，将职务发明委托给学校(即代理人)，代表他们推动职务发明的利益转化，在这种情况下，高校职务发明人在职务发明中的产权份额有限，主要以委托人的身份推动相关权益的实现。本书力求明确哪一种委托代理契约能将双方的利益最大化，并进一步刺激更优质的职务发明产生。

高校拥有多项知识产权的代理权，但往往对知识产权本身的内容、转化路径以及商业模式不够了解，其利益诉求是整个学校的知识产权而非单个项目的收益最大化，这导致高校作为代理方，其收益函数是整体利益最大化，见式(2.9)。这会导致单个项目的效率损失，加之知识产权具有加速折旧的特征，因此收益实现的关键在于加速成果变现，见式(2.10)。

$$U_m = \sum_{i=1}^{n}(a_i R_i - C_{im}) \tag{2.9}$$

$$U_p = \sum_{t=1}^{T}\rho_{it}\left[\left(1-a_i\right)R_{it} - C_{itp}\right] \tag{2.10}$$

式中，U_m 和 U_p 分别表示作为代理人的单位和作为委托人的发明人的获利；a_i 和 C_{im} 分别

表示单位在第 i 项职务发明成果中所得的股权或收益比例及其成本；ρ_{it} 表示发明人在第 t 期的贴现率；R_{it} 表示发明人在第 t 期的收入；C_{itp} 表示发明人在第 t 期的成本。

如果这种代理关系使双方都实现利益最大化，就有充分的理由相信，代理人不以委托人的最大利益为行动目标。为了减少发明人可能受到的损失，在高校职务发明成果的契约设计过程中，有必要让发明人持有较大份额的股权从而实现二者利益的均衡。因此，基于双方的委托代理关系，对成果转化进行激励的关键就是对契约中发明人股权的分配。

2. 虚拟所有权

职务发明专利权的所有权结构能够划分虚拟份额，但无法准确切割份额，它是一种虚拟所有权，无形地蕴藏于产品或者生产流程之中，只有在特定的行业中，才表现出其特殊功能，其商品属性和交换价值也才能显现出来。

设计有效契约以解决可能因所有权与控制权分离引起的利益冲突，是契约经济领域的基本问题。高校对职务发明成果的产权特征，就是所有权与控制权的实际分离。罗森的研究表明，将控制权分配给越多有能力的人，这种控制权就越有效率。即高校知识产权所有权效率提升的核心，在于将控制权转移给发明者，由其主导实现成果的商业化运用。

综上所述，本书高校职务发明专利权的总体分析框架如图 2-5 所示，该框架涉及高校职务发明相关主体的利益和动机，以及职务发明主体的贡献、成本和相关权利。

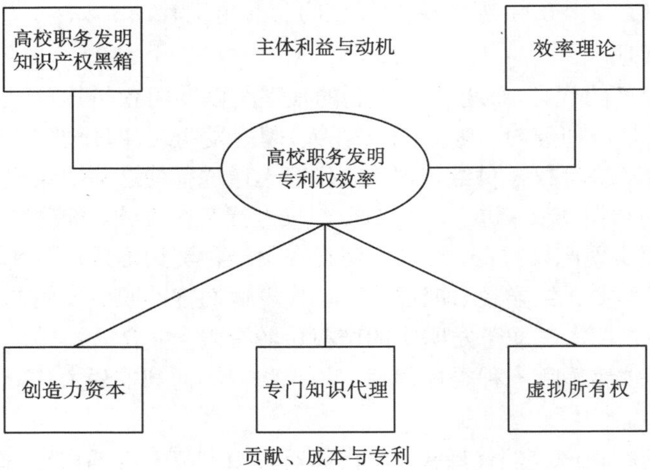

图 2-5　高校职务发明专利权总体分析框架

2.3.3　Y 效率理论的体系结构

1. Y 效率理论基本内容

本书从高校职务发明人创造力资本的界定入手，分析其特性，结合既有的 X 效率理论，尝试构建一种中国高校职务发明专利权的 Y 效率理论。

X 效率由美国经济学家哈维·莱宾斯坦于 1966 年提出。哈维·莱宾斯坦认为，组织内部机构、决策程序和对员工的激励程度等差异，可以造成很大的产出差别。当时这些因素的影响尚不明了，莱宾斯坦将这些因素影响下的低效率称为 X 低效率，这些因素影响下的高效率称为 X 高效率或 X 效率。

Y 效率理论认为，职务发明专利权设计产生的理想效率情况有以下三种：一是提升职务发明人对职务发明的兴趣，从而有效提升职务发明的数量和质量；二是高校职务发明专利成果得到转化，从而使发明专利产生价值；三是高校对科研的积极性和创新能力得以提升(图 2-6)。这三种情况下的效率同时实现，则可以称为 Y 高效率或者 Y 效率。Y 效率本质上体现了诺斯与其合作者在《西方世界的兴起》中所提出的观点，即西方世界之所以能够崛起，是因为它发展出一种有效率的制度安排。这种安排确定了财产所有权，能把个人的经济努力不断转化为一种社会性的活动。

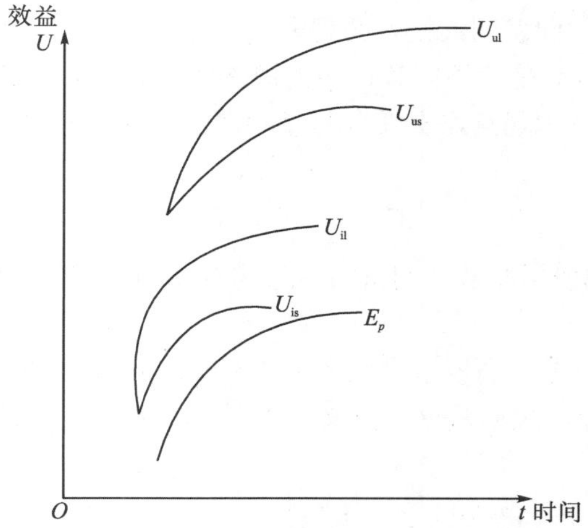

图 2-6　高校职务发明成果理想权属制度下的 Y 效率示意图

注：E_P 表示职务发明产业化的价值。

X 低效率产生的原因在于企业和员工的动机不同，企业内有大量未得到利用的机会，员工的工作积极性难以被充分调动起来；由于各企业的氛围不同，许多企业对内部成员的监督成本较高，因此企业很难实现成本最小化；由企业内部职员的目标和企业的目标不一致导致的人力资源浪费等。而 Y 效率强调促进职务发明效率的前置系统性制度安排，这是硬性的制度设计而非软性的管理激励。Y 高效率产生的原因在于制度设计本身推动系统内每个要素追求自身利益最大化，这种均衡的结果就是社会利益最大化。

2. Y 效率理论分析范式

创造力资本作用的条件以及相关权利界定，是高校职务发明专利权效率的起点，在信息不对称的背景下，发明人对专利的代理可以提升契约价值，而知识产权的虚拟所有性，使得其虚拟所有权的物化是价值实现的关键(图 2-7)。

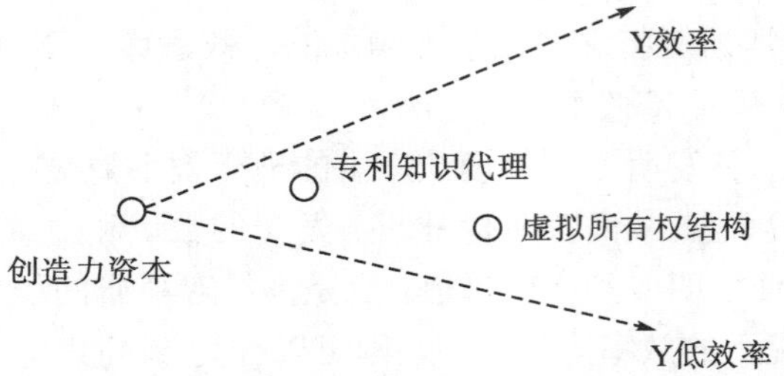

图 2-7　基于高校职务发明专利权形成与转化周期的 Y 效率理论分析基本范式

职务发明专利权最优效率的制度设计，需要对职务发明专利权设计以及成果转化过程中信息不对称所引起的专利权各主体利益不对等，进而产生的决策错误成本进行权衡。当专利权权属更多地从单位向发明人投入的智力资本倾斜，并进一步向产权最终归属的资本所有人下放委托代理权时，信息不对称产生的成本将逐渐下降，专利权效率则会提升。而专利成果实现的收益只与市场意愿有关，与专利产生过程中的成本无关：

$$P_{\mathrm{p}} = f(W_{\mathrm{p}}) \tag{2.11}$$

$$\mathrm{Cov}(P_{\mathrm{p}}, C_{\mathrm{p}}) = 0 \tag{2.12}$$

式中，P_{p}、W_{p}、C_{p} 分别表示职务发明价格、市场意愿和专利生产成本；Cov 表示相关性的协方差。

对于高校职务发明而言，高校本身大多不具有经济利益导向，利润最大化并不是其获得知识产权的动机。图 2-8 表明从这个意义上来说，激励职务发明人可能使成果产生更高的效率。

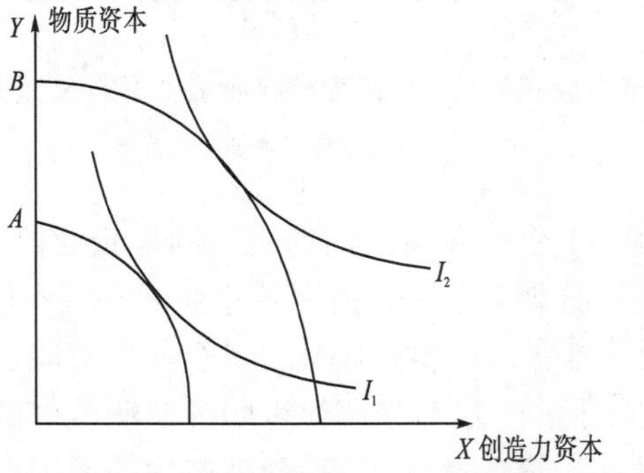

图 2-8　高校职务发明专利权属适应性效率示意图

注：I_1 和 I_2 分别为专利权归单位所有和归发明人所有的情形；A 和 B 为两条生产可能性曲线。显然 I_2 和 B 的交叉点高于 I_1 和 A 的交叉点，其适应性效率更高。

2.3.4　创造力资本视角下高校职务发明专利权效率黑箱破除

1. 高校职务发明专利的特殊性

从高校职务发明专利形成的动因以及过程看，许多专利的申请动机主要在于证明其科学价值，并锁定专利权属。高校科研人员的创造力资本是一种具有时间价值的专用知识，具有专用知识的一般属性。这也就决定了高校职务发明专利中的创造力资本一方面转化成为特定主体所有的专利权，另一方面又在事实上与科研人员联系紧密，科研人员成为创造力资本的重要主体。

高校不是企业，经济利益不是其行为的主导动机，不少高校甚至缺乏经济动机。对于大量的中国高校而言，其经费源于国家教育拨款，其组织科研活动的动力不是源于科技成果转化之后的收益，而是出于高校基本职责的履行和地位的提升，相关科研经费投入也是由国家相关部门承担，高校只是受托代理方，不对成果转化效率负责。

2. 高校职务发明专利的代理

从财务角度看，高校作为国家相关科研经费投资的直接代理人，将经费授权发明人使用之后形成职务发明成果并转化成为专利，专利权由学校和职务发明人所共有，无论学校和发明人各自拥有多少份额，相关的经费投资均转化为沉没成本，且国家相关经费投入时所要求的回报也仅是取得预期成果，对市场转化没有硬性要求，通常会以约定的形式作为经费验收的标准，相当一部分专利的申请不是为了验证成果的科技价值，只是为达到结题要求。

哈耶克假定，市场会自动将决策权转移给具有相关知识的代理人，并假定这些代理人会正确行使决策权。但是哈耶克从未讨论过这一假设是如何发生的。詹森的研究表明，将专用知识转移给具有决策权的人，其运作成本远高于将决策权转移给专用知识所有人。这也就意味着，我们必须进一步思考为什么由高校作为专利权所有的法律主体。可能的原因之一是相关经费投入方的利益要求，高校只是财政投入的代理人。原因之二是如果高校作为决策者，其拥有的专利权范围效应、规模效应以及专业效应均超过将专用知识转移给决策者而产生的上述效应，即由高校主导职务发明的转化更具有效率。

因此，本书需要解决两个问题，第一个问题是制度设计如何有效激励发明人进行更多具有良好市场前景的发明创造。第二个问题则是制度设计如何有效推动已有专利实现其市场价值。两个问题的核心都取决于专利本身的市场价值。

3. 高校职务发明专利权的权利束

权利的安排是一个法律问题，一旦做出结构性安排，权利便通过契约、购买和出售以及企业内部的管理安排，有规则地被重新组合。从传统产权经济的研究结论出发，产权中的所有权是基础，是保障收益权的核心。发明专利具有非物质性，其创造力资本有一部分内化于专利权之中，同时也内化为科研人员自身的创造力。基于此，高校职务发明产权研究的核心是基于所有权的处置权和收益权分配。

高校职务发明一旦转化为专利，其本身就变成了一种可以流通、变现的资产。尽管发明人事实上无法与专门知识分割，但专利权本身成为一种具有市场流通可能性的商品后，其价格机制的形成与未来的收益，在很大程度上取决于对科研人员“私人”权利的经济分析。而对价值的一般经济分析，又建立在“私人”权利的基础之上。长期以来，高校职务发明专利权都由无明确利益追求的国有主体主导，这导致“私人”权利落实不到位从而难以实现高校职务发明专利权的有效转让。转让权由两种有效权利组成：出售或者转化的权利；通过交换获得收益的权利。当资源能够产生未来收益流或消费服务时，在这些权利可以被转让的情况下，价格表示这些预期收益或服务所有权的现值。这种被资本化的价值对人行动的控制表现为两种重要作用：一是这一价值实现了职务发明专利的资本化计量；二是明确了职务发明专利在商业化运作中需进行份额分配。

转让权是高校职务发明权利束中的核心权利，将转让权赋予职务发明人，一方面可以有效激励职务发明利用自身创造力资本，使高校职务发明专利权具有更高的市场价值，提升专利权的转化效率；另一方面则可以通过职务发明人推动专利的产业化，使知识和决策权统一。在市场化体制中，高校职务发明专利转让的决策权应被专门知识的持有者掌控，而发明人拥有专门知识，往往对专利未来可能的应用范围有足够的判断力。因此，本书将高校职务发明专利的权利束界定为所有权、转让权和收益权。

4. 高校职务发明专利权的价值实现

詹森明确指出，“企业必须在转让权的压力下建立优势，使该优势足以抵消转让权缺位带来的成本，否则，企业就无法在与独立代理人的自由竞争中生存下去。这种优势可能来自规模经济或范围经济，也可能来自签约的代理人无法得到的交易成本减少”（科斯等，1999）。

激励制度的设计不仅要考虑短期激励效果，还必须从长期角度考虑激励的有效性。提升组织的 X 效率有助于提升高校职务发明的专利权效率。职务发明专利权的商业化是一个复杂的过程，其一方面要寻求合适的专利进行商业资本化，另一方面要为专利设定一个合理的价格。科学技术必须经过商业化才能转化成为生产力，高校职务发明成果必须与商业资本有效融合，才能实现其市场效用。

总之，不断产生创新成果以推动人类社会进步是高校的重要历史责任，而效率的提升则是所有参与创新的主体必须拥有的基本信念。目前高校职务科技成果转化率较低，是诸多因素共同影响的结果，同时也是整个创新体系中的系统性问题，单一的制度设计无法解决创新的生态问题。就高校职务发明专利权效率设计而言，其中最为核心的问题在于，应从高校职务发明专利权的生命周期出发进行设计，从成果产生和形成之初所依赖的创造力资本，到成果应用和转化过程中权利归属权涉及的专业知识代理问题以及虚拟所有权问题，它们都是造成专利权配置效率低下的主要因素。针对这些问题，本章从效率理论、知识产权、创造力资本、代理成本和所有权结构等视角进行了综合分析，提出了高校职务发明专利权的 Y 效率理论，为高校和发明人在高校职务发明中的专利权分配提供了一个新的分析框架，并发现高校职务发明专利权在长期和短期作用中，会对相关主体产生迥然不同的影响。本章还从提升产业化这一最终效率的角度入手，思考了专利权效率的制度设计。从短期看，合理的设计一方面有助于实现发明人与发明成果运用之间的有效耦合，从而提升成果的市场化收益；另一方面则可能因为发明人对自身发明成果的偏好产生认知偏差而阻碍其转化。从长期看，合理的设计可鼓励高校科技工作者更多地从事市场化技术研发，弱化高校对基础科研的投入，最终可能对长期科研工作产生负激励作用。高校职务发明专利权效率的提升，需要从合理的产权安排、有效的委托代理关系、商业资本和企业家精神的引入等方面入手，最终实现专利权的 Y 效率。当然，本章尚未对高校职务发明专利权应如何进行配置进行更加深入、具体的探讨，这将成为本书未来的研究主题。

本章参考文献

曹阳. 2011. 大学技术转移模式研究——发明者行为视角分析. 重庆大学学报(社会科学版), (4): 87-91.

常旭华. 2017. 精细化管理视角下高校专利转移管理问题与国别借鉴研究. 科学学与科学技术管理, 38(5): 27-36.

常旭华, 詹泽慧, 陈强, 等. 2016. 我国高校教师发明披露问题——现状、制度原因及改进对策. 研究与发展管理, (3): 122-134.

常旭华, 陈强, 刘笑华, 等. 2017. 开展全流程管理, 推进高校科技成果转化应用——世界知名大学技术转移办公室(TTO)运行模式与启示. 科技中国, (8): 82-85.

陈柏强, 刘增猛, 詹依宁. 2017. 关于职务科技成果混合所有制的思考. 中国高校科技, (S2): 130-132.

陈桂兵. 2017. 职务技术成果权属分配机制的创新——以西南交通大学为例. 中国高校科技, (S2): 119-121.

陈强, 常旭华. 2013. 基于许可契约的大学技术转移模式比较. 同济大学学报(自然科学版), (12): 1910-1916.

陈强, 常旭华. 2015. 我国高校教师发明专利权属分布的实证研究. 管理评论, (11): 66-74.

陈强, 常旭华, Fong P S W. 2014. 高校专利审查对发明披露和许可策略的影响研究. 预测, (5): 43-53.

邓志新, 黄金火. 2007. 职务发明专利权共有制可行性质疑. 科技进步与对策, 24(2): 11-13.

丁明磊. 2018. 地方探索职务科技成果权属混合所有制改革的思考与建议. 科学管理研究, (1): 17-20, 45.

范晓春. 2008. 知识联盟中的知识共享模式研究. 长春: 吉林大学.

郭英远, 张胜. 2015. 科技人员参与科技成果转化收益分配的激励机制研究. 科学学与科学技术管理, (7): 146-154.

何敏. 2007. 职员发明财产权利归属正义. 法学研究, (5): 75-89.

何敏. 2012. 新“人本理念”与职务发明专利制度的完善. 法学, (9): 65-74.

何敏, 肇旭. 2009. 职务发明类分之中外比较与研究. 科技与法律, 1(3): 17-20.

霍京华, 金燕华. 2017. 高校专利权的混合所有制运营模式探析. 北京化工大学学报(社会科学版), (3): 18-21.

蒋舸. 2016. 职务发明奖酬管制的理论困境与现实出路. 中国法学, (3): 125-144.

科斯, 阿尔钦, 诺斯. 1994. 财产权利与制度变迁. 刘守英, 等译. 上海: 三联书店.

科斯, 哈特, 斯茨格科茨. 1999. 契约经济学. 李风圣, 译. 北京: 经济科学出版社.

李恒. 2010. 产学研结合创新中的知识产权归属制度研究. 中国科技论坛, (4): 53-59.

李晓秋. 2006. 职务发明权属制度变革的立足点——兼析我国《专利法第三次修改草案》(征求意见稿)第 6 条. 电子知识产权, (9): 36-39.

李笑冬. 2010. 战略联盟中的知识共享研究. 财经问题研究, 2(2): 16-19.

刘强, 罗凯中. 2017. 高校职务发明奖酬法律问题研究. 电子知识产权, (1-2): 86-94.

刘鑫. 2018. 职务发明权利归属的立法变革与制度安排——兼评《专利法修订草案(送审稿)》第 6 条. 法学杂志, (2): 132-140.

洛克. 1982. 政府论. 瞿菊农, 叶启芳, 译. 上海: 商务印书馆.

潘晓宇, 马霖. 2017. 实施职务科技成果混合所有制的相关问题. 中国高校科技, (S2): 124-126.

潘志浩. 2010. 关于高校实行职务发明专利权属共有的思考. 中国高校科技, (7): 30-31.

乔永忠, 朱雪忠, 万小丽, 等. 2008. 国家财政资助完成的发明创造专利权归属研究. 科学学研究, 26(6): 1181-1187.

沈伟, 刘强. 2016. 重构抑或调整: 我国职务发明权属制度的困境及其破解. 净月学刊, (2): 115-121.

陶鑫良. 2016. 职务发明性质之约定和职务发明报酬及奖励——我国专利法第四次修订中有关职务发明若干问题的讨论. 知识产权, (3): 3-13.

王林, 何敏. 2002. 对职务发明成果归属的新思考. 南京师大学报(社会科学版), (2): 38-41.

许义文. 1996. 职务发明共有制——对我国职务发明专利权归属的思考. 研究与发展管理, (1): 40-43.

杨林瑞. 2000. 关于建立职务发明专利权共有制的法律思考. 辽宁大学学报(哲学社会科学版), (1): 100-102.

杨瑞龙, 周业安. 1997. 论转轨时期国有企业治理结构创新战略的选择. 经济理论与经济管理, (6): 7.

张铭慎. 2017. 如何破除制约入股型科技成果转化的“国资诅咒”?——以成都职务科技成果混合所有制改革为例. 经济体制改革, (6): 116-123.

张胜, 郭英远, 张岭, 等. 2016. 发明人主导职务成果转化机制的实证研究——以甲醇制取低碳烯烃成果转化为例. 科研管理, 37(4): 110-117

张宗任. 2014. 职务发明的权利归属和报酬问题研究. 知识产权, (10): 72-77.

郑其斌. 2009. 我国职务发明认定和利益分配制度的完善. 社会科学, (5): 97-104.

朱姣林. 2004. 职务发明成果归属探析. 科技管理研究, 24 (3): 76-78.

Chang X H, Chen Q, Fong P S W. 2016. Scientific disclosure and commercialization mode selection for university technology transfer. Science and Public Policy. 43(1): 85-101.

Chang X H, Chen Q, Fong P S W. 2017. University invention disclosure: balancing the right stage and type. The Journal of Technology Transfer, (42): 510-537.

Coase R H. 1960. The problem of social cost. The Journal of Law and Economics, 3(10): 1-44.

Cooke P. 2012. Complex adaptive innovation systems: relatedness and transversality in the evolving region. New York：Routledge.

DavenPort T H, Prusak L. 1998. Knowledge sharing: how organization manage what they know. Cambridge, MA: Harvard Business School Press.

Elkeles T, Phillips J. 2010. 首席学习官——在组织变革中通过学习与发展驱动价值, 北京：教育科学出版社.

Fong P S W, Chang X H, Chen Q. 2018. Faculty patent assignment in the Chinese mainland: evidence from the top 35 patent application universities. The Journal of Technology Transfer, (43): 69-95.

Foray D, Lundvall B Å. 1998. The knowledge-based economy: from the economics of knowledge to the learning economy(Chapter 7). // The economic impact of knowledge. Amsterdam: Elsevier, 115-121.

Hart O, Moore J. 2008. Contracts as reference points. Quarterly Journal of Economics, 123(1): 1-48.

Humberstone R. 2009. The impact of university licensing behaviour on scientist disclosure. NBER Working Paper.

Jensen R, Thursby J G, Thursby M C. 2003. The Disclosure and licensing of university inventions. International Journal of Industrial Organization, 21(9): 1271-1300.

Kaser P, Miles R. 2002. Understanding knowledge activists’ success and failures. Long Range Planning. ZOOS, 9-18.

Macho-Stadler I, Pérez-Castrillo D, Veugelers R. 2007. Licensing of university inventions: the role of a technology transfer office. International Journal of Industrial Organization, 25(3): 483-510.

Merges R P. 2000. Intellectual property rights and the new institutional economics. Vanderbilt Law Review, 53(6): 1857-1877.

Panagopoulos A, Carayannis E G. 2013. A policy for enhancing the disclosure of university faculty invention. Journal of Technology Transfer, 38(3): 341-347.

Tan M. 1994. Establishing mutual understanding in system design: an empirical study. Journal of Management Information Systems, (10): 159-182.

Thursby J, Fuller A W, Thursby M. 2009. US faculty patenting: inside and outside the university. Research Policy, 38(1): 14-25.

第3章　改革历程：从科技体制改革到“三权”改革

从将科技成果转化为生产力的角度，大致可将中国科技体制改革进程划分为三个阶段。第一阶段为改革开放前的科技管理体制建立时期(1949～1977 年)，这是科技管理体制和科研组织体制形成的时期，其间还经历了曲折进程。第二阶段为科技体制改革与全面发展时期(1978～2000 年)，其间恢复了科技体制，确立科技发展的“依靠”“面向”方针，启动试点改革；简政放权，支持基础研究和高技术发展；调整科研体制，突出企业创新主体地位。第三阶段为新世纪科技体制改革与发展时期(2001 年后)，其重点是建设创新体制，提高自主创新能力；深化“三权”改革，在全面深化改革中推进科技事业发展。

3.1　改革开放前的科技管理体制

3.1.1　科技体制构建和形成

科技兴则民族兴，科技强则国家强，科学技术是第一生产力。新中国成立初期的科技体制建设工作，旨在建立和形成集中型科技体制，当时的科技发展水平落后，科技人才匮乏，科研经费不足，现代科研设备缺乏(马来平，1992)。在这样的情况下，要推进科技的发展，就必须把全国有限的科技资源集中起来，“把我国现有的科学力量都集中起来”，统筹安排，最大化地谋求科研目标的实现，此时的中国科技体制实行计划管理模式(钱斌，2010)。高度集中的科技管理体制以计划经济体制和权力高度集中的政治体制为基础，以保证科技水平能更好地满足社会发展的需求，政府在一些重大的科研项目上，集中科研力量实行指令性科技计划，各方通力合作，达成了许多重要的科技成就。这种体制使得科技活动完全被纳入政府的统一领导和管理之下，国家运用行政手段，对科技资源进行统一安排，用国家计划管理的方式推进科技进步。有人将这种体制称为“举国体制”，能够让有限的资源向国家战略目标领域集中，攻关重大科技课题。但也有人认为，“举国体制”缺少市场敏感性以及管理灵活性，机构缺少自主性，容易造成研究成果和市场脱节。

3.1.2　科技体制曲折发展

1966～1976 年是我国科技体制改革的曲折发展时期。这个阶段被我国的社会运行系统严重扰乱，科学技术事业的发展也受到了严重冲击，极大地破坏了新中国成立后初步构建和形成的科技体制雏形(廖添土和戴天放，2009)。

1977 年恢复高考以后，高校及科研院所研究生的招生培养、留学人员出国交流学习等工作也陆续恢复，中国的人才培养重新步入了健康发展的轨道(刘忠艳等，2018)。因此在改革开放之初，科技界的重点工作是恢复正常的科研秩序，扩大科研队伍，让科技事业发展走向正轨(杨智杰，2018)。

3.2 科技体制改革与全面发展

3.2.1 科技体制改革试点

1978 年，全国科学大会在北京隆重召开，大会重申“科学技术是第一生产力”，奠定了技术成果商品化、开拓了技术市场的思想理论基础。科研单位和生产单位自愿协作，联合攻关，科研单位开始向生产单位有偿转让科技成果，提供技术咨询服务，帮助企业解决生产中的技术难题。这次大会是我国科学史上一场空前的盛会，是中国科学技术事业的历史性转折，标志着我国科技事业终于迎来了“科学的春天”(表 3-1)，我国科学技术事业体制重新回到了健康发展的轨道上(王扬宗，2018)。

表 3-1 我国科技体制建立与改革历程

阶段	时间/会议	做法	特点
构建和形成	新中国成立初期	高度集中的计划管理模式	国家运用行政手段，统一安排科技资源
曲折发展	1966.05～1977.08	科技领域受到重击	科技体制雏形遭到破坏
恢复与重建	1977.10	恢复高考，恢复科研秩序、扩大科研队伍	重建科技体制
	1978/全国科学技术大会	重申“科学技术是第一生产力”	科研单位和生产单位自愿协作、联合攻关，科研单位开始向生产单位有偿转让科技成果
	1982/中国共产党第十二次全国代表大会	第一次把科学技术列为国家经济发展的战略重点	强调科学技术对促进经济发展的巨大作用
	1982.10/全国科学技术奖励大会	经济建设必须依靠科学技术，科学技术工作必须面向经济建设	中国技术市场的发展进入了有组织、有领导的阶段

随着科技体制的恢复与重建，经济建设也越来越需要科技的支持。1982 年，中国共产党第十二次全国代表大会的报告中特别强调了科学技术对促进经济发展的巨大作用，中国共产党也在历史上第一次把科学技术列为国家经济发展的战略重点。同年 10 月召开的全国科学技术奖励大会上，中央政府提出了我国新时期科学技术事业的战略方针，即“经济建设必须依靠科学技术，科学技术工作必须面向经济建设”，促进了中国科学技术与经济、社会的协调发展，加速了中国技术市场的形成，技术市场的发展进入了有组织、有领导的阶段。同时，在技术的经营方式上出现了多种形式、渠道的发展局面，技术市场初步形成，规模和范围也不断扩大，该战略方针也成了以后指导科技体制改革的基本方针(刘建城，2014)。

20世纪80年代初，国内科技资源不断积累，科技人员队伍急剧扩张，科研机构数量激增，科技投入不断增加，我国的科技体制基本形成(杨智杰，2018)。

3.2.2 科技体制改革全面启动

中国科技体制的重建速度快、势头猛，并在多方面进行了创新，但随着科技产生规模的扩大，原本高度集中的科技管理体制的弊端也逐渐暴露。首先，管理行政化，科技研发与经济社会发展脱节；其次，科研单位间缺少协调合作，造成科技资源浪费；最后，科技人才使用不合理，挫伤了科技人员和基层科技单位的积极性，自主创新缺乏动力(马来平，1994)。一场科技体制的全面改革势不可挡。

1984年10月，中国共产党第十二届三中全会通过《中共中央关于经济体制改革的决定》，提出发展有计划的商品经济。在“经济建设必须依靠科学技术，科学技术工作必须面向经济建设”的战略指导方针下，加之当时科技管理体制存在的各种弊端，经济体制的改革必然引发科技体制的改革，这是关系我国现代化建设全局的一个重大问题。1985年3月13日，中共中央发出《关于科学技术体制改革的决定》，该文件意味着中国的科技体制改革正式开启。这次改革的根本目的很明确，是“使科学技术成果迅速、广泛地应用于生产，使科学技术人员的作用得到充分发挥，大大解放科学技术生产力，促进经济和社会的发展”(李光，2005)。

《关于科学技术体制改革的决定》指出，在运行机制方面，要改革拨款制度，开拓技术市场，克服单靠行政手段管理科学技术工作，国家包得过多、统得过死的弊病。自此，技术市场的地位和作用得到充分肯定，技术成果商品化中的一些关键问题取得了重大突破，中国技术市场得以顺应改革的潮流迅速发展。在对国家重点项目实行计划管理的同时，动用经济杠杆和市场调节，使科学技术机构具有自我发展的能力和自觉为经济建设服务的活力。在组织结构方面，要改变过多的研究机构与企业相分离，研究、设计、教育、生产脱节，军民分割、部门分割、地区分割的状况；大力加强企业的技术吸收与开发能力，使技术成果转让成为生产力的中间环节，促进研究机构、设计机构、高等学校、企业之间的协作和联合，并使各方面的科学技术力量形成合理的纵深配置。

这些对科技体制改革的明确指示，标志着我国科学技术体制改革由先前科技界自发进行探索的试点阶段，进入到有领导的全面展开阶段。自此，我国科技成果转化的相应法律法规也得到了逐步完善。在法律法规的指引下，我国科技成果转化取得了一系列可观的阶段性成就(李建军，2005)。

1983～1985年中关村涌现出了以京海、科海、四通、信通(即“两通两海”)四家公司和中科院计算所新技术发展公司(“联想集团”前身)为代表的新兴科技公司。科技人员“下海”一时蔚然成风。“北大方正”是高校科研机构科技成果转化的典型，北大方正集团有限公司创始人王选，毕业后一直留校从事计算机领域的教育和研究工作，1985年以其发明的激光汉字编辑排版系统起家，1989年订货款额突破一亿元大关，该技术为方正集团的发展奠定了良好的基础。1987年10月，北京地区民营科技企业数量已占全国半壁江山，从业人员大部分集中于中关村。以“中关村电子一条街”为发端，1988年5月，中国第一个高新技术产业开发试验区——北京市新技术产业开发试验区获批，这就是中关村科技园区的前身(谭畅和席莉莉，2018)。

1999 年，试验区更名为中关村科技园区。如今，园区在地理位置上已超越了原海淀区中关村的格局，形成了“一区十六园”，在北京的每个城区都能看见中关村科技园区；园区内有两万多家高科技企业，如百度、京东、小米、滴滴、美团、今日头条。它们通过科技产出产品和服务，与人们生活的方方面面需求产生深刻联系。特别是在 2009 年 3 月，中关村科技园区被国务院确定为国家自主创新示范区之后，已有多项在此先行先试的政策被复制推广到其他地区，而且科技成果转化成效显著。目前，中关村科技园区的创业投资案例和投资金额均占全国的 1/3 左右，活跃在中关村的天使创投机构数量达近千家，占全国约 40%。在被誉为“中国硅谷”的中关村科技园区内，各类孵化器已成为科技成果转化和高新技术企业成长的摇篮(谭畅和席莉莉，2018)。

3.3 新世纪科技体制改革与发展

21 世纪，我国的科技实力获得了较大提升，但国民经济发展的“两个根本转变”仍未实现，科技投入不足，发明专利少，自主创新能力弱，科学技术难以对增长方式转变形成有效支撑。因此，加快提升自主创新能力成为我国的重要政策目标。2001 年，《中华人民共和国国民经济和社会发展第十个五年计划纲要》提出“建设国家创新体系”；2006 年《中共中央国务院关于实施科技规划纲要增强自主创新能力的决定》《国家中长期科学和技术发展规划纲要(2006—2020 年)》，以及党的十七大报告都强调增强自主创新能力，全面推进国家创新体系建设，并提出 2020 年将我国建设成为创新型国家的目标。创新和国家创新体系的理念在这时被正式引入国家政策，反映出我国科技体制改革理念的重大变化，市场力量和系统性制度建设受到高度重视。

21 世纪的前 20 年也是科技成果转化体制机制建立取得重大突破的历史阶段。本节以科技成果的“三权”改革，即科技成果使用权、处置权、收益权的改革为主线，以具有代表性的法律法规颁布、实施时间为节点，将高校职务发明相关政策和立法的演进历程分为权益分配政策初创、权益归属政策冲突与阻滞、权益分配与归属政策调适三个阶段(陈光等，2019)(表 3-2)。

表 3-2　中国高校职务发明相关政策变迁

阶段	时间	关键政策文本	政策解读	重要政策性文件及事件	阶段特点
权益分配政策初创阶段	1996 年	《中华人民共和国促进科技成果转化法》	第二十九条：不低于 20%成果转让收入奖励； 第三十条：投产后，提取不低于 5%新增留利	1985 年《关于科技体制改革的决定》； 1985 年《国务院关于技术转让的暂行规定》	认可高校职务发明人贡献，对科技人员收益权进行了制度突破
	1999 年	《高等学校知识产权保护管理规定》	第八条：职务发明创造申请专利的权利属于高校； 第二十六条：给予不低于 20%成果转让收入奖励； 第二十七条：进行股权激励	1999 年《关于促进科技成果转化的若干规定》； 2002 年《科学技术部关于进一步加强社会发展科技工作的若干意见》	

续表

阶段	时间	关键政策文本	政策解读	重要政策性文件及事件	阶段特点
	2004 年	《关于进一步加强高等学校知识产权工作的若干意见》	第十条：加大与落实对发明人的奖励	2002 年《上海市高等学校知识产权管理办法》；2003 年《国家科学技术奖励条例》第一次修订	
	2006 年	《事业单位国有资产管理暂行办法》	第五条：事业单位国有资产实行国家统一所有，政府分级监管，单位占有、使用的管理体制； 第二十五条：事业单位处置国有资产，应当严格履行审批手续，未经批准不得自行处置； 第二十九条：事业单位国有资产处置收入属于国家所有，应当按照政府非税收入管理的规定，实行“收支两条线”管理		
	2007 年	《中华人民共和国科学技术进步法》(第一次修订)	第二十条：授权项目承担者依法取得知识产权	2006 年《事业单位国有资产管理暂行办法》；2006年全国科学技术大会	
	2008 年	《中华人民共和国专利法》(第三次修正)	第六条：单位为专利权人； 第十四条：发明专利经国务院批准在指定单位实施，并按规定向专利权人支付费用	2010 年《中华人民共和国专利法实施细则》(第二次修订)； 2010 年《国家中长期人才发展规划纲要(2010—2020 年)》	不同部门存在冲突，政府和高校实际形成授权关系
权益归属政策冲突与阻滞阶段	2008 年	《中央级事业单位国有资产管理暂行办法》	第二十四条：国有资产处置严格履行审批程序，未经批准不得擅自处理； 第二十八条：处置收入实行“收支两条线”管理	2010 年《职务发明条例草案》起草工作启动	
	2012 年	《教育部直属高等学校国有资产管理暂行办法》	第二十二条：高校利用固定资产、无形资产对外投资、出租、出借，单项或批量价值(账面原值，下同)在 500 万元以下的，由高校审批后 10 个工作日内将审批文件及相关资料报教育部备案，教育部审核汇总后报财政部备案；单项或批量价值在 500 万元以上(含 500 万元)至 800 万元以下的，由高校审核后报教育部审批，教育部审批后报财政部备案；单项或批量价值在 800 万元以上(含 800 万元)的，由高校审核后报教育部审核，教育部审核后报财政部审批； 第二十八条：高校对外投资收益以及利用国有资产出租、出借和科研成果形成的无形资产等取得的收入应当纳入学校预算，统一核算，统一管理； 第三十二条：高校处置国有资产，应当按照规定权限进行审核、审批或报备。未按规定办理相关手续，不得擅自处置		
权益分配与归属政策调适阶段	2012 年	《关于进一步加强职务发明人合法权益保护促进知识产权运用实施的若干意见》	第四条：鼓励单位与发明人约定发明创造的知识产权归属	2011 年《财政部关于在中关村国家自主创新示范区进行中央级事业单位科技成果处置权改革试点的通知》； 2013 年“职务发明人权益保护状况调研”开展	探索创新职务发明制度(高校发明人处置权和收益权)

续表

阶段	时间	关键政策文本	政策解读	重要政策性文件及事件	阶段特点
权益分配与归属政策调适阶段	2014年	《关于开展深化中央级事业单位科技成果使用、处置和收益管理改革试点的通知》	单位自行建立科技成果转移转化利益共享机制	2016年《实施〈中华人民共和国促进科技成果转化法〉若干规定》；2016年《促进科技成果转移转化行动方案》	
	2015年	《中共中央国务院关于深化体制机制改革加快实施创新驱动发展战略的若干意见》	第十三条：加快下放科技成果的使用、处置和收益权；第十四条：提高科研人员成果转化受益比例；第十五条：加大科研人员股权激励力度	2016年《关于实施以增加知识价值为导向的分配政策的若干意见》	
	2015年	《中华人民共和国促进科技成果转化法》（第一次修订）	第十八条、第四十三条、第四十五条：再次明确科技成果处置权、使用权和管理权下放；保障科研人员50%的收益下限	2016年四川省委、省政府《关于深化人才发展体制机制改革促进全面创新改革驱动转型发展的实施意见》	
	2019年	财政部第二次修改《事业单位国有资产管理暂行办法》	第五十六条：国家设立的研究开发机构、高等院校对其持有的科技成果，可以自主决定转让、许可或者作价投资，不需报主管部门、财政部门审批或者备案，并通过协议定价、在技术交易市场挂牌交易、拍卖等方式确定价格		

3.3.1 权益分配政策初创阶段

改革开放以后，原有的封闭科技计划管理体制逐渐被打破，但是体制、机制以及思想观念等方面还存在许多阻碍科学技术与经济结合的不利因素，科技成果转化率和科技进步贡献率依然较低(周翊民，1997)。为了促进科技成果转化为现实生产力，规范科技成果转化活动，加速科学技术进步，推动经济建设和社会发展，第八届全国人民代表大会常务委员会于1996年5月15日发布《中华人民共和国促进科技成果转化法》并从1996年10月1日起施行，这是国家首次在立法上为科技成果转化提供了保障(李绪鄂，1995)。该法规定了国家科技成果转化的立法宗旨、基本原则、管理体制、激励机制和保障措施等一系列基本制度框架(贺德方，2016)，就科技成果的计划指导、市场运行、法定含义、中间环节、技术权益和法律责任等做出了规定。本法的颁布实施，有效地规范了各主体的成果转化行为，也强调了政府在科技成果转化中的职责划分，明确了主要的转化方式。

具体而言，其中第二十九条规定：科技成果完成单位将其职务科技成果转让给他人的，单位应当从转让该项职务科技成果所取得的净收入中，提取不低于20%的比例，对完成该项科技成果及其转化做出重要贡献的人员给予奖励。第三十条规定：企业、事业单位独立研究开发或者与其他单位合作研究开发的科技成果实施转化成功投产后，单位应当连续3～5年从实施该科技成果新增留利中提取不低于5%的比例，对完成该项科技成果及其转化做出重要贡献的人员给予奖励。这两条规定在一定程度上是对高校职务发明人贡献的认可，以法律规范的形式规定发明人应该享受到的奖励，建立了职务发明激励机制，为高校科技人员收益权的确立实现了制度突破。

为有效保护高等学校知识产权，鼓励广大教职员工和学生进行发明创造的积极性，1999 年 4 月 8 日教育部发布施行了适用于国家举办的高等学校、高等学校所属教学科研机构和企业事业单位的《高等学校知识产权保护管理规定》。其中第八条规定：执行本校及其所属单位任务，或主要利用本校及其所属单位的物质技术条件所完成的发明创造或者其他技术成果，是高等学校职务发明创造或职务技术成果。职务发明创造申请专利的权利属于高等学校。专利权被依法授予后由高等学校持有。职务技术成果的使用权、转让权由高等学校享有。该规定明确了职务发明创造的含义以及高校职务科技成果权利的所属问题。第二十六条规定：高等学校将其知识产权或职务发明创造、职务技术成果转让给他人或许可他人使用的，应当从转让或许可使用所取得的净收入中，提取不低于 20%的比例，对完成该项职务发明创造、职务技术成果及其转化作出重要贡献的人员给予奖励。为促进科技成果产业化，对经学校许可，由职务发明创造、职务技术成果完成人进行产业化的，可以从转化收入中提取不低于 30%的比例给予奖酬。第二十七条规定：高等学校及其所属单位独立研究开发或者与其他单位合作研究开发的科技成果实施转化成功投产后，高等学校应当连续三至五年从实施该项科技成果所取得的收入中提取不低于 5%的比例，对完成该项科技成果及其产业化作出重要贡献的人员给予奖酬。这两条规定从法律角度对科技成果发明人所获得的奖酬与扶持予以了认可。

为深入贯彻党的十六大提出的“鼓励科技创新、在关键领域和若干科技发展前沿掌握核心技术和拥有一批自主知识产权”的要求，加快实施国家知识产权战略，进一步贯彻落实《高等学校知识产权保护管理规定》，全面提高高等学校科技创新能力，充分发挥高等学校在国家科技进步和经济社会发展中的作用，2004 年 11 月 8 日教育部、国家知识产权局联合下发了《关于进一步加强高等学校知识产权工作的若干意见》。对加强高等学校知识产权工作提出意见：①从战略高度认识和开展知识产权工作；②加强知识产权组织机构和管理制度建设，全面提高知识产权管理水平；③建立有效的激励机制，激发和保护高校科技人员发明创造的积极性；④加强知识产权专业人才的培养；⑤健全知识产权服务体系，促进专利技术的保护和实施；⑥各高等学校要根据本意见，分别制定具体的实施办法。

这一阶段相关法律、政策的制定，是国家开始从立法上为科技成果转化提供法律保障的表现，是对高校职务发明人贡献的认可，职务发明奖励激励制度的初步建立，为科技人员收益权的确立实现了制度突破，初步创立了权益分配政策体制。

3.3.2　权益归属政策冲突与阻滞阶段

2000 年，中国即将加入世贸组织之际，为保护发明创造专利权，鼓励发明创造的推广应用，促进科学技术进步和创新，适应社会主义现代化建设的需要，在借鉴发达国家经验的基础上，我国进行了《中华人民共和国专利法》的第二次修正，对全民所有制单位的职务发明和执行国家科研项目的成果产权归属的规定，从“国家所有”转为“承担单位所有”。这是通过成果归属推进成果转化的重要突破。

2007 年 12 月 29 日第十届全国人大常委会修订通过了《中华人民共和国科学技术进步法》。在这项被称为中国的“拜杜法案”的法律中，第二十条规定：利用财政性资金设立的科学技术基金项目或者科学技术计划项目所形成的发明专利权、计算机软件著作权、集成电路布图设计专有权和植物新品种权，除涉及国家安全、国家利益和重大社会公共利益的外，授权项目承担者依法取得。

《中华人民共和国专利法》于2008年12月进行了第三次修正，并自2009年10月1日起施行。在职务发明专利申请及成果转化方面，《中华人民共和国专利法》第六条规定：执行本单位的任务或者主要是利用本单位的物质技术条件所完成的发明创造为职务发明创造。职务发明创造申请专利的权利属于该单位；申请被批准后，该单位为专利权人。在转让专利申请权或者专利权方面，第十条规定：转让专利申请权或者专利权的，当事人应当订立书面合同，并向国务院专利行政部门登记，由国务院专利行政部门予以公告。专利申请权或者专利权的转让自登记之日起生效。在高校职务科技成果转化方面，第十四条规定：国有企业事业单位的发明专利，对国家利益或者公共利益具有重大意义的，国务院有关主管部门和省、自治区、直辖市人民政府报经国务院批准，可以决定在批准的范围内推广应用，允许指定的单位实施，由实施单位按照国家规定向专利权人支付使用费。

为防止国有资产流失，确保国有资产安全与完整，根据财政部《事业单位国有资产管理暂行办法》(财政部令第36号)和《中央级事业单位国有资产管理暂行办法》(财教〔2008〕13号)等有关规定，教育部制定的《教育部直属高等学校国有资产管理暂行办法》中规定：核销货币性资产损失50万元以下的，由高校审批后10个工作日内将审批文件及相关资料报教育部备案，教育部审核汇总后报财政部备案；50万元以上(含50万元)至800万元以下的，由高校审核后报教育部审批，教育部审批后报财政部备案；800万元以上(含800万元)的，由高校审核后报教育部审核，教育部审核后报财政部审批。其中，中关村国家自主创新示范区内高校对其拥有的科技成果进行产权转让或注销产权的行为，一次性处置单位价值或批量价值在800万元以下的，由高校按照有关规定自主进行处置，并于一个月内将处置结果报财政部备案；一次性处置单位价值或批量价值在800万元以上(含800万元)的，由高校审核后报教育部审核，教育部审核后报财政部审批。国家另有规定的，从其规定。

以后续股权转让奖励发明人的相关规定则更为复杂，《教育部直属高等学校国有资产管理暂行办法中》规定：高校直接持有出资企业国有股权转让，按照《企业国有产权转让管理暂行办法》(国资委 财政部令第3号)、《财政部关于企业国有资产办理无偿划转手续的规定》(财管字〔1999〕301号)和《企业国有产权无偿划转管理暂行办法》(国资发产权〔2005〕239号)等规定执行；涉及高校直接持有上市公司国有股权转让，按照《国有股东转让所持上市公司股份管理暂行办法》(国资委 证监会令第19号)和《财政部关于股份有限公司国有股权管理工作有关问题的通知》(财管字〔2000〕200号)等规定执行。

由于高校属于国有事业单位，《中华人民共和国科学技术进步法》中规定的科技成果由高校所有，仍然带有国有性质。因此科技成果的处置受到国有资产处置规定的限制，高校并没有真正掌握职务科技成果的处置权(刘凤等，2017)(表3-3、表3-4)。

表 3-3　高校科技成果所有权的相关制度矛盾

法律条文	内　容	矛盾点
《中华人民共和国科学技术进步法》（2007 年修订版）第二十条	利用财政性资金设立的科学技术基金项目或者科学技术计划项目所形成的发明专利权、计算机软件著作权、集成电路布图设计专有权和植物新品种权，除涉及国家安全、国家利益和重大社会公共利益的外，授权项目承担者依法取得	由于高校属于国有事业单位，《中华人民共和国科学技术进步法》中规定的科技成果由高校所有，仍然带有国有性质。所以，在科技成果处置问题上，高校仍然受到国有资产处置规定的限制
《教育部直属高等学校国有资产管理暂行办法》第二十条	高校应当加强对本单位专利权、商标权、著作权、土地使用权、非专利技术、校名校誉、商誉等无形资产的管理，依法保护，合理利用，并按照国家有关规定及时办理入账手续，加强管理	
《中华人民共和国促进科技成果转化法》第十八条	国家设立的研究开发机构、高等院校对其持有的科技成果，可以自主决定转让、许可或者作价投资，但应当通过协议定价、在技术交易市场挂牌交易、拍卖等方式确定价格	《中华人民共和国科学技术进步法》向高校赋予了所有权；《中华人民共和国促进科技成果转化法》向高校赋予了处置权。但是高校却不能对所有权进行处置
《中华人民共和国促进科技成果转化法》第四十四条	科技成果完成单位可以规定或者与科技人员约定奖励和报酬的方式、数额和时限	
《中华人民共和国促进科技成果转化法》第十九条	国家设立的研究开发机构、高等院校所取得的职务科技成果，完成人和参加人在不变更职务科技成果权属的前提下，可以根据与本单位的协议进行该项科技成果的转化，并享有协议规定的权益	

表 3-4　高校科技成果处置权实施的制度障碍

法律法规	内　容	矛盾点
《中华人民共和国促进科技成果转化法》第十七条	国家鼓励研究开发机构、高等院校采取转让、许可或者作价投资等方式，向企业或者其他组织转移科技成果	《教育部直属高等学校国有资产管理暂行办法》中所规定的审批程序与《中华人民共和国促进科技成果转化法》中高校对其持有的科技成果，可以自主决定转让、许可或者作价投资，不需审批或者备案的规定是矛盾的
《教育部直属高等学校国有资产管理暂行办法》第二十条	高校应当加强对本单位专利权、商标权、著作权、土地使用权、非专利技术、校名校誉、商誉等无形资产的管理，依法保护，合理利用，并按照国家有关规定及时办理入账手续，加强管理	
《教育部直属高等学校国有资产管理暂行办法》第二十二条	高校利用国有资产对外投资、出租、出借等事项，按规定权限履行审批手续：单项或批量价值在 500 万元以上(含 500 万元)至 800 万元以下的，由高校审核后报教育部审批，教育部审批后报财政部备案；单项或批量价值在 800 万元以上(含 800 万元)的，由高校审核后报教育部审核，教育部审核后报财政部审批	
《教育部直属高等学校国有资产管理暂行办法》第二十四条	高校经批准利用非货币性资产进行对外投资，应当聘请具有相应资质的中介机构，对拟投资资产进行评估，资产评估事项按规定履行备案或者核准手续	

资料来源：刘凤等，2017。

而涉及国有股权转让或将股权激励奖励给个人的问题时，制度障碍是非常明显的。按照《企业国有产权转让管理暂行办法》的规定，国有股权在转让给个人的时候，需要办理的行政手续非常复杂，审批周期极其漫长[①]；在《中关村国家自主创新示范区企业股权和分红激励实施办法》中，股权激励作为先试先行的政策，仍然存在额度、资格、程序、时

①《企业国有产权转让管理暂行办法》第三章第十二条规定：按照本办法规定的批准程序，企业国有产权转让事项经批准或者决定后，转让方应当组织转让标的企业按照有关规定开展清产核资，根据清产核资结果编制资产负债表和资产移交清册，并委托会计师事务所实施全面审计(包括按照国家有关规定对转让标的企业法定代表人的离任审计)；资产损失的认定与核销，应当按照国家有关规定办理。转让所出资企业国有产权导致转让方不再拥有控股地位的，由同级国有资产监督管理机构组织进行清产核资，并委托社会中介机构开展相关业务。第二十六条规定：所出资企业决定其子企业的国有产权转让时，重要子企业的重大国有产权转让事项，应当报同级国有资产监督管理机构会签财政部门后批准。其中，涉及政府社会公共管理审批事项的，需预先报经政府有关部门审批。

限方面的诸多限制①。在《中华人民共和国促进科技成果转化法》(2015年修订版)第四条中，虽然国家鼓励以科技成果作价入股方式投资的中小企业充分利用资本市场做大做强，国务院财政、科技等主管部门将研究制定有关政策，在国家设立的研究开发机构、高等院校以技术形成的国有股在企业上市时，豁免向全国社会保障基金转持；但是，尚无具体政策出台。

因此，在实际操作过程中，科技成果转化后不论是直接向个人支付费用，还是后续采用股权转让或股权激励作为奖励，相关制度障碍仍是非常明显的(刘凤等，2017)。在实践中，向职务发明人支付费用和科技成果转化后奖励股权的行政手续都极其复杂，且有严重的滞后性，完全有可能造成个人利益的实际损失。相关政策法规的缺失，以及不同法规之间的矛盾，都难以保障发明人在职务科技成果转化中和转化后的实际利益。可见在这个时期，国家通过修订专利法等举措，将成果规定为“承担单位所有”，但是根据国有资产处置相关规定，项目承担单位的科技成果使用权、处置权和收益权并不完整。

3.3.3 权益分配与归属政策调适阶段

2015年3月13日，《中共中央国务院关于深化体制机制改革加快实施创新驱动发展战略的若干意见》(以下简称《意见》)发布，当年正好是1985年《中共中央关于科技体制改革的决定》文件颁布30周年，因此《意见》的发布对科技成果转移转化具有重大意义。《意见》的总体思路是加快实施创新驱动发展战略，就是要使市场在资源配置中起决定性作用和更好发挥政府作用，破除制约创新的思想障碍和制度藩篱，激发全社会的创新活力和创造潜能，提升劳动、信息、知识、技术、管理、资本的效率和效益，强化科技同经济对接、创新成果同产业对接、创新项目同现实生产力对接、研发人员创新劳动同其利益收入对接，增强科技进步对经济发展的贡献度，营造大众创业、万众创新的政策环境和制度环境。完善成果转化激励政策，强化尊重知识、尊重创新，充分体现智力劳动价值的分配导向，让科技人员在创新活动中得到合理回报，通过成果应用体现创新价值，通过成果转化创造财富。

《意见》第十三条规定：加快下放科技成果使用、处置和收益权。第十四条规定：提高科研人员成果转化收益比例。《意见》要求完善职务发明制度，推动修订专利法、公司法等相关内容，完善科技成果、知识产权归属和利益分享机制，提高骨干团队、主要发明人收益比例。完善奖励报酬制度，健全职务发明的争议仲裁和法律救济制度。修订相关法律和政策规定，在利用财政资金设立的高等学校和科研院所中，将职务发明成果转让收益在重要贡献人员、所属单位之间合理分配，对用于奖励科研负责人、骨干技术人员等重要贡献人员和团队的收益比例，可以从现行不低于20%提高到不低于50%。

---

①《中关村国家自主创新示范区企业股权和分红激励实施办法》第九条规定：股权奖励和股权出售的激励对象，除满足本办法第四条规定条件外，应当在本企业连续工作3年以上。股权奖励的激励对象，仅限于技术人员。第十条规定：企业用于股权奖励和股权出售的激励总额，不得超过近3年税后利润形成的净资产增值额的35%。其中，激励总额用于股权奖励的部分不得超过50%。企业用于股权奖励和股权出售的激励总额，应当依据资产评估结果折合股权，并确定向每个激励对象奖励或者出售的股权。其中涉及国有资产的，评估结果应当经代表本级人民政府履行出资人职责的机构、部门(以下统称“履行出资人职责的机构”)核准或者备案。第十一条规定：企业用于股权奖励和股权出售的激励总额一般在3～5年内统筹安排使用，并应当在激励方案中与激励对象约定分期实施的业绩考核目标等条件。

《意见》第十五条规定：加大科研人员股权激励力度。对高等学校和科研院所等事业单位以科技成果作价入股的企业，放宽股权奖励、股权出售对企业设立年限和盈利水平的限制。

2015年新修订的《中华人民共和国促进科技成果转化法》（以下简称《促进科技成果转化法》），标志着我国科技成果转化法律保障进入了一个崭新阶段。该法律对科技成果转化全过程进行了法律规范，实现了科技成果转化有法可依、有法必依的新突破。

随着科技的快速发展，《促进科技成果转化法》自1996年实施以来，在实践中出现了事业单位科技成果相关管理制度与成果转化需求不相适应的情况。2015年新修订的《促进科技成果转化法》对1996年颁布的版本进行了大幅修改，改动达44处之多，整部法律从37条扩展到52条。修订后的法律新增或调整范围涉及科技成果转化的10个方面，共30余项管理制度①。

新修订的《促进科技成果转化法》中，有详尽的内容涉及职务科技成果转化的权属激励问题。

第一，明确保障科研人员50%的收益下限。修订前第二十九条规定：科技成果完成单位将其职务科技成果转让给他人，单位应当从转让该项职务科技成果所得的净收入中，提取不低于20%的比例，对完成该项科技成果及其转化做出重要贡献的人员给予奖励。修订前第三十条规定：企业、事业单位独立研究开发或者与其他单位合作研究开发的科技成果实施转化成功投产后，单位应当连续3～5年从实施科技成果新增留利中提取不低于5%的比例，对完成该项科技成果及其转化做出重要贡献的人员给予奖励。修订后第四十五条规定：科技成果完成单位未规定、也未与科技人员约定奖励和报酬的方式和数额的，按照下列标准对完成、转化职务科技成果做出重要贡献的人员给予奖励和报酬：一是将该项职务科技成果转让、许可给他人实施的，从该项科技成果转让净收入或者许可净收入中提取不低于50%的比例；二是利用该项科技成果作价投资的，从该项科技成果形成的股份或者出资比例中提取不低于50%的比例；三是将该项职务科技成果自行实施或者与他人合作实施的，应当在实施转化成功投产后连续3～5年，每年从实施该项科技成果的营业利润中提取不低于5%的比例。

第二，强调科技成果使用权、处置权和管理权的下放。从2011年开始，财政部、科技部等部门进行中央级事业单位科技成果使用权、处置权和收益权管理改革试点。2015年，《中共中央国务院关于深化体制机制改革加快实施创新驱动发展战略的若干意见》也对“三权”改革予以了明确，提出单位主管部门和财政部门对科技成果在境内的使用、处置不再审批或备案，科技成果转移转化所得收入全部留归单位，纳入单位预算，实行统一管理，处置收入不上缴国库。修订后的《促进科技成果转化法》第十八条规定：国家设立的研究开发机构、高等院校对其持有的科技成果，可以自主决定转让、许可或者作价投资，但应当通过协议定价、在技术交易市场挂牌交易、拍卖等方式确定价格。这一规定体现了两个重要的突破：一是将科技成果的处置权下放到成果持有单位，不必以任何形式报主管部门、财政部门、国有资产管理部门审批或者备案；二是确定了科技成果的市场化定价原

① 资料来源：http://www.rmzxb.com.cn/c/2015-09-02/568395.shtml。

则，也就意味着可以不对科技成果进行评估，即使进行评估，估值也只能作为定价的参照。第四十三条规定：国家设立的研究开发机构、高等院校转化科技成果所获得的收入全部留归本单位，在对完成、转化职务科技成果做出重要贡献的人员给予奖励和报酬后，主要用于科学技术研究开发与成果转化等相关工作。

2016 年，中共中央、国务院发布《国家创新驱动发展战略纲要》，创新驱动发展成为国家立足全局、面向全球、聚焦关键、带动整体的国家战略。这是党中央在我国发展的关键时期做出的关键决策，契合我国发展的历史逻辑和现实逻辑①。在 2016 年的政府工作报告中，“创新”一词被提到了多次。科技成果转化作为创新驱动发展的重要推动力，势必再次成为政策层面的关注热点。国务院于 2016 年 2 月 26 日印发了《实施〈中华人民共和国促进科技成果转化法〉若干规定》（国发〔2016〕16 号），国务院办公厅于 2016 年 4 月 21 日印发了《促进科技成果转移转化行动方案》（国办发〔2016〕28 号）。以上三份文件的出台被称为科技成果转化“三部曲”（范天豪，2016）。

《实施〈中华人民共和国促进科技成果转化法〉若干规定》致力于激励科技人员创新创业行为、优化成果转化政策环境。其第六条规定：在制定转化科技成果收益分配制度时，要按照规定充分听取本单位科技人员的意见，并在本单位公开相关制度。第七条规定：科技人员在履行岗位职责、完成本职工作的前提下，经征得单位同意，可以兼职到企业等从事科技成果转化活动，或者离岗创业，在原则上不超过 3 年时间内保留人事关系，从事科技成果转化活动。为科技成果转移转化营造良好环境，第十五条规定：各地方、各部门要切实加强对科技成果转化工作的组织领导，及时研究新情况、新问题，加强政策协同配合，优化政策环境，开展监测评估，及时总结推广经验做法，加大宣传力度，提升科技成果转化的质量和效率，推动我国经济转型升级、提质增效。

之后的《教育部科技部关于加强高等学校科技成果转移转化工作的若干意见》（教技〔2016〕3 号）、《中国科学院科学技术部关于印发〈中国科学院关于新时期加快促进科技成果转移转化指导意见〉的通知》（科发促字〔2016〕97 号），以及国家卫计委等部门印发的《关于加强卫生与健康科技成果转移转化工作的指导意见》（国卫科教发〔2016〕51 号）等文件，都是国家相关主管部门为贯彻“三部曲”、加强所管辖领域科技成果转移转化提出的指导性意见（吴寿仁，2017）。

2016 年 11 月，中共中央办公厅、国务院办公厅印发了适用于国家设立的科研机构、高校和国有独资企业（公司）的《关于实行以增加知识价值为导向分配政策的若干意见》。《关于实行以增加知识价值为导向分配政策的若干意见》的出台被称为“又一次思想解放”，对实行以增加知识价值为导向的分配政策做出了全面安排，对我国建设创新型国家和世界科技强国具有重要意义。

《关于实行以增加知识价值为导向分配政策的若干意见》明确提出，实行以增加知识价值为导向的分配政策的基本思路，充分发挥市场机制作用，通过稳定提高基本工资、加大绩效工资分配激励力度、落实科技成果转化奖励等激励措施，使科研人员收入与其岗位职责、工作业绩、实际贡献紧密联系，在全社会形成知识创造价值，价值创造者可得到合

① 时任科技部部长万钢表示创新驱动发展是面向未来的一项重大战略，创新发展是国际竞争的大势所趋，是民族复兴的国运所系，是我国发展的形势所迫，必须将科技创新摆在国家发展全局的核心位置。

理回报的良性循环，构建体现知识价值增加的收入分配机制。

《关于实行以增加知识价值为导向分配政策的若干意见》从 4 个方面扩大了科研机构、高校对收入分配的自主权：引导科研机构、高校实行体现自身特点的分配办法，赋予科研机构、高校更大的收入分配自主权，科研机构、高校要履行法人责任，按照职能定位和发展方向，制定以实际贡献为评价标准的科技创新人才收入分配激励办法，突出业绩导向，建立与岗位职责目标相统一的收入分配激励机制，合理调节教学人员、科研人员、实验设计与开发人员、辅助人员和专门从事科技成果转化人员等的收入分配关系，健全绩效工资管理，科研机构高校自主决定绩效考核和绩效分配的办法，赋予财政科研项目承担单位对间接费用的统筹使用权；完善适应高校教学岗位特点的内部激励机制；落实科研机构、高校在岗位设置、人员聘用、绩效工资分配、项目经费管理等方面的自主权；重视科研机构、高校的中长期目标考核。

《关于实行以增加知识价值为导向分配政策的若干意见》把人作为政策激励的出发点和落脚点，强化产权等长期激励，健全中长期考核评价机制，突出业绩贡献。坚持长期产权激励与现金奖励并举，探索对科研人员实施股权、期权和分红激励，加大在专利权、著作权、植物新品种权、集成电路布图设计专有权等知识产权及科技成果转化形成的股权、岗位分红权等方面的激励力度。科研机构、高校应建立健全科技成果转化的内部管理与奖励制度，自主决定科技成果转化收益分配和奖励方案。

《关于实行以增加知识价值为导向分配政策的若干意见》明确完善了股权激励等相关税收政策。对符合条件的股票期权、股权期权、限制性股票、股权奖励以及科技成果投资入股等实施递延纳税优惠政策，鼓励科研人员创新创业，进一步促进科技成果转化。此前，科技成果股权确定的过程中需分两步纳税，纳税比例较高。按照个人所得税法规定，税率总额最高可达到 45%。此次出台的文件将两步税收合并为一步，科研人员可只在取得现金环节纳税。文件还进一步明确科研人员和机构对纳税方案有选择权，如果选择延迟纳税，则一次纳税税率按 20%计算，这可能使科研人员科技成果转化纳税比例下降约一半。这是有助于创新并对科研成果长期激励的制度安排。

科技体制改革是创新发展的重要组成部分，是促进科技创新顺利实施的必要保障。2015 年 9 月 24 日中共中央、国务院印发的《深化科技体制改革实施方案》，吹响了新一轮科技体制改革的号角。此次深化科技体制改革，是以构建中国特色国家创新体系为目标，围绕企业技术创新主体地位、激发科研院所和高等学校的创新活力、改革人才评价和激励机制、促进科技成果转化等 10 个方面进行了全面部署，提出了 32 项改革举措、143 项政策措施。该方案在《促进科技成果转化法》修订的基础上，比较系统地提出了推广成果使用、处置和收益权的管理改革政策，推行实施股权和分红激励政策，完善职务发明奖励报酬及工资总额管理制度，探索事业单位无形资产管理制度，制定技术类国有股转持豁免政策，健全高校和科研院所技术转移工作体系等多项具体改革措施(光明日报社，2015)。

2018 年 9 月国务院发布《关于推动创新创业高质量发展打造“双创”升级版的意见》，针对职务科技成果权属问题，其中第十八条提到：深化以科技创新为核心的全面创新。完善国家财政资金资助的科技成果信息共享机制，畅通科技成果与市场对接渠道。试点开展赋予科研人员职务科技成果所有权或长期使用权。加速高校科技成果转化和技术转移，促进科技、产业、投资融合对接。加强国家技术转移体系建设，鼓励高校、科研院所建设专业化技术转移机构。

2019 年 3 月《财政部关于修改〈事业单位国有资产管理暂行办法〉决定》由财政部部务会议审议通过。该文件中新增一条即第五十六条：国家设立的研究开发机构、高等院校对其持有的科技成果，可以自主决定转让、许可或者作价投资，无需报主管部门、财政部门审批或者备案，并通过协议定价、在技术交易市场挂牌交易、拍卖等方式确定价格。通过协议定价的，应当在本单位公示科技成果名称和拟交易价格。国家设立的研究开发机构、高等院校转化科技成果所获得的收入全部留归本单位。这项新增条文，为职务科技成果混合所有制改革扫除了巨大障碍，原本矛盾的法律条文已不对改革构成障碍，法律间的"堵点"正在得到调适与梳理。

同时，1985 年生效实施、已经进行三次全面修改的《中华人民共和国专利法》，于 2018 年 12 月 5 日国务院常务会议通过了专利法第四次修正案草案，2020 年 10 月 17 日，十三届全国人大常委会第二十二次会议表决通过关于修改专利法的决定。第四次修改草案将进一步提高专利权侵权成本，提升发明人的创造热情。在草案中已明确了发明人或设计人合理分享职务发明创造收益的激励机制，激发了发明创造的热情(国家知识产权局，2018)。

本章参考文献

陈光, 李良钰, 明翠琴, 等. 2019. 基于倡导联盟框架的中国高校职务发明政策变迁机理. 中国科技论坛, 274(2): 132-140.

范天豪. 2016. 我国高校科技成果转化的制度浅析. 法制与社会, (19): 221-222.

光明日报社. 2015-11-20. 最大限度地激发科技第一生产力——《深化科技体制改革实施方案》解读. 光明日报, (10).

贺德方. 2016. 《促进科技成果转化法》有五大重要变化. http: //finance. sina. com. cn/roll/2016-09-25/doc-ifxwermp3852018. shtml.

李光. 2005. 我国科技体制改革任重道远——纪念《中共中央关于科学技术体制改革的决定》发布 20 周年. 科技进步与对策, (2): 3.

李建军. 2005. 我国科技体制建设的基本历程及"路径依赖性". 湖南文理学院学报(自然科学版), (1): 60-65.

李绪鄂. 1995. 关于中华人民共和国促进科技成果转化法(草案)的说明. 中国人大网, http: //www. npc. gov. cn/npc/lfzt/rlys/2015-02/25/content_1905515. htm, 1995-12-20/2019-08-01.

廖添土, 戴天放. 2009. 建国 60 年来我国科技体制改革的历史演变与启示. 江西农业学报, (9): 190-192.

刘凤, 张明瑶, 康凯宁, 等. 2017. 高校职务科技成果混合所有制分析——基于产权理论视角. 中国高校科技, (9): 18-22.

刘建城. 2014. 新时期党的科学技术思想演进研究. 广州: 华南理工大学.

刘忠艳, 赵永乐, 王斌. 2018. 1978-2017 年中国科技人才政策变迁研究. 中国科技论坛, (2): 136-144.

马来平. 1992. 中国科技体制形成的历史回顾. 山东大学学报: 哲学社会科学版, (4): 76-83.

马来平. 1994. 中国科技体制的曲折发展: 1958～1980. 山东大学学报(哲学社会科学版), (1): 96-102.

钱斌. 2010. 新中国科技体制的建立和初步发展(1949-1966). 合肥: 中国科学技术大学.

人民网. 2018-12-06. 关注！国务院常务会议通过专利法修正案(草案). http://ip.people.com.cn./nl/2018/1206/c179663-30446779 html.

谭畅, 席莉莉. 2018. 一座中关村, 半部改革史. 南方周末, 2018-12-16[2019-08-01]. http: //www. infzm. com/contents/142581.

王扬宗. 2018. 中国科学技术事业的历史性转变——回望 1978 年全国科学大会. 中国科学院院刊, 33(4): 11-21.

吴寿仁. 2017. 科技成果转化若干热点问题解析. 科技中国, (5): 64-71.

新华社. 2016-11-10. 科技部解读《关于实行以增加知识价值为导向分配政策的若干意见》. http: //www. most. gov. cn/ztzl/xyddsjd/kjgg/ 201710/t20171011_135259. html.

杨智杰. 2018. 科技创新: 从跟跑到并跑、领跑. 协商论坛, (12): 40-42.

周翊民. 1997. 铁路科技发展形势与近期重点科研开发任务. 中国铁路, (1): 6, 8-12.

第4章　他山之石：国外高校职务发明成果转化的制度与实践经验

4.1　美国《拜杜法案》模式

4.1.1　《拜杜法案》的政策背景及其出台历程

20世纪70～80年代美国经济处于“滞胀”时期，政府经济负担较重，联邦政府的研发资助比例不断下降，20世纪70年代初该比例为68%左右，到了80年代，这一比例下降到了65%左右，90年代初只有59%左右(表4-1)。因此，如何振衰起弊便成为美国国会想方设法要解决的问题。美国政府在学术上的经费支持不断减少，在这一背景下，需要寻找新的方法来刺激经济发展。而此时，美国的高校纷纷意识到联邦政府研发基金的资助作用有限，必须加紧将发明的技术成果市场化以创造收入。政府与高校的共同需求，促使了《拜杜法案》的出台。

表4-1　不同时期美国大学学术研发资助来源百分比

年份	联邦政府/%	州/地方政府/%	工业/%	学术组织/%	其他资源/%	总计/%
1972	68.2	10.2	2.8	11.6	7.2	100
1982	65.1	8.4	4.6	15.2	6.7	100
1992	58.9	7.9	6.8	18.9	7.5	100
2000	58.3	7.3	7.2	19.7	7.5	100

资料来源：美国国家科学理事会(National Science Board)，2004。

在《拜杜法案》出台之前，美国的科技创新成果实行“谁投入，谁所有、管理、受益”的运行模式，且批准程序非常复杂，导致研发者的创新意识严重受挫，从而使得美国的科技利用率低(Jamison and Jansen，2000)。“谁资助，谁所有”的科技政策，导致许多有价值的成果被束之高阁。首先，高校学术研究成果与商业开发需求严重分离，技术转移机制僵化，导致科技成果转化率低下；其次，科技成果转化率低下，导致美国的产品技术发展得不到应有的支持，与德国和日本等国家相比，美国虽然大量产出论文等科研成果，但却不具备应有的技术优势；最后，技术优势的丧失，使得美国中小企业失业人数增多。这一连锁困境，需要美国政府重视技术转移以扶持和振兴中小企业。

1978年，美国印第安纳州普渡大学的一位教授，向印第安纳州一位资深参议员伯奇·拜尔(Birch Bayh)请求协助：“我们团队有许多由能源部投资的科研成果，能源部会根据政策把这些研究成果都拿走，所以这些成果无法得到市场化开发，除非我们获得这些成果的授权，把这些成果授权给公司，让公司获得专利法的保护，否则这些成果只能被搁置。”(Loise and Stevens，2010)以普渡大学教授的请求为契机，参议员伯奇·拜尔联合罗伯特·杜尔(Robert Dole)正式向国会提出改革当时的科研成果管理方案，经过国会两年的调查与辩论，《拜杜法案》于 1980 年 12 月 12 日正式生效，其目标主要是促进产学合作，将专利权下放给高校和科研机构，激活研发创新，通过专利成果向市场转化，带动创业和就业(Hayter and Rooksby，2016)。《拜杜法案》出台的目的，是为了给当时美国停滞不前的经济提供新的刺激。1984 年，美国国会又对该法案进行了修改，后将其纳入《美国法典》第 35 篇《专利》第 18 章，标题为“联邦资助所完成发明的专利权”。

4.1.2　《拜杜法案》的主要内容及美国高校具体做法

1.《拜杜法案》核心条款及其原则宗旨解读

在第 201 条中，职务发明即在履行资助协议过程中，项目承担者所设想的或最初实际付诸实践的任何发明。

在第 202 条“权利的处置”(c)(1)款中，在项目承担者负责专利事务管理的人员知晓项目发明以后的合理期限内，项目承担者将其向联邦机构报告，联邦政府可以收回在该期限内未向其报告的任何项目发明的所有权。

在第 202 条“权利的处置”(c)(2)款中，在向联邦政府报告后的两年内(或者经联邦政府同意的更长时间内)，项目承担者可以书面形式选择是否保留发明所有权，如在规定时间内未做出选择，则联邦政府获得发明的所有权(将知识产权权属划归为大学等机构拥有)。

在第 202 条“权利的处置”(c)(4)款中，对于项目承担者选择保留所有权的任何发明，联邦政府拥有非独占、不可转让、不可撤销和免费使用的许可，便于其代表国家利益在世界范围内实施该发明。

在第 202 条“权利的处置”(c)(6)款中，项目承担者有义务在申请说明书和专利说明书中，声明该发明是在政府资助下做出的，政府对发明拥有一定的权利。

在第 202 条“权利的处置”(c)(7)款中，对非营利性机构，①要求项目承担者与发明人分享所收取的专利使用费；②要求项目承担者把发明赚取的专利使用费或收入，在扣除发明管理杂费(包括付给发明人的报酬)后，余额用来支持科研或教育；③发明许可应授予小企业，除非经过调查证明不可行；④技术转移的收益在扣除成本(包括发明人的报酬)之后，余额在该单位年度预算 5%以下的，项目承担者应将其全部用于该单位的科研开发或教育活动中，余额超过 5%的部分，其中 75%上缴财政部，剩下的 25%用于科研开发或教育。

在第 202 条“权利的处置”(c)(8)款中，如果项目承担者未选择保留发明的所有权，联邦政府在与项目承担者协商后，可考虑同意发明人依法提出保留权利的请求。

在第 203 条“介入权”中，政府在以下情况发生时可以使用介入权。①项目承担者没有或未希望在合理时间内对完成的发明进行实际应用；②发明过程不满足卫生保健或安全方面的需求；③发明过程不满足联邦政府规定的供公众使用的要求；④发明没有满足优先照顾美国工业的要求。

在第 210 条“优先适用”中，①其他任何法律在处置小企业或非营利组织机构项目承担者对合同发明的权利时，如与本章不一致，优先适用本章；②本章所属的法律优先于未来颁布的任何法律，除非未来的法律特别引用本法并规定优先于本法。

《拜杜法案》第200条说明了该法案提出的政策目标是利用专利制度，促进联邦政府资助的研究开发活动所产生之发明的利用，鼓励小企业最大限度地参与联邦支持的研究开发活动，推动企业以及大学等非营利机构间的合作，推动美国发明成果的商业化，提高其公共利用效率，并防止因不使用或不合理使用发明而损害公共利益。

一言以蔽之，《拜杜法案》的宗旨和精神是希望能通过产、学、研协作，以专利权作为诱因来激励美国的科研发展(尤其是基础科学)与国际竞争力，用科技带动经济复苏。同时希望能避免研发机构的人才流失以及专利的闲置和浪费，以产学合作来实现产业升级，通过专利权“下放”激活从事研发的学研机构创新研发，驱动市场机制，并通过专利的商业化来开展新创事业，促进中小企业的发展，增加就业机会。在具体的条文上，该法案围绕上述的立法宗旨规范学研机构专利的权利归属、专利权由何人管理和成果收益如何分享这三个根本性的问题。由此也可看出，政府产学研合作与专利政策产生重大改变的主要动力是经济，而非政府对科技研发的兴趣(Council on Governmental Relations，1999)。

2.《拜杜法案》相关辅助法案及其要点

《拜杜法案》的辅助法案有《史帝文森-怀德技术创新法案》《小企业创新发展法案》和《联邦技术转让法案》，另外美国还颁布了相关的行政命令。这些辅助法案与行政命令的要点包括以下几点。第一，高校必须努力对科研成果进行开发转让，否则政府将收回技术成果的所有权；第二，在进行技术转让时，应当首先考虑中小企业；第三，相关技术生产场地主要在美国；第四，转让费必须有部分属于发明者本人，其余部分用于教育和科研开发，国家实验室的技术转让费至少要给发明者本人15%；第五，研究机构必须建立技术转让部门，并保证该部门有充足的运作经费；第六，各联邦机构要拨专款扶持中小企业的科研发展；第七，研究人员有责任进行技术成果转让；第八，各研究部门和高校要进行技术合作，制定技术合作计划等①。

3. 以《拜杜法案》为核心的科技成果转化法律体系

在《拜杜法案》之后，美国又制定了一系列的科技成果转化相关法律和举措，包括1988年《综合贸易与竞争力法案》、1989年《国家竞争性技术转移法案》、1991年《国防授权法案》、1992年《小企业技术转移计划》、1995年《国家技术转让和发展法案》等，为促进美国科技成果转化构建了比较完善的制度体系。

4. 美国高校的具体做法

美国高校的科技成果转化率和收益水平都位居世界前列，高校技术成果向产业界的转移被认为是美国20世纪90年代高新技术出现和快速增长的关键原因。在依据美国1980年颁布的《拜杜法案》对其开发的科技成果拥有知识产权进行规定时，美国各高校均自行制定了知识产权管理规定，以明确高校与其教职人员之间因知识产权产生的利益关系，规

① U.S.Government Accountabicity Office. The university and small business patent procedures (Bayh-Dole Act of 1980). 1980.

定知识产权的归属、保护及管理等。这些管理规定是学校规章，教职人员就职于学校后必须遵守。美国各高校的管理规定，均对教职人员可能产出的创造发明成果的归属做出了明确、细致的界定。这些规定主要有两个特点：一是职务发明的范围扩大化，只要是利用高校资源完成，或是属于其研究范围内的创造发明，其专利权均由该高校享有；二是给予发明人及与发明相关的各主体(即具体参与发明的团队、院系)丰厚的报酬。

1)威斯康星大学——校友研究基金会模式

美国在《拜杜法案》出台之前，政府投资的高校在科研成果管理以及转化方面已具备了一定的实践经验和基础，《拜杜法案》实际上就是借鉴威斯康星大学(Universitty of Wisconsin，UW)于 1925 年成立的威斯康星大学校友研究基金会(Wisconsin Alumni Research Foundation，WARF)对高校科研成果进行管理和转化的经验，该法案的起草工作就是由 WARF 完成的。

WARF 是非营利性机构，具有独立法人资格，其通过与 UW 签订协议的方式，专门负责 UW 的知识产权管理，特别是 UW 的技术转移工作。其任务是推动 UW 的研究成果向产业转移，在实现科研成果的市场价值并让其造福社会的同时，通过技术许可为 UW 的科研活动提供经费支持，从而使该大学的科研创新活动具有可持续性(徐棣枫，2009)。在 WARF 模式中，技术转移的全过程如图 4-1 所示。

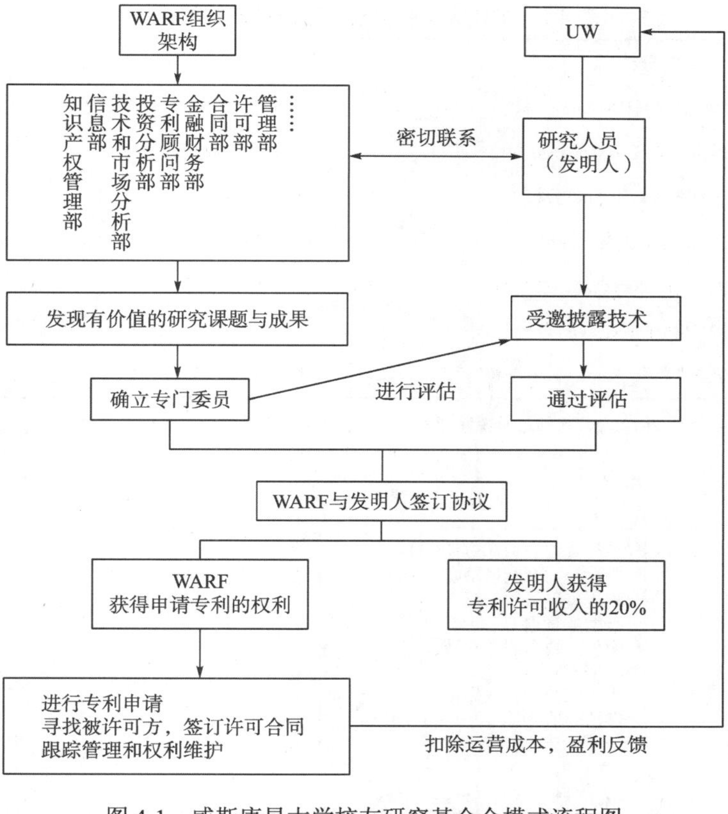

图 4-1　威斯康星大学校友研究基金会模式流程图

资料来源：根据 Wisconsin Alumni Research Foundation[EB/OL]. https：//www.warf.org 整理。

专利许可的回报依年度的许可回报额，分为两个层次处理，回报额在 10 万美元以内的部分，首先支付 20%于专利发明人，70%支持发明人所在实验室继续进行研究工作，10%给学校研究生院作为研究经费。回报额超过 10 万美元的部分，20%支付给发明人，15%给发明人所在实验室，65%给学校研究生院（李村生，2003）。

2) 加州大学——技术+商业化模式

在加州大学的技术转移实践中，《拜杜法案》等外部政策因素虽然产生了一定的影响，但并不是最主要的影响因素。加州大学的技术转移工作之所以能够取得瞩目的成绩，其核心原因在大学内部。加州大学作为一所公立大学，把技术转移作为满足公共利益需要的重要手段，历届大学领导都非常注重将大学的科研成果应用到社会发展中，构建了支持技术转移的制度和政策体系，并在各个分校建立技术转移机构，与总校的中枢管理机构形成分权与集权有机结合的技术转移服务系统。

(1) 技术转移管理系统。加州大学技术转移组织发展的一个重要特征是不断地向分权化、半自治和以分校为基础的网络结构演变。加州大学在各个分校建立独立的技术转移机构，这些机构主要承担在技术转移过程中与大学科研人员、当地政府和产业界进行直接互动的任务（表 4-2）。加州大学技术转移管理采取分权机制，即各个分校在统一的制度框架下运作，进行资源共享，但保持相对自治（图 4-2）。

表 4-2 加州大学各分校建立的技术转移机构

分校	机构名称	建立时间/年
加州大学伯克利(Berkeley)分校	技术许可办公室	1990
加州大学洛杉矶(Los Angeles)分校	知识产权行政办公室	1990
加州大学欧文(Irvine)分校	技术联盟办公室	1994
加州大学圣迭戈(San Diego)分校	技术转移与知识产权服务处	1994
加州大学旧金山(San Francisco)分校	技术管理办公室	1996
加州大学戴维斯(Davis)分校	技术转移中心	1999
加州大学圣克鲁兹(Santa Cruz)分校	知识产权管理办公室	2003

资料来源：宗晓华，陈静漪. 2012.为公共利益而转移技术——加州大学技术转移的政策演进与组织运行分析. 清华大学教育研究, 33(2): 74-80.

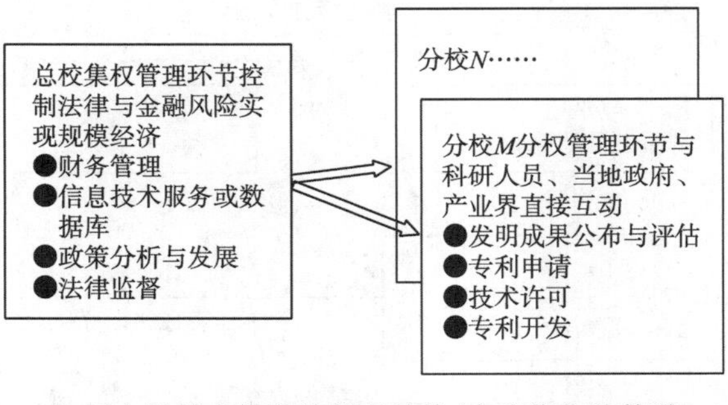

图 4-2 加州大学技术转移的管理结构（宗晓华和陈静漪，2012）

(2)技术转移职能分配。目前，加州大学的技术转移管理系统由 6 个具体的职能部门组成：信息技术与通信处、综合法律服务处、政策分析与发展处、专利申请处、技术许可处、财务管理处，各部门具体职能见表 4-3。

表 4-3　加州大学技术转移管理系统职能部门

部门	主要职能
信息技术与通信处	开发和运营知识产权数据库；公布发明、申请专利、许可与金融信息整合；信息通信和调查报告
综合法律服务处	代表加州大学签署技术转移方面的协议；设立专门小组负责法律监管
政策分析与发展处	负责现行政策的解读和分析，提供政策咨询；根据州和联邦的政策变化，更新大学的技术转移政策
专利申请处	处理专利申请事务
技术许可处	安排(或从其他部门抽调)至少一位技术专家(通常拥有博士学位)、一位法律专家和一位商业专家(通常拥有 MBA 学位)对每个技术转移项目进行“从摇篮到坟墓”的跟踪服务，从发明成果公布环节一直到技术许可终止环节
财务管理处	提供统一和连续的财务管理服务

加州大学出台的相关专利政策指出，发明专利权归属大学，许可收入的分配方案如下：除去直接管理费用 15%后，其余收入的 35%分配给发明者，15%归属于学校研究基金，50%归属于学校一般收入。加州大学的每位教职工都必须签署一份专利协议，其中一项条款中说明加州大学可以在将来改变专利政策及收入分成比例(宗晓华和陈静漪，2012)。

3)斯坦福大学技术许可办公室

(1)技术转移循环系统。《拜杜法案》作为联邦影响力最大的法律之一，让美国的创新创业环境产生了极大的改变，也促进了斯坦福这类创业型大学的发展。斯坦福大学通过建立技术转移循环系统(图 4-3)，将其科研体系纳入国家需求和市场需要中，同时，将技术转移的收益用于继续支持科研活动。

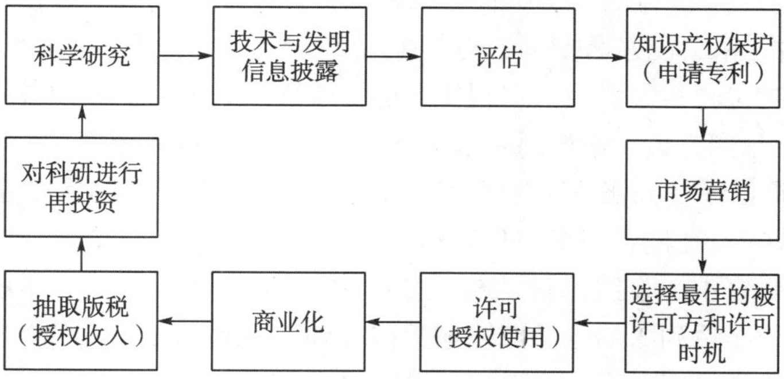

图 4-3　斯坦福大学技术转移循环系统

资料来源：根据 Why We Do It [EB/OL]. https：//otl.stanford.edu/about/about-us/why-we-do-it.2018.10.20 整理。

(2) 技术许可办公室。斯坦福大学的技术许可办公室(the Office of Technology Licensing，OTL)成立于 1970 年，其宗旨是促进斯坦福大学的技术成果转化成服务社会的切实产品，将收益返还给发明者和大学，用于进一步的研究和教学。OTL 由 7 个部门组成，其职能见表 4-4。

表 4-4　斯坦福大学 OTL 各部门职能

部门	主要职能
许可授权部	负责相应专业领域的技术许可过程
许可联络部	充当专业授权人员秘书，协助其与外界联系
企业合约办公室	负责处理由企业资助的研究项目与 OTL 的联系
商标许可部	负责(软件)版权、商标许可、有形研究资产以及生物原料的对外转移协议
财务部	财务、会计
行政部	人事、信息传达、办公室日常事务管理
信息部	数据库管理、网络维护

(3) 权利的处置与收入的分配。对于技术的所有权归属问题，斯坦福大学规定所有可申请专利的发明，只要是斯坦福大学教职工的产出或利用了斯坦福大学的资源，其所有权都归斯坦福大学(方华梁和陈艾华，2015)。在收入的分配方面，发明成果收入包括许可使用收入和股权变现收入(斯坦福大学一般不会长期持有股权，会寻找合适的机会将其在公开市场上售出，如此每年都能产生股权变现收入)。许可使用收入的分配是首先由 OTL 提取 15%作为日常管理费用，在剩下的 85%中，将 1/3 给发明人，1/3 给发明人所在系，1/3 给发明人所在学院。在股权变现收入的分配中，OTL 依然会提取其中 15%作为日常管理费用，剩下的部分由发明人获得 1/3，其余款项不再划归给院系，而是直接由校方支配(赵丹丹，2014)。

4) 哈佛大学

哈佛大学现行的成果转化收益分配条例于 2010 年 4 月修订，其要点如下。

(1) 可分配收入/净收益的定义：校方从知识产权中获得的公司股份、债券、现金(不包括研发经费)中，扣除校方已支付的相关费用(包括申请、维护、实施知识产权保护的费用，为专利受让支付的相关费用，在制作、运输或推广成果中支付的费用)。

(2) 标准收益分配方案：学校对发明的贡献者或作者(本部分统称为创造者)采用净收益分配的方法，根据经费到账日在现行条例颁布前后，有两种不同计算办法。如果经费是在条例颁布前到账的，高校管理费占 9.75%，创造者收益占 35%，创造者科研经费占 12.75%，创造者所在系或研究中心收益占 12.75%，创造人所在学院收益占 17%，学校收益占 12.75%；如果经费在条例颁布后到账的，高校管理费占 15%，创造者收益占 29.75%，创造者科研经费占 12.75%，创造者所在系或研究中心收益占 12.75%，创造人所在学院收益占 17%，学校收益占 12.75%。

(3) 研发促进基金成果的收益分配方案：哈佛大学自设的生物医学研发促进基金资助的项目，其成果转化收益分配方案有别于其他分配方案，该方案规定创造者收益占 35%，创造者科研经费占 15%，创造者所在系或研究中心收益占 10%，创造者所在学院收益占

10%，学校收益占 10%，另有 20%须归入资助其成果产生的生物医学研发促进基金。

(4)存在若干创造者时的做法：对于某一专利或版权有多位创造者，如果各创造者之间事前无协议，则收益在创造者之间进行平等分配，其个人科研经费和所在院系的收益也平均分配；对于某一非专利成果有多位创造者，如果各创造者之间事前无协议，各创造者的收益分配比例由实验室负责人决定；对于打包许可而言，根据协议分配净收益，如果各创造者之间事前无协议，则平均分配，如有某位创造者提出异议，则由哈佛大学技术开发办公室认定每个创造者的相对贡献。以上各种情况中创造者的个人所得收益比例、研究费比例以及院系比例均适用于标准分配条例。

(5)申诉权利：利益相关人在收到相关行政决定书面通知的 45 天内，可以向学校技术开发办公室递交书面申诉，请求学校知识产权委员会做出最终裁决。

(6)所得收益的转移：不管创造者的受雇佣身份是什么，其收益的个人所得部分都直接支付给个人，而科研经费部分则不能转出学校，拨给创造者所在实验室或系，这笔经费可以随着个人在校内实验室或系间的调动而转移。

5)夏威夷大学

夏威夷大学的知识产权管理条例规定：对于任何利用学校经费、设备、基础设施及人员所实现的创造发明，其所有权归学校；30 万美元以下的专利收益分配 2/3 给发明人，超过 30 万美元的部分，1/3 归发明人所有。不使用大学的各项资源，又不属于发明人本身研究范围的创造发明，其所有权由发明人自己拥有。

6)研究技术公司

研究技术公司属于非营利组织，但完全以企业经营的方式进行运作。研究技术公司的技术转让过程一般分为两个阶段，第一个阶段是发明成果由高校或研究机构转移到研究技术公司，第二个阶段是由研究技术公司将技术发明成果转让给企业。第二个阶段由研究技术公司负责，其方式与各高校的技术转让办公室或者研究基金会大体相同。大学或研究机构在决定将技术发明成果转让给研究技术公司后，双方会签订相关合约。根据合约的规定，第二阶段完全由研究技术公司负责操作，高校作为委托单位，只有坐享收益的分配或者中止合约的权利。研究技术公司成果转让流程如图 4-4 所示。

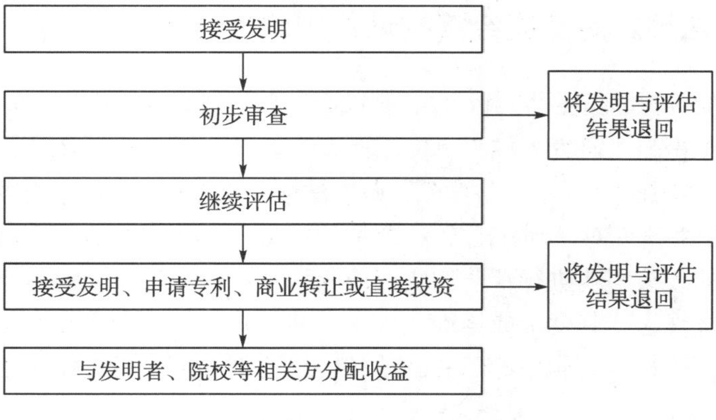

图 4-4　研究技术公司成果转让流程

7) 美国高校职务发明转化的经验总结

美国通过规定给予发明人丰厚的物质报酬，可以充分激发高校科研人员科技创新的积极性。同时，与科研人员相比，高校在提供维护专利的资金、促进专利转化等方面都具有很大优势，因此应在高校设立专门的机构以进行专利申请、维护和管理等。对于得到授权的专利，高校可组织专业人士进行专利转化工作，更有利于提升专利转化所获得的收益。

(1) 法律与政策提供技术转移的制度保障。美国在鼓励技术转移的过程中，建立了比较完善的法律与政策支持体系。该体系主要由联邦层面的《拜杜法案》《美国发明法案》和高校层面的相关政策构成。这些法律和政策对高校技术转移的方方面面都进行了详细和科学的规定，有效地调动了科研人员的积极性，促进了创新创业和技术的商业化，保护了中小企业的利益，尤其为创业型大学的技术转移提供了切实的制度保障。

(2) 以高校为核心，科研收入反哺科研。从高校的角度出发，美国政府希望通过刺激科研成果的商业化来促进经济的发展，在这个过程中，高校是至关重要的一环。《拜杜法案》的出台，表明联邦政府将所资助高校研究成果的知识产权所有权转移到高校，授权高校负责技术转移工作，政府不直接享受回报，而是从技术转移的经济行为中获得不断增加的税收收入。而技术转移工作产生的直接回报，大多是由高校和发明人分享，这样既能够为下一步的科研活动提供足够的资金支持，又能够提高发明人的积极性，从而使科研活动和技术转移工作都持续发展。

(3) 深入贯彻“服务社会”的理念。“服务社会，为社会提供福祉”是美国很多高校的办学理念之一，对科技成果进行转化、促进技术的不断更新、为产业发展提供更多人才等，都让高校能更好地回馈社会。但不仅是斯坦福大学、麻省理工学院这样的私立大学，即使像加州大学这样的公立大学，由技术转移产生的财政收益仍十分有限。在实践中，美国大学中的技术转移办公室及其类似机构只有 10.8%是盈利的。1999～2003 年，加州大学技术转移管理系统的技术转移收入，除去运营费用和发明者的专利费用后，每年只有 1600 万美元，仅仅相当于该大学每年投入科研经费 30 亿美元的 0.5%。2011 年，美国大学技术经理协会的调查显示，157 所大学的科学研究投入总额为 550.70 亿美元，总共仅获得 18.14 亿美元的专利授权收入，研究投入产出比仅为 3.29%（徐来群，2015）。

4.1.3 《拜杜法案》对美国经济推动作用的反思

在数据库 Web of Science 中，以“Bayh-Dole”为主题词进行检索，可以看到 390 个记录。通过“出版年份”“研究方向”“文献类型”等角度进行分析统计，以“Bayh-Dole”为关键词的研究大多围绕“企业经济学”“政府法律”“教育研究”“公共管理”等方向展开。总体来讲，相关研究对《拜杜法案》的评价以 2005 年为界分为两个阶段，前一阶段以对《拜杜法案》的政策影响进行评估的实证研究为主；后一阶段以批判性地反思《拜杜法案》的内涵、政策理念、制度形成等维度为主。其反映出的一个实质性问题就是，随着经济发展环境的不断变化，《拜杜法案》的作用也会发生改变，法律的制定也不能一劳永逸。

1. 积极影响

《拜杜法案》规定联邦政府资助的科研项目所产生的技术专利权属归相关科研单位所有，从而清晰地界定了由科学项目所产生的技术的知识产权归属，成为科学共同体生产的技术知识转向生产领域的重要产权保障。这一法案是国家意志和市场需求的双重体现，其用意十分明显，即试图依托市场，重新配置科技资源，唤醒沉睡在实验室中的先进技术，促进科学研究成果向产业界转移。《拜杜法案》改变了美国高校科学技术转化的形态，形成了以技术转让办公室及类似机构为核心，高校、研究院所和科研人员共同分享转让费的模式，极大地提升了美国高校和其他科研机构转让技术专利的积极性。《拜杜法案》推出之后，美国高校的专利申请数量占全美专利申请数量的比例，从 1978 年的不足 0.3%，上升到 3%以上。各知名大学纷纷设立专门的知识产权转化机构，专利转让的收入也成为各个大学的重要收入来源。根据美国大学技术经理协会的统计，仅 2010 年一年，全美大学的知识产权交易总收入就高达 24 亿美元(崔政和温阳阳，2017)。

从制度经济学的角度来讲，专利制度本身会形成一种制度资源，对专利制度资源的合理控制，能达到促进经济发展的目的。《拜杜法案》的成功在于释放了制度资源，将原本属于政府的专利转移到了高校和科研机构，从而明确了相关技术专利的产权归属，让高校通过技术专利转让获益。这一行为极大地激励了各个高校转化技术专利的热情，从而有效推动了美国经济从传统经济走向知识经济(崔政和薛鹏，2015)。根据美国大学技术经理协会的统计，仅 2013 年，美国的学研机构总共向美国专利商标局(U.S. Patent and Trade mark Office，USPTO)提出了 24555 项专利申请(相较于上年同期增长 5.7%，下同)，其中有 14995 项为美国境内的新专利申请(增长率为 5.7%)，美国境外的申请则达到了 1472 项(增长率为 23%)；而美国专利商标局则在 2013 年核准了 5714 项由政府出资的研发项目(增长率为 11%)，并授予其专利(Association of University Technology Managers，2014)。

2. 效用终结

Leydesdorff 和 Meyer(2010)发表的名为《美国大学专利申请的衰退与〈拜杜法案〉效用的终结》指出，2000 年后，美国各个高校的专利申请量逐渐减少，作者认为之所以会出现这样的现象，是因为《拜杜法案》作为一种激励机制，其制度优势已经释放殆尽，进而产生了“效用终结”。《拜杜法案》是美国卡特政府为应对经贸危机而出台的一部法律，但随着社会经济环境的变迁，高校对商业化与财富占有的过分追逐已经让《拜杜法案》不能有效发挥作用。部分学者提出应延续《拜杜法案》成功的思路，随着市场环境的变迁进一步调整产权所有制，将技术专利直接授予发明人，从而激励技术知识转化，扭转其下滑的趋势。但也有学者并不认同此观点，指出《拜杜法案》实施期间的实质性研发投入不减反增。其原因目前还暂无定论，有待更多的研究与论证来厘清(Tseng and Raudensky，2015)。

4.1.4 《拜杜法案》对我国的启示

1. 完善中国“拜杜规则”及相关配套制度

一方面，应完善《中华人民共和国科学技术进步法》与《中华人民共和国促进科技成果转化法》，以明确成果转化过程中各方的法律地位、权利归属、利益分配以及风险规避等一系列问题。以《中华人民共和国科学技术进步法》与《中华人民共和国促进科技成果转化法》为基础，应从法律、法规、规章等多个层面予以配合，形成一个完整的技术转移的立法体系，保证相关法律规定落实。另一方面，各级政府应以《中华人民共和国科学技术进步法》为宏观指导，根据各地特色制定鼓励政策，加大资金投入，在专利技术转移的过程中恪守职责，为高校和企业等提供公正、高效、自由的平台，充分发挥市场机制的作用，保证科研成果的技术转化顺利进行。

2. 完善科研成果评价机制，加强高校与市场的联系

长期以来，科研工作者对论文发表趋之若鹜，忽略了专利技术成果转化，导致专利转化率低，而高校僵化的科研成果评价机制对此难辞其咎。因此，应完善现有的科研成果评价机制，鼓励技术创新，将技术的转化和应用纳入考核评估体系。另外，高校的科研人员以及管理者应该及时更新思想观念，不能贪图短期收益，要将自身的发展与社会经济的进步相联系。在研究的过程中，以经济和社会效益为导向，树立为建设社会主义社会服务的意识。同时，在技术研发的过程中要以市场为导向，满足市场的需求，也要加强高校与企业之间的沟通和联系，将高校的知识、人才、技术与企业的资金、设备以及市场推广等优势相联系，实现高校与企业之间的合作共赢。

3. 加强政策扶持，建立专门的技术转移部门或科研中介机构

首先，政府在制定激励政策的过程中，要明确自身职能和定位，不要过度干预高校技术转移部门或科研中介机构的管理，保证其独立的发展空间。只有这样，才能保证技术转移以市场价值为目标，确保高校科技创新成果顺利取得知识产权，进一步推动专利技术等顺利实现商业化(杨淑霞，2010)。其次，技术转移部门的设立，促进了科研成果的商业化，实现了政府、企业和高校的共赢。与此同时，要加强对复合型人才的培养。技术转移机构这类专业性较强的机构，急需精通法律、管理、经济等的复合型人才，以及时洞察市场的变化和趋势，进而为专利技术的申请和转让等提供专业、高效的服务。最后，在互联网技术高度发达的今天，应该尽快完善已有的全国知识产权技术信息共享平台，让运作环节更通畅，积累更多成功案例并及时在产业界分享，使高校的科研成果及时地被各界知晓，从而让专利技术从“闺阁”走向市场。

4.2　加拿大滑铁卢大学改革实践

4.2.1　滑铁卢大学发明者所有权制度的起源

加拿大滑铁卢大学(University of Waterloo)成立于 1957 年，坐落于名不见经传的小城市滑铁卢。经过仅仅 60 余年的发展，滑铁卢大学从创建之初的仅有 74 名学生，发展成为拥有数万名全日制学生(其中 20%本科生以及 40%研究生为留学生)的全球知名大学。其科研创新能力、学科水平以及综合水平排名，均已跻身世界前列。加拿大独立评级机构 Maclean’s 连续 25 年将其评为加拿大最具创新能力的大学。《美国新闻和世界报告》(U.S. News and World Report)公布的“2017 年全球大学排名”(Best Global Universities Rankings of 2017)中将滑铁卢大学的计算机科学、工程学科评为加拿大全国第一。独立评估机构 Research Infosource 则连续 9 年将其列为加拿大的科研综合水平顶尖大学。《QS 世界大学排名报告(2016 年)》将其定级为“5*”等级。

滑铁卢大学的发明者所有制度源于其独具特色的校企合作教育实践。滑铁卢大学拥有世界上最为庞大的校企合作计划(co-operative program)。1956 年，时任加拿大 B．F．Goodrich 公司总裁的 Ira G．Needles(滑铁卢大学的第二任校长)，在大学筹建会上的演讲《15 万名工程师：滑铁卢计划》中首次提出：“……我们需要的人才，是教室学习和企业学习的结合……高校和企业合作，才能培养社会发展所需的优秀毕业生……”滑铁卢大学的合作教育理念，萌发于企业家的思维。经过 60 多年的发展，无论合作数量、规模还是质量，滑铁卢大学都无疑是加拿大校企合作教育的先驱者，其引领至少 100 家高校发展了校企合作教育。滑铁卢大学每年培养的合作教育学生总数是加拿大在该指标上排名第二的高校的两倍(滑铁卢大学 2015 年新注册的 co-operative program 学生总人数达到 1.9 万人，稳居加拿大第一)(李军山等，2018)。

加拿大极力鼓励各个城市(尤其是大城市)的各个领域开展高技术创新活动，滑铁卢大学处于安大略省高技术创新的中心地区，这为区域技术创新和校企合作教育搭建平台提供了便利。1997 年，滑铁卢大学开始实施发明者所有制度，即“在学校内的任何一种科技创新发明成果，如果没有明确约定属于赞助者，则发明成果的知识产权归发明者本人所有”(Hoye，2006)。

4.2.2　滑铁卢大学发明者所有权制度的内容

滑铁卢大学是北美唯一一所实行发明者所有权制度的高校。让发明者拥有知识产权的制度(简称“Creator-Owned”)是滑铁卢大学一项大胆而有效的重大科研制度创新，在加拿大甚至整个北美地区都产生了巨大影响。这项政策以及滑铁卢大学的创业文化，共同孕育了一批“教授企业家”(滑铁卢大学许多师生一夜之间成为百万富翁)，奠定和巩固了其在加拿大高校技术创新和产业化领域的领跑者地位。发明者所有权制度具体规定如下。

(1)学校内产生的任何一种科技创新(如教师在科研过程中和在专业学科领域的教学

中产生的知识产权；学生在学术研究和创业活动中产生的科技成果及其知识产权），如果没有明确约定属于赞助者，则知识产权归发明者本人所有，学校不收取任何科技成果转让费用，也不占有发明者创立公司的股份。滑铁卢大学只保留一个条件，即发明者必须让学校管理部门知晓其发明成果，以便学校掌控科研动态，防止学校内出现研究兴趣的冲突和重复性研究。

(2)滑铁卢大学开设了滑铁卢大学技术转移办公室(以下简称 WATCO)，其任务是协助大学的发明者，具体协助内容如下。①确认科技成果的来源，梳理与发明者和授权人相关的法律问题，例如谁是发明者、谁拥有知识产权等；②预期评估，对发明的市场前景进行定义和定位，例如找出市场、估计市场的大小、预测进入市场的障碍、寻找实现商业化的途径等；③保护知识产权，将发明成果转化为“资产”并保护其实现商业化的机会，例如为发明者申请专利并管理知识产权；④建立模型，验证发明的实际效果以加速其商业化的进程；⑤让发明者与滑铁卢大学在商业和投资领域的联系网络对接；⑥协助发明者成立创业公司，或与其他企业进行授权许可的谈判等。

这一政策虽然极大地激发了科研人员从事科技创新的积极性，但同时也将科技市场化的责任交给了发明者本人。科研人员在科研领域固然成绩斐然，但是未必精通商业化和市场化运作。而科技成果的市场化运作需要法律等方面的专业知识背景，以及对产品市场进行准确评估和预测的能力。在这种情况下，WATCO 的成立就是为了协助科研人员，将他们的创新成果顺利地推向市场，WATCO 会为滑铁卢大学的研究人员管理科技成果转化的整个过程。

通过为科研人员服务，WATCO 每年约有 50 万加元的收入，但是滑铁卢大学设立该办公室并不是为了盈利，且每年都会给 WATCO 足够的经费，使其专心为教职人员和学生的科研成果转化服务。如果发明者选择接受 WATCO 的服务，通常情况下，在去除专利手续费后，成果转化收益分配比例为发明者占 75%，滑铁卢大学占 25%。如果发明者自己支付或未产生手续费(此情况多出现在一些不需支付专利费的软件发明领域)，学校与发明者的分成方案会更加灵活。为进一步鼓励发明者创业，WATCO 可能会为创业的发明者提供特许经营假期。WATCO 会向发明者的创业公司提供专业的建议，即使双方不产生任何直接利益。为了鼓励师生进行科技创业，WATCO 甚至可以提供一定时长的免费服务。为了协助发明者创立的企业发展，WATCO 还可以在其未盈利的阶段提供相应的指导。这项独特的开放知识产权制度，将发明成果所有权留给发明者而不是高校，是北美大学中最适合创业的知识产权制度，这也有助于建立更多和滑铁卢大学保持良好关系的高科技公司。

这项政策充分借鉴了传统的高校科技创新的激励经验，有效保护了技术发明者的利益，同时又避免因过于强调保护而背离传播知识的初衷。首先，它明确规定发明者可以是个人，也可以是团体，从法律层面确保个人可持有专利所有权，保护了发明者的个人权益，从而极大地激发了广大师生投身科研创新的热情，引导推出了更多贴近市场和企业需求的应用型高校技术成果，大大地提升了高校技术成果产业化的成功比例。其次，它有效地解决了专利保护和高校知识传播之间的矛盾。这项制度与加拿大国家层面的知识产权保护法的不同之处在于，该制度更契合高校知识产权的特征，不仅包含传统意义上的专利权、版权、商标权等，而且对教师授课的讲稿、课件等可能涉及创新知识的形态，都做了明确规定和说明，从而既保护了发明者的利益，又能及时、广泛地传播创新知识。此外，它为广大师生提供了稳定的政策预期，这项制度从 1997 年正式出台后一直沿用至今，几乎未做任何改动，政策的连续性和稳定性强。

4.2.3　滑铁卢大学发明者所有权制度的效果

滑铁卢大学以创新创业为导向，建立了宽松的，具有激励作用的知识产权保护制度，这不仅成了学校创新创业的驱动器，也调动了教师和学生参与商业化研究的积极性，激发师生的创业热情。依托滑铁卢大学较宽容的知识产权保护制度，滑铁卢大学的师生产出了众多发明专利，并创建了一批高技术创新企业，提升了学校服务社会的能力。滑铁卢大学还与世界上很多著名的高新技术企业如谷歌、微软、黑莓和脸书等保持着紧密的合作关系，也与世界各地不计其数的高新技术企业有着密切联系。

目前，滑铁卢大学是加拿大拥有最多高科技衍生公司的高校，其数量占加拿大高校高科技衍生公司总数的 22%(来源 2014 年数据)。在滑铁卢大学发明者所有权制度的引领下，滑铁卢大学师生的创新创业热情高涨。2011 年，滑铁卢大学创新体系分别为滑铁卢地区和安大略省提供了 15189 个和 20309 个工作职位。2014 年，滑铁卢大学吸引到 122 家公司的风险投资，在全球高校中排名第 16 位。2009～2013 年，滑铁卢大学创业团队吸引投资基金 2.91 亿加元。近年来，滑铁卢大学还孵化出一批具有很好市场前景的高科技公司。滑铁卢大学在 2013～2018 年的战略发展规划中指出，滑铁卢大学每年约有 1/3 的教职人员与加拿大的高技术企业合作，开展应用技术研究，教职人员每年科技研究经费约 32%来自企业。

4.2.4　发明者所有权制度对我国改革实践的启示

1. 高校内部的技术转移机构应对职务发明的开展进行全过程管理

加拿大滑铁卢大学成立了专门的技术转移办公室，自主制定了知识产权政策，政策具有非常强的发明者保护性和宽松性，促进了师生创新创业活动的可持续发展，这点非常值得我国高校借鉴。目前大多数高校仅由科研处提供专利保护和产业化等方面的服务，人才、资金和信息等资源均较欠缺。高校应设立专门对科研成果提供鉴定、专利申报、推介、包装、法律咨询以及启动资金筹集等产业化配套服务的机构，最大限度地释放高校科研潜能，指导和帮扶师生进行科技成果转化，将科技成果顺利推广至市场，最终获得相应的收益。高校应采取多样化的途径建立有关知识产权转化的基金，强化高校与产业界的沟通和交流，促进相关专业人士协助师生进行科技成果转化。

2. 完善高校知识产权质量评价体系

我国各地教育主管部门已经将高校服务社会的能力，尤其是应用型知识和技术研发能力，作为衡量高校办学水平的关键指标。高校内部也应该完善知识产权质量评价指标，从强调知识产权的数量转向强调知识产权的质量。在制定学校政策时，要注意兼顾学校、发明人所在院系、发明人等各方利益，根据以往实践中的经验，确定合理、可行的收益分配比例，将体系建构的重点放在对科技人员积极性的调动和创造性的激发上。此外，在技术职务聘任及工作业绩评定时，科技人员在科技成果转化工作中所做的贡献也应成为评定的重要依据。

3. 健全知识产权激励政策

加拿大滑铁卢大学规定教职工在科研和教学中创造出来的知识产权归其本人，学校不对此收取任何费用；同样，学生在学术研究和创业活动中产生的科技价值和知识产权也完全归属其本人所有，学校也不收取任何科技成果转让费用，且不占有发明者创立公司的任何股份。我国部分高校由于受到法规和政策的制约，其知识产权分配制度并没有发挥激励的作用。结合我国实际情况，高校可在扣除必要成本后，将知识产权许可收益的30%分给发明者，将40%左右奖励给发明者所在项目组和研究机构，并批准高校内的知识产权和技术转移机构分享20%左右的收益，从根本上激励发明人创造高质量的知识产权，并促进知识产权转移转化。

4. 确保科研管理制度的稳定性和连续性

目前我国高校科研管理制度稳定性较差，这不利于为广大高校科研工作者建立稳定的心理预期，有可能挫伤科研工作者的积极性。科技部、教育部等部门在进行宏观科研管理制度的顶层设计时，应充分考虑制度的连续性及其与相关法律法规之间的有效衔接，应在监督和审计强化的前提下，适当扩大高校制定科研管理、成果转化等制度的自主权，探索高校职务科技成果转化的“尽职免责”机制。

4.3 欧洲“教授特权”制度

4.3.1 欧洲“教授特权”制度的变迁历程

在大多数欧洲国家，其国家层面的政策会通过各种措施鼓励以高校为主体的创新，使高校逐渐参与到职务发明专利管理中，发明专利管理逐渐被倡导为提高知识从学术向产业转化效率的关键环节和策略，管理的合理性决定了技术转化的及时性和效率。此外，对职务发明专利的有效管理也可以提升高校促进社会和经济创新发展的能力。然而，专利转化的过程受许多问题影响，其中一个关键问题是研究成果知识产权的所有权问题。20 世纪 90 年代末以来，大多数欧洲国家从专利权的发明人所有(或“教授特权”)转向不同制度体系下的机构所有。发明人所有(或“教授特权”)指由公共支出资助的研究成果由创造或发明该成果的个人所有，而非由其所在的研究机构所有；机构所有则指公共支出资助的研究成果由雇佣发明人的机构所有。

在欧洲，“教授特权”盛行于各国，该制度允许大学教授持有他们研究成果的专利相关权利。但受雇于公共研究实验室或私营企业的科学家，其发明则默认属于他们的雇主。在 2000 年，丹麦是第一个决定实行机构所有并废除“教授特权”的国家，2001～2007 年，德国、挪威和芬兰等国也相继跟随。在法国和英国等国家，机构所有制度早已存在，大学也受到鼓励进一步强化了这类制度。这些举措的颁布和实施，很大程度上是受美国《杜拜法案》驱动。自 1980 年《拜杜法案》生效后，美国允许大学持有联邦资助研究所产生发明的知识产权。表 4-5 概述了部分欧洲国家的大学知识产权归属情况，并指出了制度最近更改的时间；同时也显示了在以北欧为主的欧洲国家，除了少数例外，职务发明权属的机构所有权制度是较为普遍的共识。许多国家从知识产权发明人所有(或所有权国有)制度转向机构所有制度，2000 年后这一制度逐渐盛行，其中只有瑞典保持了知识产权主要归发明人所有的制度。

表 4-5　部分欧洲国家的大学知识产权归属

国家	机构所有/年份	发明人所有/年份
丹麦	◆2000	
芬兰	◆2007/2010	◇
挪威	◆2002	
瑞典		◆1949
德国	◆2002	◇
意大利		◆2001/2005

注：◇表示发明人所有权已经在发明中以某种形式分配，年份表示最近一次规定变更的时间，◆表示所有权进行正式的、完整的分配。

表 4-5 中各国高校的职务发明权属制度经历了不同的变迁历程，基于 2000 年前后高校知识产权制度的集中演化，可将这些国家划定为不同的类别。这个分类基于 2000 年以后知识产权归属方向的变化(从机构所有到发明人所有；从发明人所有到机构所有；维持发明人所有)和大学参与知识产权管理的程度，可得到 3 个不同的类别(表 4-6)。

表 4-6　部分欧洲国家知识产权制度变迁分类

时间节点	权属变化类型	大学知识产权管理强度	
		强	弱
2000 年后知识产权所有权制度	从发明人所有到机构所有	德国、丹麦、芬兰、挪威	
	维持发明人所有		瑞典
	从机构所有到发明人所有		意大利

第一类是实行强有力的“教授特权”制度的国家，如德国、丹麦、芬兰、挪威，以及表 4-5 中未列出的奥地利等，它们多在 21 世纪早期就修改了知识产权制度并开始实行专利的机构所有制度。德国于 2002 年废除“教授特权”制度，并且赋予大学“收编”雇员发明专利的权利，尽管后来有一段时期，所有权重新归属于发明人。这类国家的政策制定者考虑到个体研究者可能不愿意或不能通过专利或许可活动将自己的想法商业化(Czarnitzki et al.，2008)。因此，制度还要求大学将专利总收入的 30%分配给发明人，并支付与专利应用有关的所有费用，旨在提升科学家披露发明的意愿。

第二类国家选择继续维持“教授特权”下的发明人所有权制度，该类型的典型国家是瑞典。“教授特权”制度于 1949 年在瑞典执行，研究者可获得发明的所有收益，也要承担所有成本。该国的知识产权分配制度没有改变，即便自 1997 年“第三使命”①被正式认定为大学的一种义务后，该国大学的科研资助规定与相关文化及政策对科技成果转化的相关举措依然没有转变。

第三类国家从原本的专利权归属于机构转为归属于发明人，与总趋势背道而驰，典型国家如意大利。意大利的知识产权立法渊源可追溯到 1939 年，当时法律规定发明人在工作期间所有发明的知识产权归属于雇主(Pellens et al.，2016)。在 20 世纪 90 年代，大学作为雇主，受教育部管辖，基本没有财政自主权，它们无意开发与应用知识产权，因而直到 1996 年，大学都没有从知识产权转化中获得任何收入。意大利在 2001 年出台了新法规，将发明成果的知识产权赋予科研人员，并允许大学从中获得专利分红(30%～50%)。如果发明人获得专利后 5 年内不使用该专利，大学就能获得自由但非排他的发明使用许可。不少学者认为这种做法能够使发明人从自己的发明中获得更多收益(Piccaluga et al.，2009)。有趣的是，与此相反的观点却在同一时期的其他欧洲国家得到了证明。2005 年意大利再次改变制度，即“教授特权”只适用于该发明人所在机构全额资助发明成果的情况；在研究项目由私人、政府或是国际组织资助的情况下，成果产生的知识产权归属于大学。由于外部资助对多数研究团队而言非常重要，新政策降低了个体拥有发明成果知识产权的可能性，并因为对科研成果的资金投入难以直接转化为产出而引发争议②。

4.3.2 欧洲“教授特权”制度的内容及其影响

1. 欧洲“教授特权”制度的内容

部分欧洲国家的知识产权制度在专利归属于机构所有的程度上各有差异。第一，在职务专利成果的规定主体方面，该制度可能由国家法律(公共研究法案等)规定或默认(如知识产权所有权普通法)。第二，各国在知识产权归属于大学的方式上也存在区别。在“优先购买权”制度下，虽然研究(发明)者是发明成果的第一所有者，但是大学在特定时期内可以“声明”其所有权。如果大学在特定时间内没有认领发明成果，则由发明人保留所有权。实行“优先购买权”制度的国家主要有丹麦和挪威。而在“自主所有权”制度下，大学是知识产权的第一所有者，且通常不会将其还给发明人。实行“自主所有权”制度的国家主要是荷兰。芬兰、德国等实行混合所有制。第三，发明的类型会影响所有权归属。在芬兰，法律对“合约型研究”和“开放型研究”产生的发明进行了区分。“合约型研究”产出的发明默认分配给机构，“开放型研究”(完全由大学资助或与外部资助者签订协议，则该研究被认为是“开放”的)则意味着所有权属于发明人，当发明人无意应用或公布发明时，则机构可以获得所有权。再细化来看，芬兰的制度可以被描述为“有限教授特权”

① 大学的功能不仅有教育(第一使命)、研究(第二使命)，还有“第三使命”，即与社会需要和市场需求相联系，其过程中伴随着分配政策的变化。

② 由于对规定的不满，一些专业共同体已经尝试重新引入专利归机构所有的制度。该提案分别于 2006 年、2007 年以及 2010 年通过了国会议程，但在最后实施阶段被否决了。

(Tsoutsanis，2007)，这与意大利现行的制度相似。德国的制度区分了“服务型发明”(被归入自动所有权)和“自由型发明”(即“依赖型发明”/“雇员发明”)，“服务型发明”从雇员在受雇期间的科研活动中产生，而“自由型发明”则包含发明人受雇期间的所有其他发明(所有权归属发明人和在非排他许可下实现专利商业化的机构)。

此外，两个都在一定程度上沿用了“教授特权”制度的国家瑞典和意大利，两者的制度也有不同。意大利的“教授特权”范围较瑞典更广，因为在意大利，该制度适用于参与大学研究的所有雇员、全职咨询人员和第三方人员；而在瑞典，该制度仅适用于教师及其研究生。此外，两国在发明成果转化所得收益分配、研究者之于专利的义务、发明人所有权政策的利用程度方面也存在差别。

2. 欧洲“教授特权”制度的影响

欧洲部分国家高校知识产权管理制度的变迁，显著影响了这些国家中大学创新成果的产量。首先，有证据表明大学专利产出的增加是以发明者和其他公共组织拥有专利的减少为代价的。挪威的高校在职务发明所有权改革之后，高校研究人员的创业率和专利申请率各下降了约 50%，高校科研人员的新创公司和专利质量也呈现下降趋势(Hvide and Jones，2018)。其次，知识产权制度的改变推动了文化和组织层面的变化。挪威向专利归机构所有的制度转变，使包括“第三使命”的大学职责范围扩大，并推动了大学中以技术转移办公室为主的技术转化基础设施的建立，也驱动了多由政府提供种子资本的融资设施建设完成。丹麦政府也在专利归机构所有的制度出台后，在科技转化基础设施建设方面投入了大量资金(Breschi and Lissoni，2009)。

另外，强化“教授特权”制度的国家往往也推行了政策以支持大学科技成果转化。瑞典在 20 世纪 90 年代成立了许多技术转移组织，搭建了一系列帮助大学与工业企业建立联系的技术“桥梁”；投入公共资金建立了科技园；由企业、大学和政府共同出资建立了国际科技竞争中心；各大学也建立了自己的技术转移办公室。意大利的高校从 20 世纪 90 年代末开始，从技术转移办公室到大学孵化器的建立等方面落实了研究成果的商业化。截至 2007 年，几乎所有意大利高校都有一个成熟的技术转移办公室(Piccaluga et al.，2009)。尽管意大利在立法层面仍沿用“教授特权”制度，但机构拥有的专利数量明显增长，这一证据表明政策激励和文化的转变比知识产权所有权自身的转变更重要。

3. 欧洲制度变迁对我国高校职务发明成果转化的启示

如美国于 1945 年出版的著名报告《科学：无止境的前沿》中所言：“一个依赖其他国家而获得最新基础科学知识的国家，其工业进步定会趋于缓慢，而且无论其制造能力如何，这个国家在世界贸易中的竞争力都会很弱。”高校是一个国家基础科技成果产出的重要阵地，规范的知识产权法律体系是影响一个国家高校技术转化的关键因素，关乎国家科技发展和整体竞争力的提升。回顾欧洲国家高校知识产权制度的变迁，对我国有如下启示。

(1)应根据我国高校职务科技成果转化过程中的顽固问题，通盘考虑政策改革。专利成果归机构所有的制度已应用于多数欧洲国家，然而，制度向机构所有的总体转变并没有与欧洲之外国家的知识产权所有制度趋同，因为各国限定知识产权所有的法律各有不同，各国也未“一体同用”美国的框架，因此，单与美国经验进行对比可能无法分析欧洲知识产权所有制度体系的演化特征。据欧洲国家的经验，完全走向“机构所有”或“教授特权”制度两个极端，都可能带来弊端，不利于国家、机构与个人之间的利益平衡，针对这一状况，“折中主义”成了可能。

(2)应设立独立的科研成果产业化服务机构，加大产业化投入力度。决定大学知识产权所有权归属的关键要素不是知识产权所有权本身的变化，而是大学等机构在参与知识转化基础设施建设上的积极转变。这解释了为什么在知识产权归属制度没有改变(或转向“教授特权”)的国家(如意大利)也实现了大学拥有专利数量的增长。然而，制度的变化或许对知识成果转化相关基础设施的建设存在间接影响。因此，从国家等更高层面进行关于知识产权法规和社会环境变化、技术转化政策、大学章程相互作用的研究，将有助于理清这些影响。

(3)应谨慎对待单个政策变化可能对学术成果专利转化产生的直接和外在影响。政策制定者不应忽视制度实施时，面向个体发明者的，旨在支持知识转移的政策措施。赋予教授有关其成果知识产权的特权，旨在体现制度对创造性劳动和智力活动的价值肯定。但是任何政策的制定和实施都要权衡各方利益。当“教授特权”的作用影响到大学教育的公益性质时，就需要对政策进行动态调适。

4.4 英国职务发明制度

作为现代知识产权的发祥地，英国的职务发明制度管理起步较早。早在 1852 年，英国便正式设立了专利局，基于英国的长期殖民统治历史，以雇主主导的立法思想影响着特色鲜明的英国职务发明制度，这一制度与其工业强国的地位和殖民扩张的政策是不可分割的。英国作为资本主义工业化的先驱，在促进工业化发展的同时，必须强调发明人工作单位在职务发明创造中的重要性，这不仅是在保护发明人所属工作单位的利益，也是在保护殖民统治过程中复杂的劳动关系与英国国家利益。

4.4.1 英国职务发明制度的发展历程

英国职务发明制度的发展主要依托于以下几个机构及相关法律政策的互相作用。

首先，英国政府于 1949 年成立了国家研究开发公司(National Research Development Company，NRDC)，负责对政府公共融资形式产生的研究成果商品化。1967 年，英国颁布《发明开发法》，根据该项法律，NRDC 有权取得、占有、出让为公共利益进行研究所取得的发明成果，所有的高校和公共研究机构，只要其进行的研究是由政府资助的，其研究成果一律归国家所有，由 NRDC 统一管理。但是，由于发明成果的商品化过程中没有发明人参与，商品化的成功率很低。

1975 年，英国工党政府成立了国家企业委员会(National Enterprise Board，NEB)，其主要负责区域工业投资，为中小企业提供贷款，同时研究高技术领域发展的投资问题。两年后即 1977 年英国颁布《英国专利法》，该法后经多次修改完善，沿用至今。1981 年，英国政府决定将NRDC与NEB合并，更名为“英国技术集团”(British Technology Group, BTG)，其仍拥有前NRDC管理公共研究成果的权利。1984年11月，英国保守党政府认为《发明开发法》的垄断条款不利于充分发挥科技成果的作用，同时抑制了科技人员的积极性，因此宣布废除这一条款，以确保发明人享有更多自主权，让发明人对自己的发明创造成果有了更大的支配权力，这一行为更加有利于充分发挥科技人员的积极性和创造性。这样一来，BTG就不能无偿地获得公共资助的研究成果，但大多数高校和公共研究机构仍然愿意与BTG合作，这是因为高校和公共研究机构的发明人在知识产权保护和商业化方面缺乏足够的资金和专业知识。为了促进BTG的市场化，1991年12月，英国政府以2800万英镑的价格将BTG转让，成立了一个由英国风险投资公司、英格兰银行、英国大学副校长委员会和BTG组成的联合财团，促成了BTG的私有化。

根据英国专利局2001年12月制定的政策，由政府资助的研究成果其知识产权一般应授予发明人。为了激励研究人员的技术转移，英国高校及其附属学院和发明人三方按比例分配发明成果知识产权许可和转让的净收益(事先扣除专利费、知识产权管理费等)，按照规定，随着净收益的增加，校方收益的比例相应增加，个人收益的比例则相应减少。

4.4.2 英国职务发明制度的主要内容和实施措施

1. 英国职务发明制度的奖酬制度

自1977年《英国专利法》颁布以来，英国对职务发明的奖酬制度进行了三次较大修改，修改的内容主要涉及职务发明的权利归属问题、职务发明报酬的支付范围和支付标准、当事人协议的效力等(沈伟，2016)。

1)职务发明收益分配向发明人倾斜

1988年英国对其专利法的第一次修正，规定了雇员的非职务发明既不侵犯用人单位专利权，也不侵犯用人单位著作权和外观设计专有权；1992年第二次修正，规定了奖励金额可优先申请，即在集体合同中有关职务发明奖酬的内容可优先适用；2005年第三次修正，拓展了计算职务发明奖酬的基础，将其由原本仅限于专利所产生的营业收入，拓展到专利申请前或没有申请专利的职务发明创造的利益。

英国对其专利法的第三次修正在一定程度上扩大了雇员发展所获报酬和利益的来源，此前职务发明人只能在申请职务发明专利后获得报酬，修正后的法案更符合现实，并没有将职务发明专利作为发明人获益的先决条件。修正后的法案进一步指出，只要用人单位能够从职务发明中获得实际效益，发明人即可申请奖酬。英国在职务发明制度问题上也倾向于“厚雇主主义”，就职务发明权的归属而言，《英国专利法》倾向于将相关权利授予雇主。然而，在有关职务发明报酬的具体问题上，《英国专利法》还是在一定程度上反映了向雇员倾斜的人文关怀，从对职务发明制度的多次修正中体现出来的人文关怀愈加明显。

2)发明奖酬范围从专利技术本身向外扩展

根据2005年对《英国专利法》的修正内容，针对2005年以后完成的职务发明，不仅要对已经获得专利并具有竞争优势的技术人员给予特别奖励，而且要将职务发明本身所能带来的经济效益也作为计算职务发明奖酬的依据①。2005年以后，雇员不仅可以要求转让已经获得专利的发明创造并获得相应奖励，还可以针对尚未申请专利或者已经申请专利但还未授权的职务发明所获的利益申请特殊奖励。修正后的专利权收益，不仅包括专利转让或者许可产生的货币收益，还包括交叉许可收益、专利侵权赔偿或者职务发明技术机密受侵犯时的赔偿。因此，2005年以后，《英国专利法》规定的职务发明奖酬范围明显扩大，这也进一步防止了雇主通过非正常的专利交易手段逃避支付应当支付给发明人的奖酬。

2. 英国职务发明制度的“雇主权利归属优先”制度

2005年修正前《英国专利法》第39条②对职务发明专利权归属做出了具体规定，认为雇员因其工作性质而产生的职务发明，是为促进雇主的事业发展而开展的，所以其职务发明归雇主所有。2005年修正后，简化了专利申请程序和专利纠纷的处理流程。虽然其中的职务发明奖酬相关内容较少，发明报酬只分两种情况：一种是发明具有突出的效益时产生的奖酬，另一种是对雇主及其雇员的奖励(贾佳等，2015)；但是，在制度层面上，《英国专利法》并没有因为“雇主权利归属优先”的规定而忽视雇员的利益。《英国专利法》规定：雇主只享有其雇员发明成果的专利权，发明成果的其他部分归雇员所有。此外，雇员有权根据拟定的协议，在发明专利权转让给雇主后，要求从该专利产生的收益中获得合理份额的利益。然而，《英国专利法》并未规定在职务发明创造专利权归雇主所有后，应对雇员的权利给予何种保护，这是该法案的不完善之处。

3. 英国职务发明制度的具体实施——保证雇主与雇员间的利益平衡

英国是奉行“厚雇主主义”的国家，根据《英国专利法》，为保证法律的权威，即使员工在自己的工作中完成了一项发明，也只有当员工的发明成果收益超过预期的商业利益时，法律才会规定额外的奖励。这合理地节约了雇主的成本和支出，避免了雇员为向单位索要额外报酬而提出不合理要求，破坏单位的正常运行。

但英国一直在努力以最公平的方式平衡雇主和雇员的利益。如法院曾做出过一项判决：即使员工已经离职，但用人单位经营收入中若有员工职务发明所获得的收益，则其仍有义务向员工依法支付合理的补偿金。这保障了有发明能力的员工能够在离职后依法获得其职务发明奖酬，从而降低了员工因担心离职后难以追讨其职务发明奖酬而不敢离职的概率。

4.4.3 英国职务发明制度对我国的借鉴意义

1. 平衡单位与职务发明人的利益

在工作单位与员工的利益博弈中寻求平衡点，有利于提高技术创新水平。对于不涉及

① 参见《英国专利法》第40条第1和第2款以及第41条第1款。
②《英国专利法》第39条规定：“雇员在执行其任务过程中所进行的发明，发明可以是该雇员正常工作的过程中或在其正常工作之外，可以合理预期由其完成任务而产生的发明，但是特别分派给其工作过程中产生的；或者此项发明是在该雇员的正常工作过程中产生，并在做出此项发明之时，由于其工作性质而产生的特殊职责，雇员对促进其雇主事业的利益负有特别的义务。”

国家安全和利益，以及重大社会公共利益的科技成果所有权，应部分或全部下放给项目承担团队和承担人。职务科技成果知识产权应由职务发明人和单位共同所有，同时双方共同履行职务科技成果知识产权的分割确权以及新知识产权的申请。这样既能避免国有资产流失，还能通过产权来调动科技人员的积极性，促进科技成果转化。

2. 构建全国统一的职务发明成果转化机构，加强职务发明与成果转化之间的联系

关注所有权分配的公正性和效率，以现行专利法为基本原则，加强职务发明及成果转化间的衔接机制建设。具体可借鉴英国 BTG 的做法，由具有相关专业知识和技能的机构负责职务发明成果的转化，提升成果转化的效率。未实施转化的单位职务发明成果，由专业转化机构加快推进转化实施；由专业机构承接职务发明申请、许可和转化等过程的有效衔接工作，以保证职务发明成果转化的专业性和可行性，提升职务发明成果转化的成功率。

3.立法保障职务发明人的权利

英国的职务发明历史也是其专利法的发展史。每隔一段时间，英国都会根据实际情况，针对职务发明的各项相关制度调整法律规定和保障措施，不断修改和完善与职务发明有关的法律法规。如 1967 年颁布的《发明开发法》规定职务发明权归国家所有；1977 年制定《英国专利法》，1984 年删除《发明开发法》中不合理的垄断性条款。1977 年的《英国专利法》也先后经历了 1988 年、1992 年和 2005 年的修正，以更好地为职务发明保驾护航。借鉴英国的做法，我国高校职务发明的管理中也应不断修正和完善《中华人民共和国专利法》，摒弃或修正那些阻碍职务发明转化的不合理条款，在条件成熟的前提下，尽快出台专门的“职务发明法”，进一步保障我国高校职务发明改革的顺利推进。

4.5　日本职务发明制度

4.5.1　日本职务发明制度的产生历程

作为专利大国，日本一直坚持以知识产权为立国之本，积极促进知识产权的产生和应用，大力发展良性循环经济。职务发明产生的专利是日本专利的主要组成部分。要实现经济良性循环的发展目标，既要充分调动职务发明人的发明创造性，又要充分发挥职务发明成果对经济发展的拉动作用。20 世纪 90 年代以后，日本政府大力加强基础创新和源头创新，积极鼓励和支持科技创新的发展。在这一背景下，日本政府出台了一系列法律和政策，以鼓励高校的职务发明。这些政策的出台，一方面提升了日本高校和国立研究机构的技术成果转移率，另一方面也加强了高校及研究机构的创新活力。

1995 年，日本颁布了《科学技术基本法》。该法规定了日本发展科学技术的基本国策和大政方针，同时要求增强官产学研合作，积极推进基础研究、应用研究和开发研究的协调发展。《科学技术基本法》中对日本国立大学教师的技术成果归属进行了明确的规定：日本国立大学教师所完成的技术成果一般归属于教师，但使用政府提供的特殊实验设备或使用特别研究费所取得的技术成果归国家所有。1998 年，日本国会又在《科学技术基本

法》的基础上制定了《大学技术转让促进法》，目的是促进科技成果转移，加快高校科研成果的产品化。

自2001年以来，日本国内对其专利法第三十五条进行了广泛讨论。在2002年7月通过的《日本知识产权战略大纲》和2003年7月公布的“知识产权战略推进计划”中均提出了修改职务发明制度的任务。自2003年起，日本通过相关法令规定：各高校要根据具体情况建立“知识产权本部”机构，对知识创新和成果转让进行统一管理。2004年，日本国立大学实行法人化制度后，职务发明制度也有了新的变化，高校教师研究成果所得专利权归研究者所属高校，同时高校也要将转让专利权所得的报酬返还一部分给研究者。

2004年5月28日，日本国会通过了《日本专利法》第三十五条修正案，新的职务发明制度从2005年4月1日起生效实施。2015年，日本对《日本专利法》进行了重大修改。该次法律修改在内容上明确了“职务发明”的专利权归属于“用人单位”。2016年日本又制定了针对发明人奖酬的具体操作《指针》，该《指针》首次提出了有关职务发明奖酬的“合理性判断原则”，这一原则成为解决与职务发明奖酬相关争议的重要判断标准(李龙，2018)。

4.5.2 日本职务发明制度的内容

日本职务发明制度的核心内容是职务发明的权属划分和报酬核算两个关键点。

1. 以协商方式确定职务发明的权属划分

在职务发明的权属划分上，《日本专利法》规定，发明人在单位的业务范围内所完成的、与职务相关的发明创造即为职务发明[①]。日本在对专利法进行修订之后，明确了职务发明的权属划分，内容主要包括以下两点：①雇主可以和雇员事先约定职务发明所有权归属于雇主，或者要求获得独占实施权；②除另有约定外，职务发明属于发明人即雇员所有，雇主享有法定的无偿普通实施权(王凌红，2013)。后来，日本在进一步的专利法修订中，明确了“职务发明”的专利权属于“用人单位”，但用人单位也需要向发明人支付“相应的利益”。此外，《日本专利法》还对非职务发明采取了有效的保护措施。《日本专利法》第三十五条第二款规定：对于雇员的发明成果，除职务发明外，用合同、规章制度或其他规则，预先授予雇主专利申请权或专利承继权，或为雇主设定专有实施权者均无效。

2. 以法律形式确保职务发明报酬向发明人倾斜

在职务发明的报酬核算上，日本于1998年制定的《大学技术转让促进法》中规定：科技成果发明权的80%归教师个人所有，20%归国家所有。虽然每个大学有自己的具体规定，但是各校之间的规定差别不大。以东京工业大学为例，具体的报酬核算流程为如科技成果属于教师，在征得教师本人同意之后，学校将成果上报给文部省的科技成果转移机构，由该机构先付一部分报酬给教师，同时由该机构承担专利申请等相关费用，待专利向企业转移以后，企业再按相关规定支付专利转让费给教师。除此之外，日本的技术转移组织规

① 见《日本专利法》第三十五条第一款。

定了专利的收益分配：一般发明者、中介机构和研究单位各占 30%，高校方占 10%(郭飞和宋伟，2005)。在日本，职务发明制度是以“职务发明规程”等规章为基础，而这些规程的核心，就是报酬奖金的评定与计算。职务发明的奖金，是在提出发明的创作和构思、申请专利、专利申请结果公示、专利授权等阶段分别发给职务发明人。日本法律规定，有关职务发明奖酬的规章制度在设立时必须严格遵循法定程序，否则发明人可以提出采用法定方式确定职务发明对价(王凌红，2013)。

4.5.3　日本职务发明制度对我国的启示

日本职务发明制度不是从知识产权所有权争夺出发，而是从鼓励发明创造的国家政策制定出发，利用知识产权中所有权与使用权可以分别行使的法律特点，政府恰当地分配了各方利益，创造了约束机制，鼓励了发明成果的创造和实际应用。职务发明制度的建立和完善正视了单位与职务发明人的利益矛盾和冲突，保障了日本国立大学在法人化后研发能力的提升，促使发明创造实现了最大程度的有效转化，极大地提升了社会的整体生产力。

日本通过不断完善和修订与职务发明相关的法律制度，对职务发明者的利益补偿机制进行了创新，完善了职务发明的补偿金制度，为解决职务发明收益分配问题提供了法律依据，推动了知识资本管理制度的创新(武彦和李建军，2009)。职务发明激励制度成功地将物质与精神激励相结合，在雇员个人价值实现、单位自身发展策略制定以及国家实力提升等方面都卓有成效(张颖露和刘华，2014)。同时，日本职务发明的相关法律修订、实施和制度创新也对其他国家职务发明制度的完善和知识资本管理体制的创新提供了有益的启示和参考。

1. 提高全社会对知识产权的价值认同

由于前期缺乏相应的法律制度建设和宣传，日本也曾因职务发明问题出现过很多司法纷争。为了缓解利益矛盾，促进国家科学技术生产力的提升，日本通过加强知识产权教育和宣传等工作，将知识产权信息的传播和应用纳入国家发展计划，不断提升公民的知识产权意识和全社会对知识产权的价值认同。目前，日本的知识产权保护体系已经较为成熟，社会对于知识产权的整体价值认同也处于较高水平，知识产权观念在极大程度上促进了国家自主创新能力的发展。日本因其地理位置，在文化价值观念等方面与我国存在诸多相似之处，其知识产权体系建设的思路和措施，在一定程度上可以为我国提供有价值的参考，当然这种参考必须建立在我国的特殊国情和具有特色的制度文化基础上。价值认同的构建需要从国家和民众两个层面入手，因此这也是一项需长期持续推进的系统工程。国家要积极营造与中国传统文化和价值观念相融合的知识产权文化氛围，使民众能受到潜移默化的影响，将外部要求内化为自觉行为。同时要加大宣传教育和普法力度，使政策文件真正深入民众的日常工作和生活，以提高全社会对知识产权的价值认同。

2. 完善职务发明权利归属制度

日本通过数次修订专利法，严格界定了职务发明的权利归属，同时对雇员的非职务发明也采取了有效的保护措施。目前我国的职务发明主体主要指完成发明创造的单位工作人员，但是相关制度没有对工作人员的性质进行清晰划分。从事科技发明工作的人员主要包括专职科研人员和非科研人员两大类，有学者认为只有科研人员因执行单位任务或主要利用单位条件完成的发明创造才属于职务发明，非科研人员即使主要利用单位条件，若该创造性成果与单位任务无关，就不应被认为是职务发明。只有对发明创造的性质进行了明确的界定之后，才可以对职务发明的发明创造权属进行划分。2015 年修订的《日本专利法》在内容上明确了“职务发明”的权利归属于“用人单位”，但用人单位也需要向发明人支付“相应的利益”。因此我国也可借鉴日本的做法，以保障职务发明人和发明人所属单位两方的合法权益。明晰的权属分配制度有利于对职务发明人及其所属单位产生激励效应，促使双方合作的达成和发明成果效益的提升。

3. 完善职务发明奖酬制度

日本的专利法对职务发明的奖酬核算进行了细致的规定，不管是对发明人在职务发明创造中的贡献和单位的实际收益计算，还是“对价”机制的制定，抑或是对职务发明奖酬“合理性判断原则”的制定，对职务发明权益分配的规范化和公平化都起到了极大的促进作用，同时这也有利于缓和用人单位与职务发明人之间的利益矛盾和冲突，保障了发明人研发能力和社会生产力的提升。在我国，因职务发明利益分配问题产生的司法纠纷不在少数，其根本原因就在于，职务发明奖酬的制度建设不能适应各方的实际利益分配需要。虽然《中华人民共和国专利法实施细则》中的规定已十分具体，但仍不能满足现实中各种复杂情况的需要。有学者指出，我国的职务发明奖酬制度应当实行法定标准与合同约定相结合的模式。比如可借鉴日本专利法中，依据发明人的贡献和单位使用该项发明创造的实际收益，如果发生利益分配冲突，则可以使用“对价”机制来调节矛盾。除此之外，还应关注双方合同约定的效力。发明人和单位也可以在发明创造产出之前就利益分配进行协商并签订合约，这些合约既可以看作用人单位内部的利益调节机制，也可作为解决司法纠纷的法律依据。同时，在报酬分配的比例上，也应当以行业性质作为比例设计的参考，而不仅仅是进行“一刀切”式的划分。

4. 积极推进产学研合作发展

除了宏观层面对推进产学研合作发展的制度引导和财政支持外，我国还应重点解决产学研合作过程中因信息不对称导致的成果转化障碍，以及产学研三方之间沟通机制的缺失问题。网络信息技术的发展，是解决信息不对称问题的关键助力。比如，可以构建专门用于促进产学研合作的信息平台，将适合公开的职务发明成果和对职务发明的需求都整合、发布到这一信息平台上，促进职务发明供需方的对接，不断提升职务发明成果转化的成功率。在构建产学研三方的沟通机制时，可以借鉴日本的经验和做法，努力培育一大批信誉好、水平高的科技中介机构，架起产学研三方沟通的纽带。政府要加大对这类科技中介机构的扶持，给予其资金、政策等方面的帮助，同时要加强对此类中介机构的监管，不断完善机构准入和监督管理机制，加强科技中介机构的诚信建设。科技中介机构也应当不断提升自身业务能力和服务意识，真正成为产学研各方沟通的纽带和桥梁。

4.6　以色列技术转移公司(TTC)的管理模式

由于在高校职务成果转化过程中，高校与企业之间存在“断裂带”(张陆洋，2010)，严重阻碍了科技成果的快速转化，因此，寻找一个两全其美的解决方案尤其重要。科技成果转移也称技术转移，是指将大学或科研机构中的技术转移至企业，实现其市场价值的过程。其对象是产生于实验室中的技术。在以色列，技术转移公司(Technology Transfer Company，TTC)就是高校推动科研成果产业化的代表性机构。其致力于推动高校成果产业化，全权代表高校与企业进行商业谈判，推动技术的二次开发与市场化(耿燕和张业倩，2018)。

4.6.1　TTC 的发展历程及主要机构介绍

1. TTC 的发展历程

以色列是世界上高新科技发展最兴盛的国家之一，享有“创新之国”“第二硅谷”“中东硅谷”等美誉，其国内全职从事开发研究的人员约占总人口的 9.1%(胡海鹏等，2018)，人均科技论文数量等指标位居全球第一。以色列不仅是全球人均专利申请与人均科技论文发表数最多的国家，还是全球创业密度最高的国家(李涛，2018)。

1950 年，时任以色列总理本-古里安推动以色列理工学院以麻省理工学院为榜样进行改革，最终蜕变为以应用技术研发为主的现代研究型大学，对学生的教育以职业为导向，弘扬“学会技术、混搭技术、再造技术”的教育理念(张倩红和刘洪洁，2017)。改革后的以色列理工学院在以色列的高校科研创新体系中起到了引领和示范作用。1959 年，魏茨曼科学研究院创建了以色列第一个技术转移公司“耶达”(Yeda)。此后，以色列有 6 所主要大学设立了技术转移公司，专门负责创新成果与应用技术的商业化开发，加强高校与市场的合作，致力于将技术创新转化为工业产品。

在以色列的 7 所国际知名大学中，除了海法大学，其他 6 所大学均建有自己的技术转移公司，它们分别是魏茨曼科学研究院的耶达研究及发展有限公司、希伯来大学的伊萨姆(Yissum)技术转移公司、以色列理工学院的 T3 技术转移公司、特拉维夫大学的拉莫特(Ramot)技术转移公司、巴-伊兰大学的巴-伊兰(Birnd)研究与发展有限公司和本-古里安大学的内盖夫技术与应用公司。以色列还有一家技术转移机构是由地区性学院设立的。其中，成立于 1959 年的“耶达”是世界上第一个技术转移公司，其出现比 1970 年美国斯坦福大学成立的技术许可办公室早了 11 年。时至今日，耶达不仅是以色列拥有专利最多的技术转移公司，也是世界上盈利位列第三高的技术转移公司(李伟等，2014)。

2. 主要 TTC 介绍

(1)魏茨曼科学研究院和耶达研究及发展有限公司。耶达研究及发展有限公司创建于 1959 年，是专门负责开发魏茨曼科学研究院研究成果的技术转移商贸公司(吴昀华等，2016)。耶达公司和魏茨曼科学研究院的研究人员保持着密切联系，并持续跟踪他们的研究成果，一旦发现有商业潜力的成果，就会成立专门的评估小组对其进行评估。成果评估通过后，耶达公司负责该项成果的专利写作、申请、授权以及后续所有商业化运作。在科技成果转化过程中，耶达公司负责成果从实验室到市场的全过程，成为魏茨曼科学研究院基础技术和产业应用的中间桥梁(李伟等，2014)。

(2)希伯来大学和伊萨姆技术转移公司。伊萨母技术转移公司是以色列最古老的大学——希伯来大学的技术中介公司，成立于 1964 年。该公司与以色列各个领域中企业性质的农业科研机构保持着长期合作关系，为机构提供具有商业价值的农业科研项目和专业的技术服务。公司的主要目标不是通过出售专利盈利，而是与伙伴公司共享技术以获得专利使用费。这些来自希伯来大学的创新发明成果和由伊萨姆技术转移公司商业化的产品，每年的市场销售额近 20 亿美元(王世春，2015)。

(3)特拉维夫大学和拉莫特技术转移公司。拉莫特技术转移公司由以色列规模最大的大学——特拉维夫大学于 1973 年建立，是特拉维夫大学的独资子公司，专门负责推动该大学研究成果的商业化(李伟等，2014)。拉莫特技术转移公司是以色列实力最强的技术转移机构之一，其职能主要是解决高校技术开发成果向商业化产品的转化难题，拥有涉及各种技术领域的专业队伍，取得了很多全球领先的技术成果。拉莫特技术转移公司把特拉维夫大学研究人员开发的、有前途的科学成果推向市场，在对现有技术进行补充的技术转化方面，拉莫特技术转移公司尤其享有盛誉。

(4)以色列理工学院和 T3 技术转移公司。T3 技术转移公司由素有“以色列麻省理工学院”之称的以色列理工学院建立，公司依托该校电子工程、医学、化学、计算机等优势专业，全方位开展技术转移服务工作(李伟等，2014)。以色列理工学院投入了巨额科研经费用于科技研发成果的市场化应用，获得了数量众多的发明专利和高额的技术许可收入。

4.6.2 TTC 的管理模式

1. 独立的商业化运作模式

以色列的 TTC 主要通过设立董事会，组建工作团队进行管理(王世春，2015)。董事会成员一般为 8～15 人，通常包括大学校长、大学的总干事、学院与研究院院长、教授、企业负责人等。工作团队成员需具备科学和商业相关专业的复合型背景，团队规模一般为 10～15 人。TTC 主要有 4 个职能部门，即专利委员会，负责技术评估、筛选和专利申请保护等；商业发展部，负责技术推广、寻找客户和技术转移谈判等；法律部，负责拟定技术转移过程中签署的各项协议；财务部，负责预算与收益管理。

以色列高校设立的 TTC 是由高校全资创办，但又独立于高校行政架构的机构，它们采取商业化运作模式，自负盈亏。因此，TTC 是有独立法人资格并以盈利为目的的商业机构，高校拥有职务发明成果的所有权，但使用权只属于 TTC，由 TTC 负责成果的商业化运营。公司员工不是来自高校，而是面向企业招聘的，董事会成员中只有部分是学校、学院领导，大多来自商业领域。公司员工不仅在科技、工程方面的知识非常丰富，而且都曾在科技、工程的相关行业工作多年，拥有丰富的商业经验和广泛的人脉，能够非常自如地在学者和市场之间沟通。他们在专利管理和商务谈判上能力突出，能够胜任一项技术成果从技露到转让的全过程管理工作(周国平和王丹，2017)。

2. 全方位的技术转移服务

作为全权负责大学知识产权管理、保护和商业化的机构，TTC 的具体职责包括五个方面。①管理和保护高校的知识产权：在国内外申请保护高校知识产权的发明专利；为科研成果的商业化进行市场前景评估。②与企业界联络：为已有专利技术的开发和应用寻找投资者和战略伙伴；为有意利用高校研发成果的企业推荐合适的课题组或研究人员；协调高校与企业的研发合作关系。③为国内外企业对高校的专利技术应用进行授权。④经费与资产管理：为高校的研发项目募集资金；管理由企业提供的可用于替代部分或全部专利技术许可费的股权；分配专利技术许可收益。⑤资助高校的研发项目(李伟等，2014)。

3. TTC 的技术转移模式

以色列 TTC 与其所在高校签订协议后，自动获得所在高校科技成果的全部知识产权及专项技术，并拥有独占性经营权(周国平和王丹，2017)。公司主要采用专利技术许可、创办衍生企业、合资和合作研究 4 种方式对所属高校的技术成果进行推广和商业化转化，其中绝大多数成果都是以专利技术许可或创办衍生企业的方式进行转移(赵俊，2018)。

(1) 专利技术许可。为了保障高校和研究人员的利益，TTC 会在国内外寻找适合技术转移的企业，通过许可其利用专利技术以进行技术转移，即企业只有技术使用权，知识产权仍归属于学校。

(2) 创办衍生企业。由 TTC 出资或寻找企业合资，成立一个新企业以转化高校的科研成果，发明人一般不参与企业创办，企业可在孵化期进行试运营，TTC 会在管理方面提供协助。

4. TTC 的运营特点与分配制度

TTC 的运营主要有以下特点。①高度重视开展创新性科学研究。通过重点挖掘科学研究的应用前景及社会价值等举措，设立高校科技成果转化的价值风向标，高校在科技研发上形成了求真务实的工作作风，为以色列高校技术转化工作奠定了坚实的基础。②高度重视高校技术转化队伍建设。以色列高校技术转化公司职员由技术鉴定专家、市场运作专家、知识产权专家以及法律专家等组成，他们共同全面开展技术转化的系统服务工作，有效保障高校技术转化工作的顺利完成。与此同时，通过培育科技成果相关专业人才，敏锐发现高校研究成果、策划创业项目、培育融资项目，实现以色列高校技术转化效益最大化。③高度重视知识产权的保护与许可工作。这是以色列高校技术转化工作的突出特点，通过形成完备的法律运作保护模式，极具创新性地使用专利技术许可权，通过转让、入股等方式保证创新技术成果的长期收益，有效保护创新性技术成果专利。④高度重视技术转化服务保障体系。以色列 TTC 的服务全面而细致，不仅孕育了良好的创业孵化机制和环境，而且能保证高校科研人员专注于科学研究(胡海鹏等，2018)。

TTC 的分配制度主要有以下特点。以色列 TTC 的初始运行成本来自学校，之后从技术转移收益中抽取一部分来维持 TTC 的运营。绝大多数技术成果通过技术许可的方式与公司合作，成果商业化成功后企业按约定将0.4%～6.0%的销售收益支付给TTC；由TTC独资或与企业合资创办的新企业如果实现技术转移，发明人不占企业股份，其所获收益分配比例通常为30%～60%。企业的销售收益及其提成一般按照发明人、高校、实验室(或院系)4∶4∶2的比例分配，高校再从自己获得的收益中拨付40%～60%给TTC。

4.6.3 TTC制度对我国高校职务发明成果转化的启示

以色列通过完善科技计划，促进产学研密切合作，全方位、多层次、多渠道地开展技术转移，加快科技成果转化，实现了国家发展模式的转变(孔祥浩，2013)。作为最早开展技术转移的国家之一，以色列科技成果转化工作的发展历程和模式探索对我国高校开展职务发明成果转化以及激发技术市场活力有着重要参考价值。

1. 发挥好技术转移机构在高校职务成果转化中的中介作用

高校是一个国家科技创新和技术研发的重要载体，强大的人才储备、专业的科学知识、先进的科研设备，使得高校的学术成果和技术产出极其丰富。但在市场中，高校的技术成果是相对封闭的。我国高校学术评估和职务晋升制度中的一些弊端，导致这些技术成果长时间留在实验室，无法快速响应市场的需求。科技成果转化过程中高校与企业之间出现了“断裂带”，严重阻碍了科技成果的快速转化(张陆洋，2010)。在我国，相较于企业而言，高校与市场之间的隔阂由来已久，这种隔阂可以从体制差异来分析。高校属于传统意义上的“体制内”单位，其职责更多在于提供公共服务、教书育人，其经费来源、人员结构、工作职责稳定，因此缺乏与市场接触的动力，比较被动；而企业为盈利而生，追求利益最大化是其主要目标，只有紧随市场，主动跟踪最新需求信息才能立足。高校和企业间在职务发明成果方面存在信息不对称现象，因此迫切需要专门的技术转移中间机构架起高校和企业间沟通的桥梁。因此，借鉴以色列的经验和做法，构建完善的技术转移中介机构体系，对促进我国高校职务发明成果的转化尤为必要。

2. 强化创新创业教育，储备技术转移人才

以色列高度重视并积极引导学生的创新创业活动。较之我国的高校技术转移机构，以色列TTC更加重视对学生发明创造的引导与管理，他们不仅让学生清楚地了解了专利申请的条件和程序，及时在网站上公布学生的专利信息，还注重增进学生对市场的认识，如伊萨姆公司会利用学生俱乐部这一平台，每个月举行一次活动，一般通过演讲的形式，让学生对“试验发展→工业化生产→产品商业化及产业化”这一技术转移过程加深了解，使他们的研究更加贴近市场需求(李伟等，2014)。我国高校的创新创业课程起步较晚，相关课程设置也难以让学生“落地生根”。故需进一步强化“校企合作”，在深播知识种子的同时，让学生长时间接触企业，掌握技术成果转化的流程，从而真正从实验室走向市场，从课堂走向社会。

3. 建立高校科技成果转化的管理服务体系，完善知识产权法律法规

以色列国家创新体系的特点在于政府、企业、高校3个主体既各司其职又相互辅助，

共同构成了科技创新管理服务体系。TTC 通过分别向高校科研人员、企业、投资人提供各自所需的服务或技术，成功架起了高校、业界、投资界沟通的桥梁，进而促成了国家技术创新的进步。值得一提的是，成果发明人、高校、TTC 会签署一份三方协议，用于明确该项发明相关的权利和义务(周国平和王丹，2017)。其中高校科研人员只需要专注于科学研究，不用自己完成专利申报等烦琐手续，不需要研究相关法律政策，不需要参与技术转移及其相关商业谈判，相关工作由 TTC 的专业人员完成，由此极大地提高了技术成果转化的效率，也极大地节约了职务发明人的时间成本。与此同时，高校针对科技工作人员的丰厚酬劳分配和所有权激励制度，进一步激发了高校的创造热情。

在创新成果的知识产权分配、专利保护等方面，以色列先后制定了《以色列科学院法》《以色列高等教育法》等一系列法律法规及相关政策，不断完善专利保护法律法规体系，为创新成果的大量涌现营造了良好的法治环境(周国平和王丹，2017)。在我国，科技创新与技术成果的市场化不应单一地依靠高校本身，政府的政策支持和引导、市场和企业的培育与完善以及法律法规的保驾护航同样重要。在创新驱动发展的大背景下，将知识和技术高效地转化成生产力是我们的不懈追求，这也意味着技术转化绝不是做好“源头”和“终端”服务就行，而要构建一个全方位、多层次、多主体、多渠道的保障和服务体系，以推动我国的技术进步和科技发展。

本章参考文献

崔政，温阳阳. 2017. 科学共同体产权制度的当代变迁——以《拜-杜法案》为中心的考察. 石家庄铁道大学学报(社会科学版)，(1)：55-60.

崔政，薛鹏. 2015. 制度资源释放与大学技术创新——近期美国学者对《拜-杜法案》的研究与反思. 学理论，(33)：28-30.

方华梁，陈艾华. 2015. 内外部协同支持：美国创业型大学技术转移的模式——以斯坦福大学为例. 中国高校科技，(8)：62-66.

耿燕，张业倩. 2018. 国际技术转移可持续发展模式研究及启示. 科技和产业，18(5)：117-120.

郭飞，宋伟. 2005. 论日本高校技术转移的政策模式. 中国科技产业，(8)：113-115.

胡海鹏，袁永，邱丹逸，等. 2018.以色列主要科技创新政策及对广东的启示建议. 科技管理研究，38(9)：32-37.

贾佳，赵兰香，万劲波. 2015. 职务发明制度促进科技成果转化中外比较研究. 科学学与科学技术管理，36(7)：3-10.

孔祥浩. 2013.以色列技术转移机制和模式研究的作用. 价值工程，32(12)：5-7.

李村生. 2003. 它山之石可以攻玉——威斯康星大学科学技术成果的转化. 云南科技管理，16(3)：58-59.

李军山，何媛媛，陈子优. 2018. 加拿大滑铁卢大学发展经验及其借鉴. 江西中医药大学学报，30(2)：105-107，117.

李龙. 2018. 日本“职务发明奖酬”法制最新动向研究. 华东理工大学学报(社会科学版)，33(4)：58- 67.

李涛. 2018.哈尔滨市同以色列基于“双创”领域的合作研究. 边疆经济与文化，(8)：15-17.

李伟，王小曼，郑翼，等. 2014.以色列大学技术转移机构管理运行机制探析. 改革与开放，(5)：27-28，10.

沈伟. 2016. 我国职务发明奖酬制度研究. 南京：南京师范大学.

王凌红. 2013. 日本职务发明对价制度及其启示. 法制与社会，(4)：274-277.

王世春. 2015.浅析以色列大学技术转移模式. 江苏科技信息，(10)：1-3.

吴昀华，钟伟，何万篷. 2016. 基于自由贸易制度的创新要素交易便利化研究. 上海城市规划，(6)：36-45.

武彦，李建军. 2009. 日本职务发明利益补偿机制的创新理念和保障机制. 自然辩证法通讯，31(2)：51- 55，111.

徐棣枫. 2009.威斯康星之路与 WARF 奇迹：高校技术转移实现模式选择. 学海，(3)：175-179.

徐来群.2015.美国大学技术转移办公室使命的四种价值取向.高等理科教育,(1):49-54，115.

杨淑霞. 2010. 高校科技创新知识产权法律制度的完善. 湖南社会科学,(5): 100-102.

张陆洋. 2010. 美国、以色列、我国台湾等大学科技成果转移模式的实证研究. 世界经济情况, (4): 9-13.

张倩红, 刘洪洁. 2017.国家创新体系: 以色列经验及其对中国的启示. 西亚非洲, (3): 28-49.

张颖露, 刘华. 2014. 日本职务发明激励制度研究. 中国科技论坛, (7): 149-154.

张泽一, 周常兰. 2016.以色列高校创新教育对我国的启示. 中国高校科技, (9): 64-66.

赵丹丹. 2014. 斯坦福大学技术许可办公室运转机制的研究. 北京: 首都师范大学.

赵俊. 2018. 德国、以色列经验对广东科技成果转移的借鉴. 新经济, (4): 38-42.

周国平, 王丹. 2017. 改革高校技术转移机构加快科技成果产业化. 科学发展, (8): 23-26.

宗晓华, 陈静漪. 2012. 为公共利益而转移技术——加州大学技术转移的政策演进与组织运行分析. 清华大学教育研究, 33(2): 74-80.

Association of university technology managers. 2014. AUTM U. S. Licensing Activity Survey: FY2013.

Breschi S, Lissoni F. 2009. Mobility of skilled workers and co-invention networks: an anatomy of localized knowledge flows. Journal of Economic Geography, 9(4): 439-468.

Czarnitzki D, Kraft K, Thorwarth S. 2009. The knowledge production of ' R' and ' D' .Economics Letters, 105(1): 141-143.

Hayter C S, Rooksby J H. 2016. A legal perspective on university technology transfer. The Journal of Technology Transfer, 270-289.

Hoye K A. 2006. University intellectual property policies and university-industry technology transfer in Canada. University of Waterloo Ontario, Canada.

Hvide H K, Jones B. 2018. University innovation and the professor' s privilege. American Economic Review, 108(7): 1860-1898.

Jamison D W, Jansen C. 2000. Technology transfer and economic growth. The Journal of the Association of University Technology Managers, XII. http: //www. autm. net/pubs/journal/00/techtransfer. html, 2018-06-30.

Leydesdorff L, Meyer M. 2010. The decline of university patenting and the end of the Bayh–Dole effect. Scientometrics, 83(2): 355-362.

Loise V, Stevens A J. 2010. The Bayh-Dole Act Turns 30. http: //www. ScienceTranslational Medicine. org, 2010-06/2018-06-30.

Pellens, Maikel, Malva D, et al. 2016. Changing of the guard: structural change and corporate science in the semiconductor industry. Zew Discussion Papers.

Piccaluga A, Conti G, Balderi C, et al. 2009. 'And Yet it Does Move!' University patenting and licensing in Italy; differences and similarities in the management of technology transfer activities at european level. Social Science Electronic Publishing. https: //www. onacademic. com/detail/journal_1000041679960099_a64e. html.

Tseng A A, Raudensky M. 2015. Performances of technology transfer activities of US universities after Bayh-Dole Act. Journal of Economics, Business and Management, 3(6): 661-667.

Tsoutsanis A. 2007. The codification of intellectual property law: the legacy of E. M. meijers and recent trends in Europe. Social Science Electronic Publishing. https://papers.ssrn.com/sol3/papers.cfm?abstract_id=2003961.

第5章　区域实践：从高校试点到部分区域创新探索

5.1　四川省职务科技成果权属改革试点

5.1.1　四川改革试点的推进历程

1. 早期萌芽阶段

科技成果转化率低一直是我国科技经济运行中的主要问题之一，与发达国家的成果转化率相比，我国整体科技成果转化率较低①。据教育部《中国高校知识产权报告(2010)》的统计数据显示，我国高校专利转化率一般低于5%。西南交通大学直面问题，打破体制机制障碍，积极打通科技成果从实验室到市场的高速通道，率先探索出了一条多赢的产学研发展之路。

2010年，西南交通大学国家大学科技园将YQX教授团队“隧道及地下工程喷膜防水材料”项目作为职务科技成果混合所有制试验的第一个方案，成功地将原属于西南交通大学的专利变更为教授团队与国家大学科技园共同所有，然后经第三方评估作价500万元入股成都嘉洲新型防水材料公司，YQX教授团队持有其中的300万元股份。该成果在成都嘉洲新型防水材料有限公司内又经过3年多的产品化研发，在2014年完成了产品化，后取得3000多万元的销售收入。2012年西南交大材料学院HN教授团队研发的“新型心血管支架”系列职务发明专利由西南交通大学持有，该系列由20多项发明专利组成。西南交通大学国家大学科技园作为该项目产业化的牵头方，在2012年与学校签订专利转让协议，将原归属于学校的职务发明专利权转移到国家大学科技园名下。由国家大学科技园向国家知识产权局呈递专利权人变更申请文件，由发明人团队组建的公司与国家大学科技园共同持有专利权，通过第三方评估，该系列专利作价1500万元，团队组建的公司持有750万元股权，促进了该成果的转化(田红等，2016)。

2015年，西南交通大学已有4个教授团队与国家大学科技园、投资方成立了科技型创业公司，且公司均已进入孵化阶段。混合所有制的初步探索实践极大地激发了科研团队进行成果转化的热情，取得了较好的效果。

2. 深入推进阶段

2015年8月，新修订的《中华人民共和国促进科技成果转化法》正式颁布，新修订的法案放权于高校，让高校真正拥有了科技成果的使用权、处置权和收益权，这对科技成

① 中新网，“科技成果转化率不足5%需提高全民族科学素养”，http：//www.chinanews.com.cn/cj/2011/09-30/3365935.shtml。

果转化起到了很好的促进作用，对西南交通大学加速深化制度探索更是起到了重要的推动作用。然而，发明专利的使用权、处置权、收益权等都是所有权派生出来的，新修订的法案并未触及产权改革的本质，因此需要更彻底的所有权改革，以从根本上克服“高校有转化权利没转化动力、个人有转化动力没转化权利”的困局。2015 年 8 月，西南交通大学向四川省委、省政府与成都市委、市政府汇报了职务科技成果混合所有制改革试验情况，得到了四川省委、省政府与成都市委、市政府的大力支持。2015 年 11 月，四川省委发布《中共四川省委关于全面创新改革驱动转型发展的决定》。该决定明确规定完善科技成果转移转化机制。将科技成果使用权、处置权和收益权下放至科研院所和高校。科研院所、高校由财政资金支持形成，同时不涉及国防、国家安全、国家利益、重大社会公共利益的科技成果，由单位自主实施转移转化，转移转化收益全部留归单位。开展职务科技成果权属混合所有制试点，明确科技人员与所属单位是科技成果权属的共同所有人。修订《四川省促进科技成果转化条例》，强化科技成果转移转化的法治保障。

《中共四川省委关于全面创新改革驱动转型发展的决定》，明确提出了将职务科技成果权属混合所有制试点作为四川省全面创新改革试验区建设的重要内容，充分肯定了西南交通大学的职务科技成果混合所有制改革试验，进一步坚定了西南交通大学的改革信心和决心。2016 年 1 月西南交通大学正式出台了《西南交通大学专利管理规定》，全面深入展开职务科技成果混合所有制改革。《西南交通大学专利管理规定》在第二章权属部分提到执行学校的任务或者主要利用学校物质技术条件完成的发明创造为职务发明创造。依照法律法规及各项政策规定，为实现对职务发明人或职务发明人团队的奖励，学校将奖励前置简化为国有知识产权奖励。对既有专利和专利申请，学校通过专利权人和专利申请人变更的方式实现对职务发明人的奖励，学校对新的专利申请，通过共同申请实现对职务发明人的奖励。学校与职务发明人就专利权的归属和申请专利的权利签订奖励协议，规定或约定按 30%∶70%的比例共享专利权。西南交通大学探索的职务科技成果权属混合所有制，其核心含义是职务科技成果知识产权由职务发明人和学校共同所有，具体实现路径有两条，即既有职务科技成果知识产权的分割确权，以及新知识产权的共同申请。《西南交通大学专利管理规定》的出台将西南交通大学的职务科技成果权属混合所有制改革上升到学校政策的高度，为混合所有制的广泛推行奠定了政策基础。

2016 年 5 月 21 日，中央电视台《新闻联播》节目头条报道了西南交通大学职务科技成果混合所有制改革，在全国范围内产生了广泛的影响。2016 年 6 月 2 日，成都市委、市政府发布了《促进国内外高校院所科技成果在蓉转移转化若干政策措施》（简称“成都新十条”），其中职务科技成果混合所有制被列为第一条，规定支持在蓉高校院所开展职务科技成果权属混合所有制改革。鼓励高校院所与发明人或由发明人团队（以下简称发明人）组成的公司通过约定按股份或出资比例进行知识产权奖励，对既有职务科技成果知识产权进行分割确权；以共同申请知识产权的方式分割新的职务科技成果权属。发明人可享有不低于 70%的股权。“成都新十条”的发布充分肯定了西南交通大学的职务科技成果混合所有制改革试验。西南交通大学在四川省委、省政府与成都市委、市政府的大力支持下，决心与四川其他高校院所共同进行职务科技成果混合所有制改革，争取将职务科技成果混合所有制提炼成四川全面创新改革试验区中的一条可向全国推广复制的经验。

3. 全面试点阶段

2016 年 12 月 26 日，四川科学技术厅、四川省知识产权局发布《四川省职务科技成果权属混合所有制改革试点实施方案》。按照四川省委、省政府的部署，推进《四川省激励科技人员创新创业十六条政策》的落地、落实，选择一部分由国家设立的高等院校和科研院所，设立职务科技成果权属混合所有制改革试点，探索科技成果转化“最后一公里”的有效模式。试点单位包括四川大学、西南交通大学、四川农业大学等 10 所高等院校以及四川省中医药科学院、四川省医学科学院、四川省农业机械研究设计院等 10 所科研院所。

《四川省职务科技成果权属混合所有制改革试点实施方案》的试点任务主要包括三个方面。首先是探索“先确权，后转化”的有效机制。其次是形成体现增加知识价值的收入分配机制，充分发挥收入分配政策的激励导向作用，使科技人员收入与其岗位职责、工作业绩、实际贡献紧密联系，让科技人员合理合法地实现“名利双收”。最后是建立有效的职务科技成果处置管理方式，完善职务科技成果转化制度，在使用处置、价值评估、作价入股、企业创办等方面，形成针对性强、便于操作的实施细则。

《四川省职务科技成果权属混合所有制改革试点实施方案》的发布，为四川省各高等院校以及科研院所提供了改革的行动指南。同时，其发布也代表职务科技成果混合所有制改革已在四川省全面推开。这场改革发源于西南交通大学的高校职务科技成果改革，其影响首先在四川省内扩大。2018 年，四川省科技厅等 8 部门共同印发的《关于扩大职务科技成果权属混合所有制改革试点的指导意见》，将改革试点单位由 20 家扩大到 45 家，四川省各高校、院所单位开始在制度和机制上逐步推进高校科技成果转化。试点单位职务科技成果转化关系如图 5-1 所示。

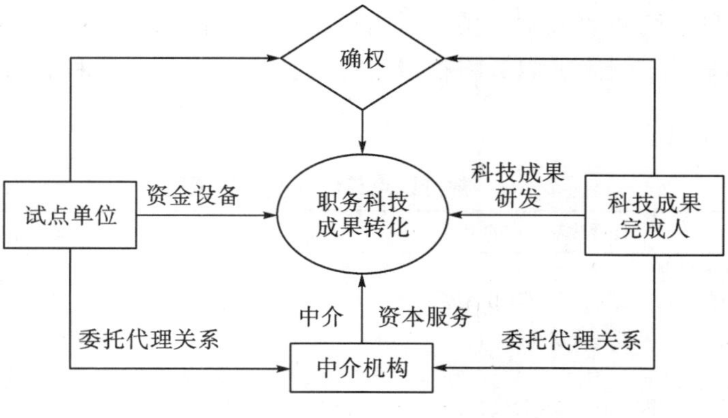

图 5-1　职务科技成果转化关系图

5.1.2　四川改革试点单位的推进机制与管理措施

《中共四川省委关于全面创新改革驱动转型发展的决定》，明确提出开展职务科技成果权属混合所有制试点是四川省系统推进全面创新改革试验的重要任务，通过选择 20 所由国家设立的高等学校和科研院所进行试点，以期探索科技成果转化“最后一公里”的有效模式。20 所在川高校和科研院所已全面启动职务科技成果混合所有制试点工作，进一步扩大了改革范围，推动了制度创新和经济融合发展的探索，为提炼可复制、可推广的改革经验和举措奠定了基础。主要试点单位的推进情况集中表现在以下两个方面。

1. 制度建设

在《四川省职务科技成果权属混合所有制改革试点实施方案》发布后，各试点高校和科研院所迅速开展工作，对试点方案内容进行了详细解读，为具体实施试点工作做好了准备，迅速成立了领导小组负责改革工作，并设立特定的机构负责工作的具体执行。例如，西南交通大学科学技术发展研究院主管全校科学技术研究工作和科技创新能力建设发展，负责学校科研活动的组织、管理和服务；西南交大科技园负责科技成果转化、企业孵化和创新创业人才培养工作；西南交大产业(集团)有限公司负责学校经营性资产的管理工作。四川大学在 2012 年初成立四川大学产业技术研究院，还与德阳市共建了四川大学德阳技术产业研究院，围绕德阳的重点产业进行重大技术的转化和成果的产业化。在此次改革工作中，四川大学产业技术研究院负责并代表学校处理、统筹学校科技成果转化工作。除高校之外，部分科研院所也设立了与改革相关的领导小组。

此外，各试点单位在对相关精神进行学习后，迅速发布了本单位的试点方案(表 5-1)。例如，西南交通大学印发了《西南交通大学专利管理规定》，开启了职务科技成果混合所有制的校级改革试验；四川大学出台了《四川大学科技成果转化行动计划(试行)》，从基础研究应用开放到成果转移转化和产业化的全过程，系统性地提出了八大方面共 22 条具体举措，并由产业技术研究院代表学校处置职务科技成果的相关事务；成都中医药大学出台了《成都中医药大学职务科技成果权属混合所有制改革试点工作推进方案》《成都中医药大学激励科技创新十二条政策》等规章制度，以确保试点工作的有序开展；四川省科学技术信息研究所研究制定了《四川省科学技术信息研究所职务科技成果混合所有制改革实施方案》，明确了职务科技成果产权共享的条件、流程、方式、份额、收益分配等内容。

表 5-1　部分试点单位制度建设情况

试点单位名称	负责改革工作的组织机构	试点方案
西南交通大学	西南交通大学科学技术发展研究院、西南交大科技园、西南交大产业(集团)有限公司	《西南交通大学专利管理规定》
四川大学	四川大学产业技术研究院	《四川大学科技成果转化行动计划(试行)》
四川农业大学	四川农大资产管理有限公司、四川农业大学新农村发展研究院、成都都市现代农业产业技术研究院	《四川农业大学推进科技成果“三权”改革总体方案(试行)》
成都中医药大学	成都中医药大学中医药创新研究院、成都中医药大学中医药健康产业技术研究院、成都中医药大学中医药知识产权运营中心	《成都中医药大学职务科技成果权属混合所有制改革试点工作推进方案》《成都中医药大学激励科技创新十二条政策》
成都理工大学	成都理工大学产业技术学院	《成都理工大学专利管理办法》《成都理工大学科技成果转化管理办法(暂行)》
四川轻化工大学	四川理工资产经营有限责任公司、四川轻化工大学科技园管理办公室(成果转移转化中心)	《四川轻化工大学促进科技成果转移转化实施办法(试行)》
攀枝花学院	改革试点工作领导小组、科研处、大学科技园管理委员会办公室	《攀枝花学院职务科技成果权属混合所有制改革试点推进方案》

续表

试点单位名称	负责改革工作的组织机构	试点方案
西南科技大学	西南科技大学科技成果转移转化工作领导小组、西南科技大学技术转移中心	《西南科技大学科技成果转化实施办法》
四川省科学技术信息研究所	改革试点工作领导小组	《四川省科学技术信息研究所职务科技成果混合所有制改革实施方案》
四川省自然资源研究院	资源院科技成果转化领导小组、院科技成果转化与科技服务办公室	《四川省自然资源科学研究院职务科技成果权属混合所有制改革试点工作推进方案》
四川省农业机械研究设计院	科技成果转移转化工作领导小组、科技成果转移转化管理办公室	《四川省农业机械研究设计院职务科技成果权属混合所有制改革试点实施方案(暂行)》

2. 权益分配

在改革试点前期工作准备结束后，各单位进行了确权分割的比例方案制定(表 5-2)，其中四川大学结合学校学科门类众多的特点，形成了科学合理的精准分割确权评议流程。成果完成人选择与学校作为共同“成果所有权人”，可共同享受 50%～90%的成果所有权，并按所有权权属比例享受相应的权益，结合该校各学科特点，细分了几大类资源使用系数，并且明确了资源使用系数的计算方法，其主要根据科技成果形成过程中所获得的财政资金比例以及占用公共资源的情况来计算，成果完成人最多可以获得 90%的成果所有权份额。其他试点单位多以西南交通大学的权益分配方案为基准，将学校与成果完成人的收益比例确定为 3∶7。《西南交通大学专利管理规定》规定，对于没有分割确权的科技成果，学校从可分配收益中提取 70%以奖励成果完成人，成果完成人团队可提出内部奖励分配方案，经校方审核后，按分配方案发放奖金，剩余的 30%由学校占 15%，完成人所在二级单位占 15%；对于已分割确权的科技成果，因成果完成人已经享有了 70%的所有权，学校不再对完成人进行额外奖励，由学校享有的 30%的收益中，学校占 15%，完成人所在二级单位占 15%。同时，各单位也制定了成果转化人激励政策。

表 5-2　部分试点单位权益分配方案

试点单位名称	成果完成人及其所在团队/%	试点单位/%
西南交通大学	70	30(学校占 15，完成人所在二级单位占 15)
四川大学	50～90	10～50
四川农业大学	75	25(学校 5、学院 20)
成都理工大学	70～80	20～30(学校与学院按 1∶1 分配)
四川轻化工大学	70	30(学校 20、二级学院 5、成果转化服务人员 5)
攀枝花学院	70～90	10～30
西南科技大学	80	20
四川省草原科学研究院	70	30
四川省原子能研究院	≥40	≤60
四川省中医药科学院	80(团队负责人可享有 50 以上的收益)	20
四川省农业机械研究设计院	70	30(设计院 10、成果完成人所在部门 10、工作中心 10)

5.1.3 四川改革试点的效果评价

2008 年，国务院印发《国家知识产权战略纲要》，四川省于次年启动知识产权战略行动。2015 年，我国修订《中华人民共和国促进科技成果转化法》，2016 年出台《实施〈中华人民共和国促进科技成果转化法〉的若干规定》及《促进科技成果转移转化行动方案》。2016 年，四川省率先开展职务科技成果混合所有制改革，以西南交通大学、四川大学等 20 家高校和科研院所为改革试点，开展职务发明知识产权归属和利益分享制度改革，这一改革在职务发明专利分割确权和经济效益上均取得了显著成效。然而高等院校的专利质量是否得到改善，还有待确证。为检验四川省实施知识产权战略，出台职务发明权属改革政策对高等院校专利质量的影响，本书对 2008～2018 年四川省部分普通高等学校[①]的专利发展状况进行了梳理。

1. 四川省普通高等学校十年专利质量变化趋势

如图 5-2 所示，自 2008 年以来，四川省普通高校专利数量总体不断增长。2008～2018 年，四川省普通高校共申请专利 83306 件[②]。数据显示，从 2016 年开始，四川省高校专利申请和公开数量趋势开始分化，四川省普通高校专利申请数量在 2017 年达到顶峰，2018 年大幅下降；而专利公开数量在 2016 年后仍呈现线性增长趋势。2015 年后，四川省普通高校公开现有科研成果的数量增速加快。2017 年，四川省专利公开数量自 2008 年以来首次超过申请数量。专利审查制度不断强化的同时，高校成果公开的数量也越来越多。

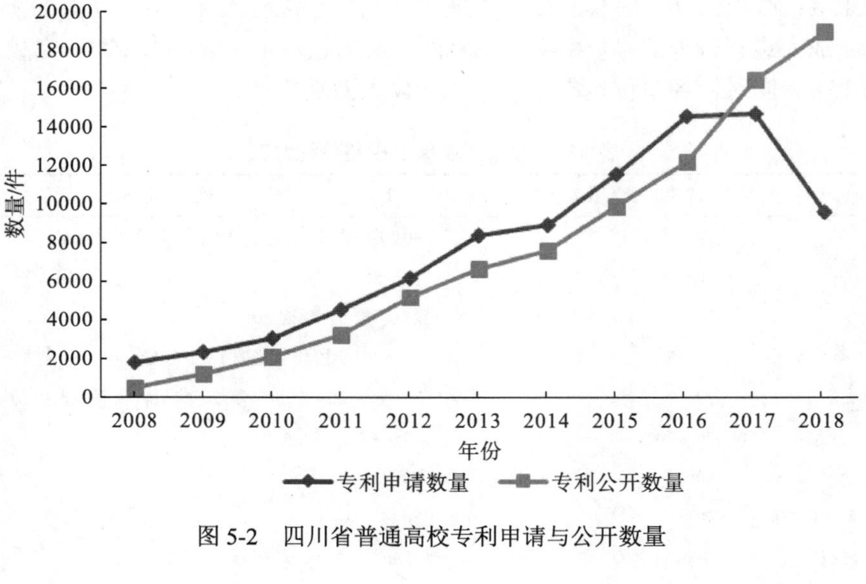

图 5-2 四川省普通高校专利申请与公开数量

① 本书仅选取四川省本科公办普通高等学校作为样本以采集数据，数据来源于 Incopat 全球专利数据库，由于申请人有授权专利的权利，因此本书限定以样本院校作为申请人，采集 2008～2018 年的专利数据。

② 一般发明专利在申请后 3～18 个月公开，实用新型专利和外观设计专利在申请后 6 个月左右公开。因此样本内部分专利至 2019 年才公开。

在专利数量变化的基础上，本书还对四川省普通高等学校的专利质量进行了综合分析。本书选取的专利质量指标为法律性、技术性和经济性。因此在分析四川省普通高等学校的专利质量时，除基本的发明专利类型比例外，还应当反映专利的法律状态、技术基础性以及转化运用程度。

1）公开专利类型及占比

如图 5-3 所示，在四川省普通高校 2008～2018 年的专利中，申请与授权的发明专利共占 72%，实用新型占 24%，外观设计占 4%。其中发明专利的创新程度最高，实用新型其次。总体而言，高校专利主要集中于发明专利，分布较为合理，表明专利质量较高。

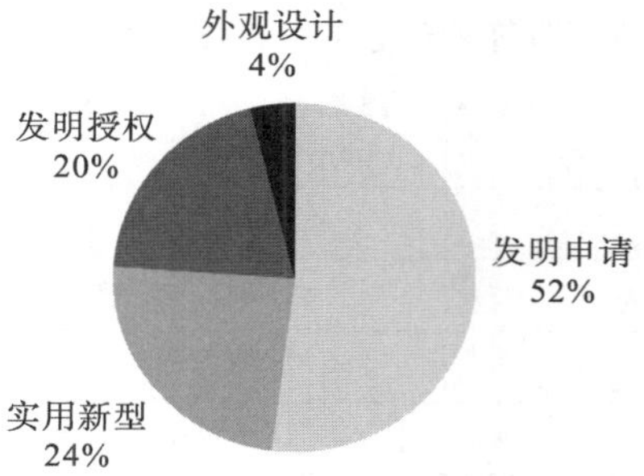

图 5-3　四川省普通高校公开专利类型

2）专利的法律状态及有效性

如图 5-4 所示，在四川省普通高校的所有公开专利中，授权专利占 42%，权利终止占 25%，实质审查占 22%；有效专利占 42%，失效专利占 34%，在审专利占 24%。有效专利代表该发明创造获得了实质保护，而失效的专利则可以成为社会财富，被公众无偿使用和改进，可见专利的受保护与共享数量比较均衡。

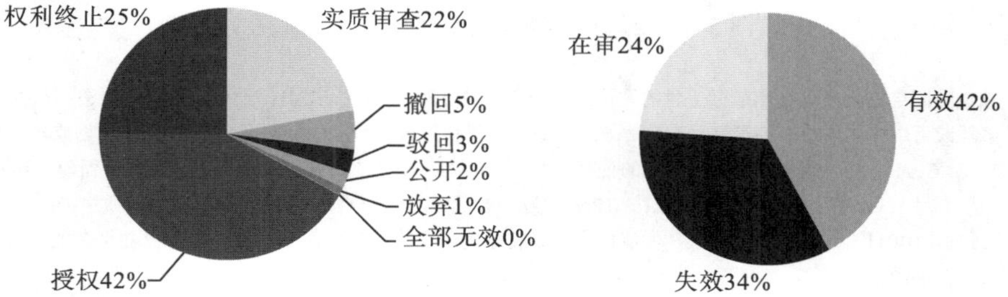

图 5-4　四川省高校专利法律状态及有效性

注：图中数据根据四舍五入取整。

3）技术行业分布及领域宽度

如图 5-5 和图 5-6 所示，在四川省普通高等学校专利的行业分布中，仪器仪表制造业，计算机、通信和其他电子设备制造业，专用设备制造业，化学原料和化学制品制造业，电气机械和器材制造业等占比较大。总体而言，四川省普通高校专利技术行业分布较为均衡，高校创新方向多样化，符合四川省对高质量发展科技的需求。

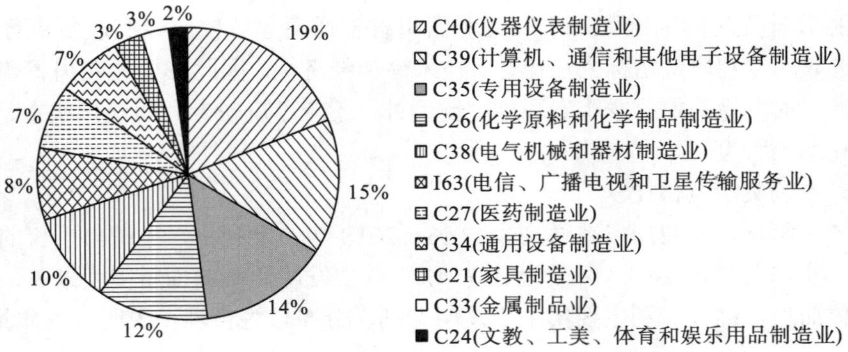

图 5-5 四川省普通高校专利技术在国民行业中的分布

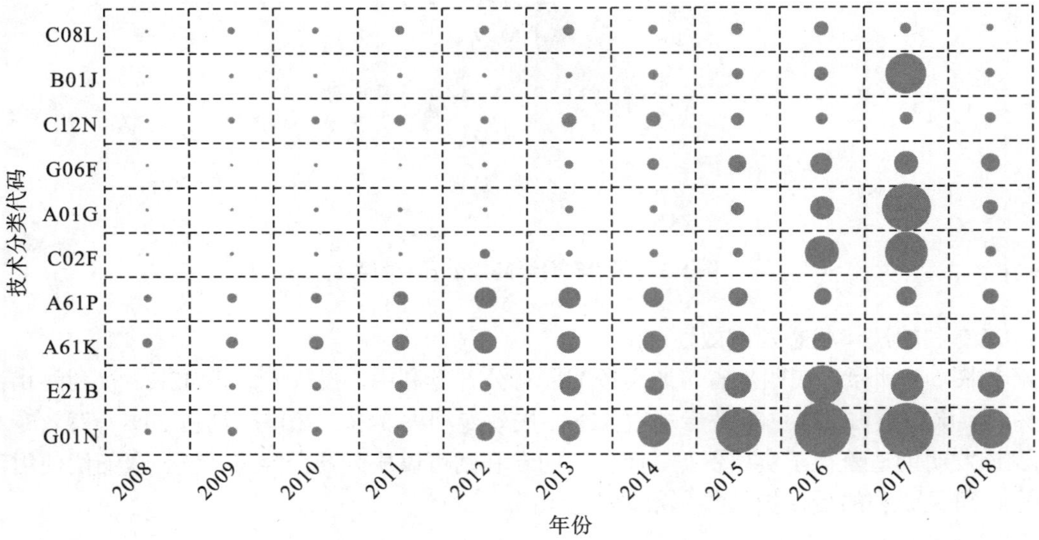

图 5-6 四川省普通高校专利技术领域宽度

注：G01N（除免疫测定法以外包括酶或微生物的测量或试验入 C12M，C12Q）；E21B：土层或岩石的钻进；从井中开采油、气、水、可溶解或可熔化物质或矿物泥浆〔5〕；A61K：医用、牙科用或梳妆用的配制品；A61P：化合物或药物制剂的特定治疗活性〔7〕；C02F：水、废水、污水或污泥的处理〔3〕；A01G：园艺；蔬菜、花卉、稻、果树、葡萄、啤酒花或海菜的栽培；林业；浇水；G06F：电数字数据处理；C12N：微生物或酶；其组合物；繁殖、保藏或维持微生物；变异或遗传工程；培养基；B01J：化学或物理方法，如催化作用或胶体化学及其有关设备；C08L：高分子化合物的组合物。

四川省普通高校专利技术领域宽度呈不断扩大趋势，2016～2017 年测量技术、土木工程、环保技术和其他工业技术等领域的创新发展尤为迅速，表明专利受保护程度更高，受保护范围更广。

4）专利价值度[①]

如图 5-7 所示，总体上，在以四川省普通高校作为申请人的专利价值度分布中，高价值度（≥8 分）专利在各高校的占比都极少，集中出现于电子科技大学、四川大学、西南交

① 专利价值度表示 Incopat 数据库中参考技术稳定性、技术先进性和保护范围三个方面共 20 余个参数，对专利进行分析后得出的关于专利价值的综合评价指标。

通大学；在川内排名前十的普通高校申请人专利价值度多分布在 5～7 分；价值度大于 5 分的专利共 37446 件，占川内高校公开专利数的 44.95%，川内申请专利前十名的高校专利质量相对较高，在专利方面的竞争实力较强；但四川省普通高校的专利申请量主要集中在排名前五的高校中，且专利价值度分布不均衡。总体上四川省普通高校专利价值度还有较大提升空间。

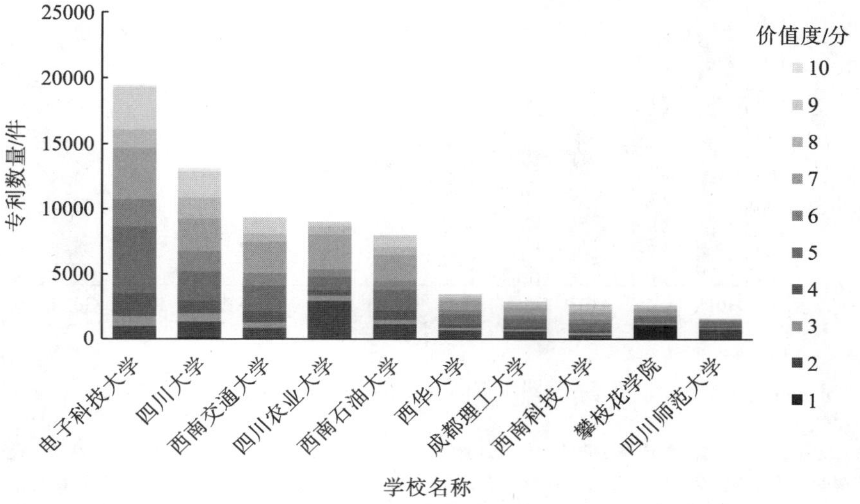

图 5-7　四川省部分普通高校专利价值度分值分布

2. 四川省高校专利的转让趋势

1) 专利许可及转让趋势

2015 年后，四川省普通高校专利转让数量上升趋势显著(图 5-8)。表明 2015 年《中华人民共和国促进科技成果转化法》的修订及四川省出台的一系列支持政策对高校专利的转化产生了显著的正向影响。而与之相比，四川省普通高校的专利许可数量一直较少，且在 2015 年后明显有所下降，在该指标上还有待提升。

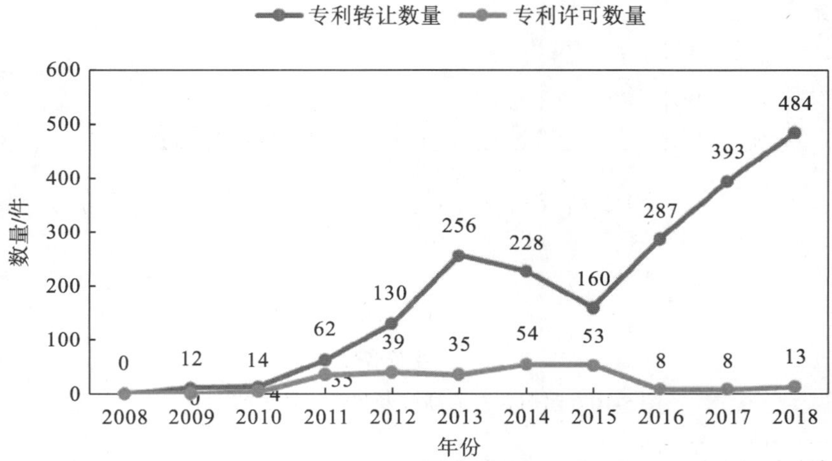

图 5-8　四川省普通高校专利许可与转让数量

如图 5-9 所示，就转让专利技术分类而言，转让数量由多到少的技术领域分别为半导体技术、有机化学、制药、测量技术、数字通信技术、计算机技术、土木工程、食品、聚合物(高分子化学)、运载技术①。

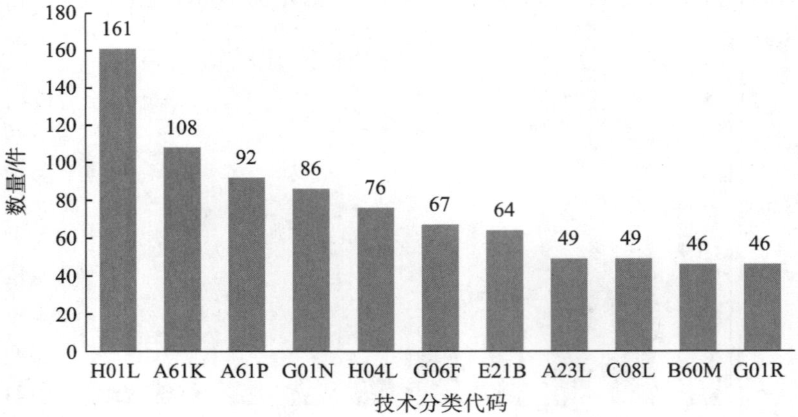

图 5-9 四川省高校专利转让技术分类

注：G01N(除免疫测定法以外包括酶或微生物的测量或试验归入 C12M，C12Q)；E21B：土层或岩石的钻进；从井中开采油、气、水、可溶解或可熔化物质或矿物泥浆〔5〕；A61K：医用、牙科用或梳妆用的配制品；A61P：化合物或药物制剂的特定治疗活性〔7〕；G06F：电数字数据处理；C08L：高分子化合物的组合物。H01L：半导体器件，其他类目中不包括的电固体器件；H04L:数字信息的传输；A23L：不包含在 A21D 或 A23J 小类中的食品、食料或非酒精饮料，它们的制备或处理；B60M：电动车辆动力装置；G01R：测量电变量，测量磁变量。

进一步分析专利转让情况，得出转让数量排名前十的四川省普通高校如图 5-10 所示。

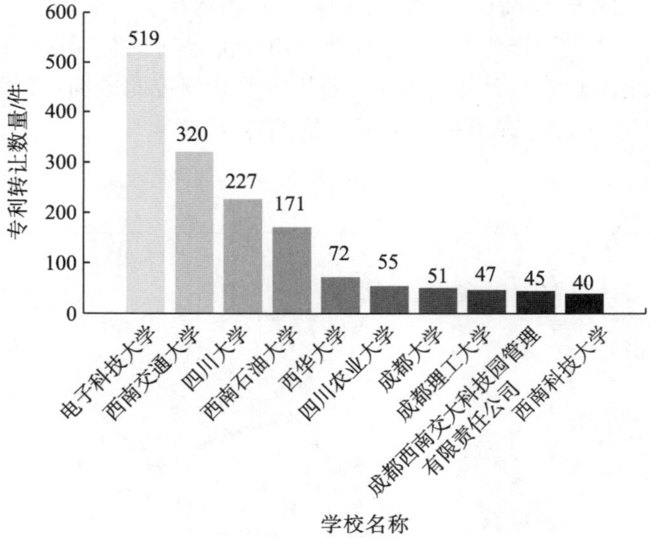

图 5-10 四川省普通高校专利转让数量前十名

① 本书所用技术领域分类参考 WIPO 颁布的《IPC 技术对照表》，https://view.officeapps.live.com/op/view.aspx?src=https%3A%2F%2Fwww.wipo.int%2Fipstats%2Fen%2Fstatistics%2Fpatents%2Fxls%2Fipc_technology.xlsx&wdOrigin=BRowswLINK。

由图 5-10 可知，电子科技大学、西南交通大学、四川大学、西南石油大学的专利转让数量为四川省前四，2008～2018 年这四所高校的专利转让数量占四川省普通高校总数的 61.06%。在专利转让数量前十的高校中，西南交通大学、四川大学、西南科技大学、四川农业大学、成都理工大学、成都大学为 2016 年四川省职务发明权属混合所有制改革试点单位[①]。

2）改革试点对高等院校专利状况的影响

为进一步分析 2016 年试点改革对试点单位专利状况产生的影响，本书对四川省专利申请数量、转让数量、价值度排行最高的六所普通高校分组进行分析，其中西南交通大学、四川大学、四川农业大学为改革试点组，电子科技大学、西南石油大学、西华大学为对照组。

图 5-11 显示，在专利申请数量和公开数量上，试点组和对照组趋势基本一致。进一步分析专利转让趋势如图 5-12 所示。

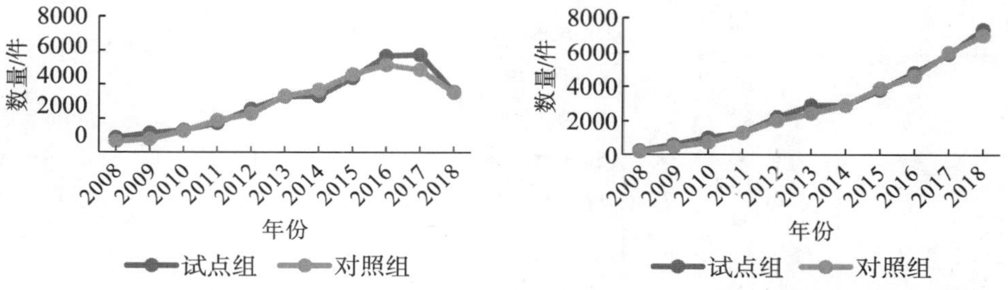

(a)专利申请数量　　(b)专利公开数量

图 5-11　部分试点改革高校与未改革高校专利申请与公开数量

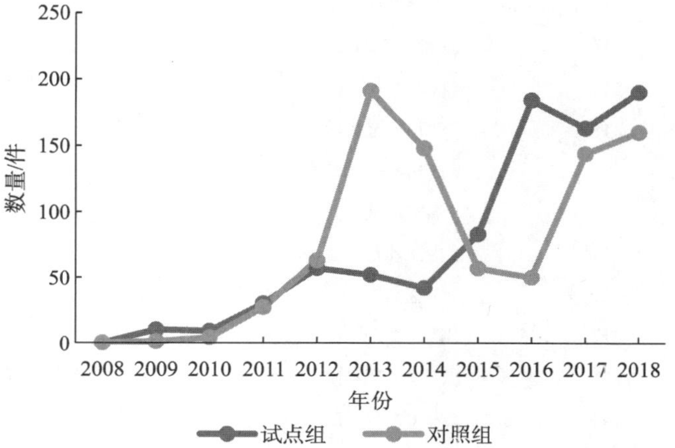

图 5-12　部分试点改革高校与未改革高校专利转让数量

图 5-12 显示，在高校专利转让数量上，试点组和对照组在 2012 年以前的趋势大体一

① 2016 年《四川省职务科技成果权属混合所有制改革试点实施方案》中，试点高校为四川大学、西南交通大学、四川农业大学、成都中医药大学、西南科技大学、成都理工大学、成都信息工程大学、成都大学、四川轻化工大学、攀枝花学院。

致，专利转让数量均较低，高校专利国有资产化使得高校专利转让难以开展；2012～2017年，两组数量以2015年为界形成强烈反差：2015年以前试点组转让数量远低于对照组；2015年时两组转让数量差距缩小；2016～2017年，试点组转让数量远超对照组；2017～2018年两组数据又开始趋近。

本节所采专利数据统计对象见表5-3。

表5-3 本节专利数据统计对象

主管部门	层次	序号	学校名称	所在地	备注
中央部委直属	本科	1	四川大学	成都市	2016年试点
		2	西南交通大学	成都市	2016年试点
		3	电子科技大学	成都市	
		4	中国民用航空飞行学院	德阳市	
		5	西南财经大学	成都市	
		6	西南民族大学	成都市	
地方所属	本科	7	西南石油大学	成都市	
		8	成都理工大学	成都市	2016年试点
		9	西南科技大学	绵阳市	2016年试点
		10	成都信息工程大学	成都市	2016年试点
		11	四川轻化工大学	自贡市	2016年试点
		12	西华大学	成都市	
		13	四川农业大学	雅安市	2016年试点
		14	西昌学院	凉山彝族自治州	
		15	西南医科大学	泸州市	
		16	成都中医药大学	成都市	2016年试点
		17	川北医学院	南充市	
		18	四川师范大学	成都市	
		19	西华师范大学	南充市	
		20	绵阳师范学院	绵阳市	
		21	内江师范学院	内江市	
		22	宜宾学院	宜宾市	
		23	四川文理学院	达州市	
		24	阿坝师范学院	阿坝藏族羌族自治州	
		25	乐山师范学院	乐山市	
		26	成都体育学院	成都市	
		27	四川音乐学院	成都市	
		28	成都大学	成都市	2016年试点
		29	成都工业学院	成都市	
		30	攀枝花学院	攀枝花市	2016年试点
		31	四川旅游学院	成都市	

续表

主管部门	层次	序号	学校名称	所在地	备注
地方所属	本科	32	四川民族学院	甘孜藏族自治州	
		33	四川警察学院	泸州市	
		34	成都医学院	成都市	
		35	成都师范学院	成都市	

内容来源：四川省教育厅。

3. 基于双重差分的试点政策效果评价①

1）假设构建

区域创新竞争的多样性、政策创新边界的模糊性以及对国内高校科技成果转化现实难题的回应性是“职务科技成果混合所有制改革”的重要动因、支撑条件和合理性来源。而“政策试点”作为我国创新改革实践的重要方法，则顺理成章地成了实现“职务科技成果混合所有制改革”的合理形式。此外，2008 年版《中华人民共和国专利法》第六条所述“单位与发明人或者设计人订有合同，对申请专利的权利和专利权的归属进行约定的，从其约定”也为此项改革留下了法律实施空间。职务科技成果混合所有制最初源于西南交通大学科技园的实践，这一实践在我国高校科技成果既有的国有化管理体制基础上进行了突破，成功实现了科技成果的转化。四川省依循“自下而上”的政策试点路径，从此开始将改革扩大化。

(1) 产权结构。四川省实施高校职务科技成果混合所有制改革试点时，尝试通过给予发明人一定比例的成果产权，以高校与发明人共享产权的方式提高发明人转化其成果的积极性，进而推动科技成果的转化。知识产权是智力资本的核心部分，其基本属性是一种私权，而在国家法律与制度的干预下，高校的职务科技成果产权成为一种公权，这是中国知识产权本土化的特征。出于以成果转化推动创新和发展的目的，四川省的改革试点政策尝试通过对政策松绑以实行产权共有，体现对发明人创造性智力劳动价值的认可，发明人的专利权范围也将有所扩大。此外，对高校的产权管理制度松绑，将有利于成果的充分共享，校、企、政合作的“三重螺旋”创新模式将会得到推进。由此可以推测，四川省改革试点实施后，高校与多元创新主体共享产权的发明专利数量将会提高。由此，本书提出以下假设。

H1a：混合所有制改革会促使高校与职务发明人的共享产权专利数量提高。

H1b：混合所有制改革会促使高校与其他（包括发明人在内）主体的共享产权专利数量提高。

(2) 转化数量。在成果转化中进行产权激励以发挥发明人作用的做法在国内外已被广泛认可。知识产权激励理论认为，将专利权授予发明人和作者的制度，可以激励知识产品的产出。职务科技成果混合所有制的预设机制即产权激励机制，旨在通过给予发明人一定的成果权属，并让其事前确认自己可获得转化收益，进而提高发明人成果转化的自主性，

① 本部分内容已发表，详见刘鑫，李婷婷，陈光. 职务发明权属“混合所有制”政策试点起作用了吗？[J]. 科学学研究，2020，38(7)：1197-1206.

推进成果转化。由产权共享推动高校科技成果转化的逻辑在于，首先让试点高校开放更多专利存量，实现转化；其次通过事前虚拟化产权分割的方式，确保发明人在成果转化后得到物质激励，发明成果与发明人形成利益联结，促使发明人参与成果转化；最后确认发明人对成果的所有权，能够使发明人具有一定的自主成果转化权，其可以通过一般许可等方式自行转化成果，减少成果转化过程中的束缚。然而，知识的迁移，尤其是隐性知识的迁移有其特点，四川省职务科技成果混合所有制改革是否能在高校科技成果转化中起到正向作用呢？为此，本书以政策的制定初衷为出发点提出以下假设。

H2：混合所有制改革会提升试点高校的成果转让和许可数量。

(3)专利数量。专利数量是衡量科技能力与成果的基本指标，具有时间连续性，在对各国高校职务发明权属改革效果检验的研究中，专利数量是检验改革效果的基本指标，在我国高校职务发明权属改革过程中也可以将其作为一个基本检验指标。但如前所述，各国在检验不同所有权下的专利申请数量时，所得结果不尽相同。基于我国高校职务发明权属改革的特点与我国对政策创新成果的追求，职务科技成果混合所有制改革的最终导向是实现科技领域的创新，即改革除了实现既有成果的转化，其成效也应体现在新增成果产出中。为此，本书提出以下假设。

H3a：混合所有制改革会激励发明人进行创新创造，提高发明专利申请数量。

H3b：混合所有制改革会激励发明人进行创新创造，提高发明专利公开数量。

(4)专利质量。Jiang 等(2019)通过中美对比研究，认为中国若要在联合申请专利中获得更高质量的收益，需要建立将专利所有权分配给发明者相关的激励制度。在职务科技成果混合所有制改革的政策设计中，产权共享的方式可能会促使更多高质量发明公开，同时也会促使高校发明人更加注重自己专利的质量和可应用性。那么，我国高校职务科技成果混合所有制在实现产权共有的同时，是否也提高了专利的质量？在衡量专利质量时，专利被引量、权利要求条款数量、同族数是基本指标，本书借鉴马天旗(2018)、万小丽(2009)等对以上基本指标的实证研究，将上述三个指标分别作用于表征专利的应用长度、保护范围和影响范围，由此提出以下假设。

H4a：混合所有制改革会提高试点高校的专利应用长度，即专利被引量增多。

H4b：混合所有制改革会扩大试点高校专利保护范围，即专利权利要求条款数量增多。

H4c：混合所有制改革会扩大试点高校专利影响范围，即专利同族数增多。

2)数据收集与模型建立

发明专利是描述高校职务科技成果最重要的指标之一，为验证正式开始于 2016 年的四川省职务科技成果混合所有制政策试点改革对高校的职务发明产权结构、转化数量与专利数量以及专利质量的影响，本书选取 2014～2018 年作为样本观察期，将四川省于 2016 年实施职务发明混合所有制改革政策时指定的 10 所试点高校作为实验组，将四川省内 2008～2018 年发明专利数量大于 30 件，且未成为混合所有制改革试点的 11 所高校作为对照组，由于本书研究范围仅限于高校，且科研院所有成果保密、自负盈亏等特点，故不考虑 2016 年同时成为改革试点单位的 10 家科研院所。本书样本高校名单见表 5-4。

表 5-4 样本高校名单

主管部门	实验组	对照组
教育部 (中国民用航空局)	四川大学、西南交通大学	电子科技大学、西南财经大学、中国民用航空飞行学院
四川省	四川农业大学、成都理工大学、成都信息工程大学、成都大学、西南科技大学、成都中医药大学、四川轻化工大学、攀枝花学院	西南石油大学、四川师范大学、西华大学、西华师范大学、西南医科大学、成都医学院、成都师范大学、成都工业学院

通过采用Incopat专利数据库以表5-4中样本高校为申请人进行检索，本书收集了2014年1月1日至2018年12月31日实验组高校的全部发明专利申请著录项，数据检索时间为2019年5月29日，共采集有效专利数据29400条。

(1)基本变量。为检验本书提出的假设，本书构建的基本变量见表5-5。

表 5-5 样本基本变量及编码

变量类别	变量名称	变量含义	编码	取值
核心解释变量	政策实施	改革前后(前 0，后 1)	time	(0，1)
	试点政策	试点政策(无 0，有 1)	poli	(0，1)
被解释变量	专利产权结构	高校与个人共同申请专利	app_per	总体
		高校与个人共有申请专利	app_corp	总体
		高校与多元主体共同拥有专利	pat_per	总体
		高校与多元主体共有申请专利	pat_corp	总体
	专利转化数量	发明专利转让及许可数量	transfer	总体
	专利申请数量	发明专利申请数量	apply0	总体
		发明专利公开数量	publish	总体
被解释变量	专利质量	发明专利被引量	cited	单项
		发明专利同族数	family	单项
		发明专利权利要求条款数量	right	单项
		合享价值度*	value	单项
控制变量	所在区域	成都市内或外(外 0，内 1)	area	(0，1)
	隶属部门	省属或部属(省属 0，部属 1)	domi	(0，1)

注：“*”表明指标中增加 Incopat 数据库的合享价值度，为专利质量提供价值参考。

(2)基本模型。基于自然实验的双重差分(difference in difference，DID)法是较为前沿的政策效应评估方法之一。在严格满足“准实验”与平行假设的前提下，采用该方法能通过个体与时间的固定效应而避免内生性问题，较显著地呈现政策实施前后的差别。自周黎安和陈烨(2005)首次将双重差分法引入我国进行农村税费试点改革效果评价后，国内运用此方法进行政策效果评估的研究越来越多。为验证职务科技成果混合所有制改革试点的政

策影响，本书假设 Y_{it} 是权属改革的直接效果，poli 是职务发明权属改革的虚拟变量，改革产生的因果效应为 $E\left(Y|\text{time}=1\right)-E(Y\mid\text{time}=0)$。进而设立本书假设模型：

$$Y_{it}=\beta_0+\beta_1\cdot\text{time}+\beta_2\cdot\text{poli}+\gamma\cdot\text{Treat}_{it}+\alpha_i+u_t+\varepsilon_{it}$$

式中，β_1 控制时间对两组的影响；β_2 控制实验组与对照组的区别；γ 为交叉项系数；time 是时间虚拟变量；Treat_{it} 是实验交互效果；α_i 是高校固定效应；u_t 是时间固定效应；ε_{it} 在模型中表示随机扰动项。

(3)数据描述。在数据预处理和变量筛选阶段，本书基于总样本 29400 条发明专利著录项数据，对 2014～2018 年各高校的专利申请均值化，获得这 5 年共 21 所高校的 110 个面板数据，各主要变量的描述性统计见表 5-6。

表 5-6 描述性统计

变量	含义	量	均值	中位数	标准差	最大值	最小值
time	改革前后	0	0.400	0	0.492	1	0
poli	试点政策	110	0.455	0	0.500	1	0
app-per	高校与个人共同申请专利	110	1.555	0	4.682	42	0
app-corp	高校与个人共有申请专利	110	15.37	4	27.18	175	0
pat-per	高校与多元主体共同拥有专利	110	7.991	0	21.13	142	0
pat- corp	高校与多元主体共有申请专利	110	22.47	9.500	31.85	175	0
transfer	发明专利转让及许可数量	110	3.036	0	5.934	35	0
apply0	发明专利申请数量	110	264.3	83.50	457.9	2440	2
publish	发明专利公开数量	110	244.5	77.50	413.8	2445	1
cited	发明专利被引量	29400	0.533	0	1.655	40	0
family	发明专利同族数	29400	1.330	1	0.555	12	0
right	发明专利权利要求条款数量	29400	6.124	6	3.288	72	0
value	合享价值度	29400	6.151	6	1.527	10	1
area	高校所在区域	110	0.545	1	0.500	1	0
domi	高校隶属部门	110	0.227	0	0.421	1	0

3)数据结果与研究发现

(1)平行趋势检验。双重差分法的使用有严格的条件限制，其基本前提是满足自然实验的必备条件。在政策效果评估中，首先必须存在具有试点性质的政策冲击以区分实验组和对照组，其次必须存在政策实施前后的面板数据，最后，最为关键的前提条件是实验组和对照组在政策实施之前必须具有相同的发展趋势。为此，本书做出如下平行趋势检验。

①总体数据。如图 5-13 所示，在各变量中，已有专利的多元主体共同拥有(pat_per)、多元主体共有申请(pat_corp)、新专利申请(apply0)在政策试点的产生年份之后，数据在置信区间内均大于 0，表明 2016 年之后上述变量显著增大，满足平行趋势假设。而其他变量的显著变化则大多在 2017 年后体现，这可能是受专利公开时滞性的影响。

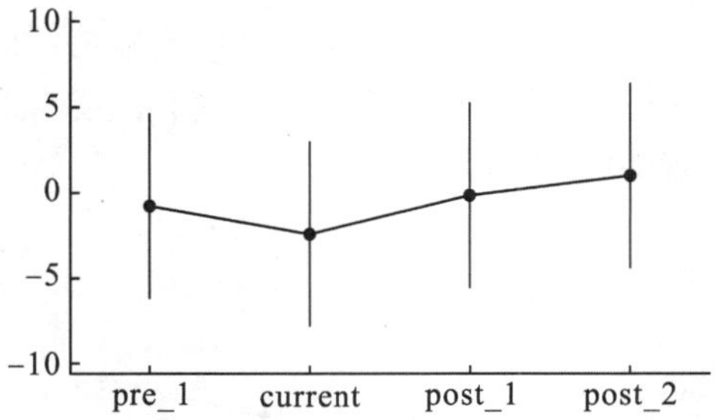

(a)高校与个人共同申请专利(app_per)
平行趋势检验图

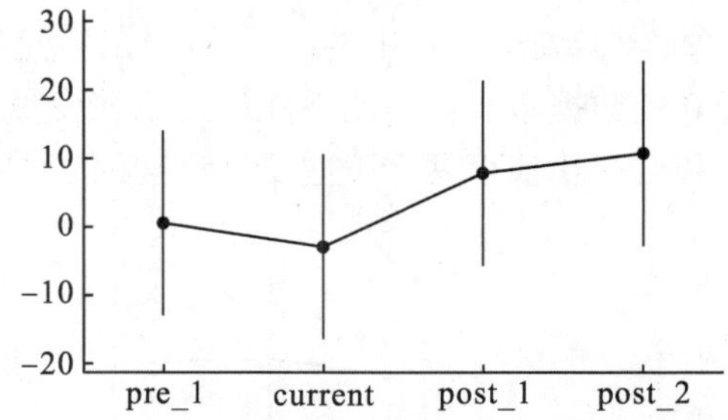

(b)高校与多元主体共同拥有专利(pat_per)
平行趋势检验图

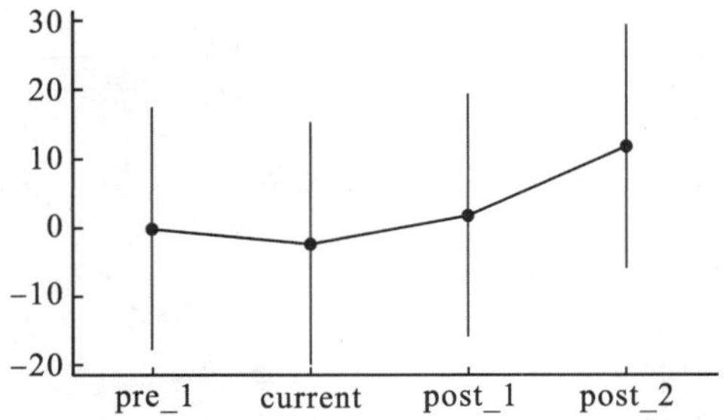

(c)高校与个人共有申请专利(app_corp)
平行趋势检验图

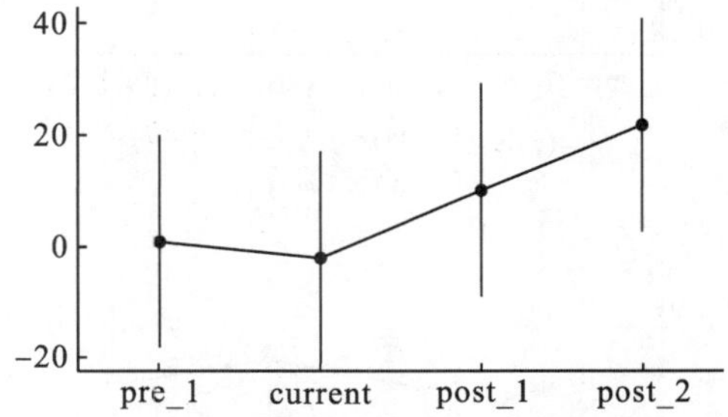

(d)高校与多元主体共有申请专利(pat_corp)
平行趋势检验图

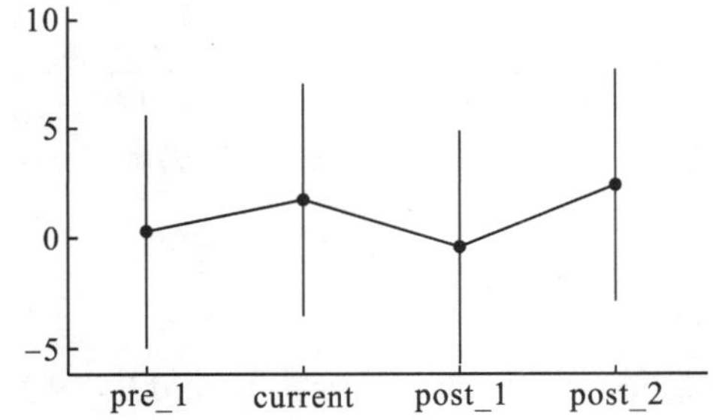

(e)发明专利转让及许可数量(transfer)
平行趋势检验图

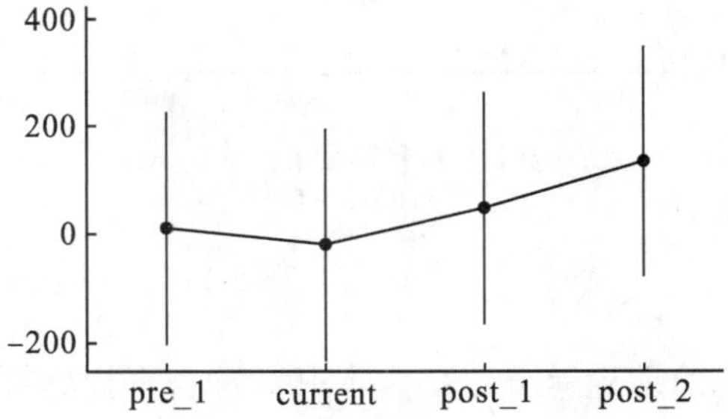

(f)发明专利申请数量(apply0)平行
趋势检验图

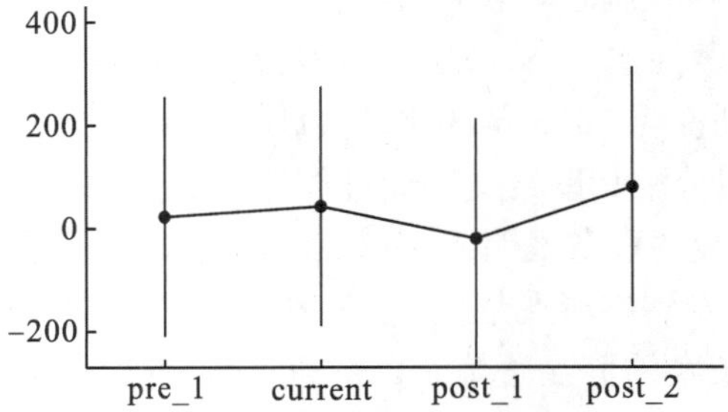

(g)发明专利公开数量(publish)平行
趋势检验图

图 5-13　总体数据的平行趋势检验图

注：prp_1 表示 2015 年，current 表示 2016 年，post_1 表示 2017 年，post_2 表示 2018 年。

②个体数据。如图 5-14 所示，在各变量中，政策试点产生的年份之后，置信区间内大于 0 的数据较少，因此不能认为这些变量满足平行趋势，但值得注意的是，发明专利被引量和合享价值度两个变量 2015 年后的数据在置信区间内大于 0。

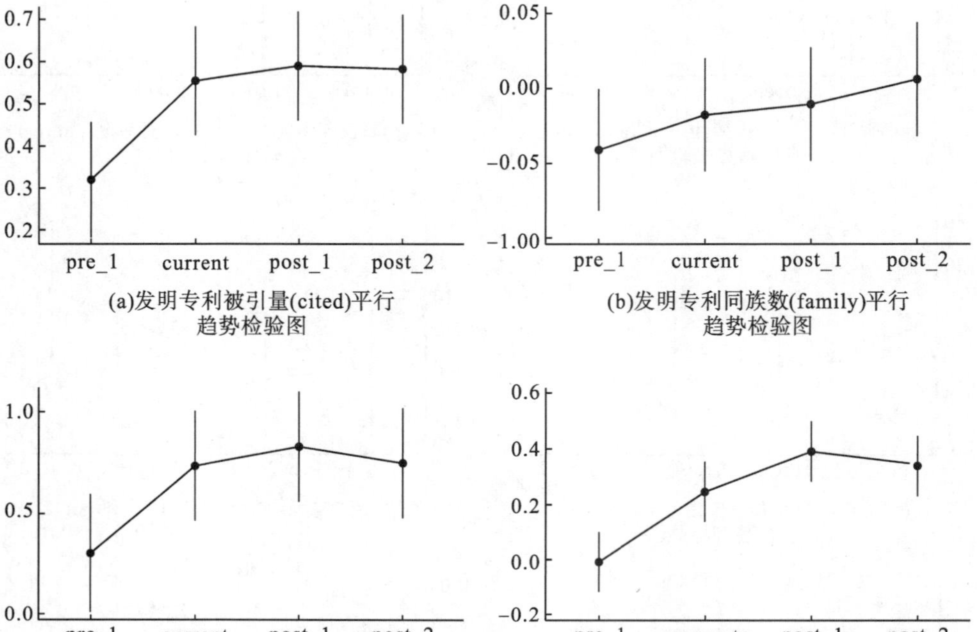

(a)发明专利被引量(cited)平行趋势检验图

(b)发明专利同族数(family)平行趋势检验图

(c)发明专利权利要求条款数量(right)平行趋势检验图

(d)合享价值度(value)平行趋势检验图

图 5-14　个体数据的平行趋势检验图

(2) 双重差分运用。本书对符合平行趋势的变量，运用 DID 法分析高校分别与个人、企业共同申请和共同拥有专利的情况，结果如下。

①总体数据。

由表 5-7 可以看出，在控制时间和高校个体固定效应后，从专利著录项的当前专利权人角度看，在 p=5%的显著性水平下，试点政策对高校分别与个体、企业共同拥有专利的数量有显著的正向影响。说明 2016 年四川省实施的职务科技成果混合所有制改革对四川省内高校既有专利的权属分配制度转变有促进作用。高校与企业、发明人等主体共享产权的专利数量增多，部分高校的职务发明人因试点政策而获得职务发明的专利权，由此 H1a、H1b 得到验证。然而，从专利申请人角度看，高校与职务发明人以及其他主体共同申请专利的数量并未因试点政策实施而显著增长。此外，专利转让数量、专利申请数量、公开数量虽呈正增长趋势，但不足以认为增长是试点政策引起的，因此，H2 和 H3a、H3b 均未得到验证。

表 5-7　总体数据双重差分检验

变量	app_per	pat_per	app_corp	pat_corp	transfer	apply0	publish
Treat	1.461	10.406**	7.767	16.358***	0.358	94.194	8.236
	-0.84	-2.36	-1.39	-2.71	-0.21	-1.37	-0.11
poli	-0.986	-4.735	2.149	-1.603	-2.145	-23.828	34.259
	(-0.34)	(-0.64)	-0.23	(-0.16)	(-0.75)	(-0.21)	-0.27
time	0.109	4.816	11.833**	15.883***	6.973***	230.730***	277.893***
	-0.07	-1.22	-2.37	-2.94	-4.58	-3.75	-4.16
domi	-2.067	70.267***	-6.4	65.733***	7.533	404.867*	309.667
	(-0.38)	-5.06	(-0.36)	-3.46	-1.41	-1.87	-1.32
area	1.267	1.133	-12.6	-11.533	1.467	16.733	56.533
	-0.31	-0.11	(-0.96)	(-0.81)	-0.37	-0.1	-0.32
family	0.002	0.002	0.002	0.003	0.002	0.091	0.105
	-1	-0.36	-0.27	-0.47	-1.02	-1.23	-1.31
Constant	-4.031	-5.967	7.272	2.678	-4.249	-187.767	-282.571
	(-0.66)	(-0.39)	-0.37	-0.13	(-0.71)	(-0.78)	(-1.08)
Observations	110	110	110	110	110	110	110
R-squared	0.317	0.782	0.79	0.821	0.59	0.888	0.838
YEAR FE	YES	YES	YES	YES	YES	YES	YES
CODE	YES	YES	YES	YES	YES	YES	YES
Adj_R2	0.104	0.714	0.724	0.765	0.462	0.853	0.787

注：***p<0.01，**p<0.05，*p<0.1。

②个体数据。本书忽略平行趋势对个体数据进行双重差分，结果显示(表 5-8)2016 年职务科技成果混合所有制改革实施以后，在 p=5%的显著性水平下，专利被引量和专利合享价值度均有所上升，因此 H4a 得到了验证。但由于专利被引量会随时间增长，统计结果并未排除时间的影响。虽然权利要求条款数量和同族数量呈增长趋势，但并不能认为增长是试点政策引起的，因此 H4b、H4c 并未得到验证。总体而言，四川省各高校的专利质量在政策实施后有所变化，但由该项政策试点带来的质量变化并不显著。

表 5-8　个体类数据双重差分检验

变量	cited	right	family	value
Treat	0.231***	0.098	0.002	0.187***
	(6.75)	(1.31)	(0.17)	(6.16)
poli	-0.214***	1.279***	-0.002	0.035
	(-8.20)	(22.35)	(-0.22)	(1.52)

续表

变量	cited	right	family	value
time	−2.524***	0.756***	−0.967***	−2.034***
	(−71.26)	(9.74)	(−91.50)	(−64.66)
domi	0.108***	−0.398***	0.010	0.158***
	(5.42)	(−9.13)	(1.61)	(8.92)
area	0.077***	−0.332***	0.070***	0.018
	(2.65)	(−5.22)	(8.12)	(0.69)
Constant	2.381***	5.556***	1.898***	7.161***
	(61.89)	(65.91)	(165.34)	(209.55)
Observations	29，399	29，399	29，399	29，399
R−squared	0.229	0.063	0.391	0.286
YEAR FE	YES	YES	YES	YES
Adj_R2	0.229	0.0624	0.391	0.286

注：***p<0.01，**p<0.05，*p<0.1。

4) 研究结论与政策启示

(1) 研究结论。基于上述双重差分的结果，本书得出以下研究结论。

第一，四川省试点政策对高校的产权结构产生了实质影响，政策效应主要体现在“存量”专利上。具体而言，四川省试点政策提升了当前专利权人的共有专利数量，但在专利申请人的共有方面改善并不显著。由此可见，试点政策主要作用于既有专利，而非新申请专利。对此，本书认为，既然成果转化的实现对象是既有专利成果，那么在试点政策实施的前提下，产权分割的实践风险必然将自动筛选出有转化价值的专利，实现多主体共享专利权，而政策对新申请专利的共享动机作用则相对较弱。

第二，试点政策虽改变了高校的产权结构，但并未明显带动高校专利数量与质量的提升。专利权的混合所有制与单位所有制一样，未如预期在高校专利申请数量上产生正效应，高校专利产出数量的影响因素有待进一步探究。而专利质量作为成果转化的重要基础，在试点政策实施后未见显著提升的原因，一是试点政策的执行仍停留在专利权混合所有的概念上；二是专利质量的提升并非一日之功；三是本书对专利质量指标的选取存在片面性，对质量提升的分析效果可能有一定影响。

第三，职务发明权属混合所有制改革模式对高校成果转化数量并未产生显著的正向作用。当前，四川省的职务发明权属混合所有制改革政策效果还停留在促进分割确权这一初级阶段，高校专利产权分割与成果转化之间尚存在断裂带，高校成果转化在专利相关法律上的许可权利仍然有限，高校间的成果资源和转化能力悬殊。这与试点政策的时滞效应、成果转化的客观进程与实践难度等不无关系，专利本身的技术成熟度、市场需求和金融支撑也是其重要影响因素。成果转化在专利数量上的不显著问题，或可在未来的研究中，通过添加成果转化的投资资金吸引力、孵化公司数、成果转化产品收益等作为指标加以检验。

(2) 政策启示。扩大社会与发明人群体的共赢空间，坚持公共利益的价值导向与尊重科研人员智力劳动价值相结合，应作为职务发明权属制度设计的出发点和落脚点。高校职务发明的“公私”之争应让步于社会创新发展的需求，旨在增进知识价值的同时体现个体价值。然而，关于职务科技成果公有化和私有化的讨论并未停止，其核心在于公有性质的底线。要防止产权分割到成果转化之间出现“只分割、不转化”的“灯下黑”地带，就要对虚拟化产权分割的最终走向做出判断，在高校科技成果产权的部分私有化过程中，明确“公有属性”底线和公共利益的可能实现机制和路径，实现公共利益与个体利益的平衡发展。

动态调试政策，使其与法律自洽，推动、完善试点政策的迭代，提高试点政策的系统性。当前法律和政策正在推动高校职务发明混合所有制在法理上的正当性。然而职务科技成果混合所有制实行的“产权分割”，与整体成果转化之间仍面临着一个因果关系缺失的问题：试点改革的行动起点即“混合所有制”，并不必然导致成果转化的提升，混合所有制的政策目标“促进高校科技成果转化”只是改革的间接性结果。成果转化作为政策改革的直接目标，其实现机制却是间接的，这导致政策与目标二者之间缺少桥接。为此，应强化政策配套“中间目标”的执行力度。这里的“中间目标”应具备可观察、可量化、与行动起点直接相关等特性，如实现专利质量与应用价值的提升。试点政策既要强调远景目标，又要通过可执行的“中间目标”加强试点政策的短期效益监控力度，通过多层次的配套政策、连贯的流程、成熟稳定的执行机制，分阶段实现政策的远景目标。

完善我国已有职务科技成果评估开发机制，以成果的“存量”开发带动“增量”的可持续和高质量发展。专利质量与价值评估直接影响着连接政策初衷与“混改”行动中间目标的实现，高校无形资产，尤其是技术资产的质量和价值如何衡量、由谁衡量，尚待进一步梳理。高校职务发明的质量和价值评估，不仅关乎当下已有成果的挖掘及其对经济社会发展的贡献度，也对未来的技术发展具有深刻影响，应当明确区分不同研究类型的社会贡献和价值，建立不同的评价体系。对存量成果的开发可以激励更多成果的披露和应用型成果的产出，但也应当警惕专利成果商业化过程中的实用导向，这可能对基础研究带来冲击。应用研究中的成果转化与基础研究的持续发展应相辅相成，不可偏废。

建立高校科技成果转化数据库，形成事实导向型的政策试点追踪和风险评估机制。当前我国的舆论环境在价值判断上对职务科技成果混合所有制改革寄予厚望，然而试点政策的实证评估结果与舆论期望之间仍有差距。舆论多对成功案例进行探讨，然而政策的目标在于对成果进行转化并带动创新发展，个案的成功与整体期望的实现尚有差距，因此职务科技成果混合所有制改革的普适性有待考证。职务科技成果混合所有制改革旨在实现更多专利成果的转化，但改革成效尚未凸显。一方面，成果转化的时滞性启发我们应及时对成果转化的过程予以追踪；另一方面，科技成果转化本身具有风险和不确定性，试点政策亦然。要实现成功的转化，必须基于个体成功案例考量其改革模式是否具备在各地普遍开展的条件。因此，基于事实数据的试点政策跟踪，在职务发明权属改革乃至我国各领域的试点政策研究中都不可或缺，在政策出台与实施过程中，应当完善和强化试点政策风险评估机制。

改革试点工作开展至 2017 年 9 月，西南交通大学已经完成 168 项知识产权的确权，其中专利 149 项、软件著作权 17 项、专有技术 2 项，占学校专利总数的 12%；通过职务科技成果混合所有制相关政策成立了 9 家高科技创业公司。四川农业大学审定品种 324 个，植物新品种 37 个，发明专利 507 项、实用新型专利 1382 项、外观专利 646 项，已能在成都市全域转化的科技成果 120 余个，正在研发且适合在成都转化的项目 70 余个，涉及畜牧兽医、粮油经作、园林花卉、果蔬茶叶、土壤保护、生态建设等多个领域。截至 2019 年 5 月，成都理工大学已收到 11 项专利进行确权分割的申请，其中有 1 项发明专利确权完成后，已经完成了转化。2019 年，四川轻化工大学有 8 个项目在大学科技园进行孵化；攀枝花学院试点后，截止 2021 年末，申请的专利总数达 300 多项，能采用混合所有制分割确权的有 50～60 项，西南科技大学有 7 项发明专利已经进行成果转化并得到许可。而科研院所在试点政策下的工作集中在对已有职务科技成果进行梳理，对新老成果进行划分，不再对 2017 年以前的职务科技成果进行确权，对 2017 年以后的职务科技成果实行“先确权，后转化”措施，因此具体的确权数量变化并不是很明显，同时由于单位属性的限制，其发明成果总数也不多。西南交通大学“磁浮二代”工程样车在不到一年的时间内完成了设计、制造、调试、下线，其采用的“同相供电技术”合同签约超过 1 亿元。2017 年 9 月 27 日四川大学生物医药重大科技成果转化项目签约，抗肿瘤药物、基因治疗技术等 7 项成果转化作价 3.6 亿元，3 家相关企业共投资 8 亿元以推进成果产业化，相关成果研发团队根据《四川大学科技成果转化行动计划(试行)》规定，将获得价值约 3.2 亿元的股权。

2017 年 9 月 19 日成都市科技成果“三权”改革联盟正式成立。各试点单位将成果转化确权等作为工作的核心内容，并于后期不断完善其配套工作，特别是作为试点的几所高等院校，将此次科技成果混合所有制改革工作与学校其他工作充分结合。例如，四川大学在确权改革后，针对各成果在四川省内的转化，鼓励教师以分期付款等方式买断学校的那部分权属；改革校内的考核评价体系，制定支持创新创业的人事制度，规范科研人员的兼职和离岗创业行为；以科研市场化导向为原则，深化校企合作，推进市场需求与研发工作的对接；加强高校与地方政府的合作，与学校“双创”建设、“双一流”大学建设等计划相结合。四川农业大学组建了果蔬研究所、食品加工与安全研究所等 10 个专业研究所，扩大专职科研人员编制并为相关人员发放坐班津贴，采取固定编制、流动编制与聘任科研(财务)助理相结合等办法，让更多的教师有充足精力从事科学研究与成果推广转化工作。

从表 5-9 中可以明显看出，目前大部分试点高校在设置相应的组织机构、制定试点方案、确定收益分配方案之后，都取得了一定的成效，进展比较顺利。而科研院所的试点相关工作开展并不十分顺畅，部分院所成立了改革工作领导小组，并根据对《四川省职务科技成果权属混合所有制改革试点实施方案》的学习、解读情况制定了试点方案，其中一部分院所也制定了相应的收益分配方案。但科研院所相关工作的实际操作难度较大，试点方案很难落地，还未看到明显的改革成效。

表 5-9　部分试点单位工作开展进度情况

试点单位名称	已有机构设置	已有试点方案	已有收益分配方案	已有确权成果
西南交通大学	★	★	★	★
四川大学	★	★	★	★
四川农业大学	★	★	★	★
成都中医药大学	★	★		

续表

试点单位名称	已有机构设置	已有试点方案	已有收益分配方案	已有确权成果
成都理工大学	★	★	★	★
四川轻化工大学	★	★	★	
攀枝花学院	★	★	★	★
西南科技大学	★	★	★	★
四川省科学技术信息研究所	☆ （工作领导小组）	★		
四川省自然资源研究院	★	★	★	
四川省草原科学研究院			★	
四川省原子能研究院	☆ （工作领导小组）	★	★	
四川省中医药科学院		★	★	
四川省农业机械研究设计院	★	★	★	
四川省食品发酵工业研究设计院		☆ （草拟方案）		

注：★表示此项工作全部完成，☆表示此项工作仅部分完成。

5.1.4　四川改革试点的主要经验与启示

1. 解放思想，尊重和确认知识生产者的劳动价值

人类社会进入以颠覆性创新为重要特征的第三次工业革命发展阶段后，知识成为经济发展的首要资源，对社会经济发展起着巨大作用。但必须清楚地认识到，知识本身不能创造价值，而仅仅是产生价值的重要条件，知识劳动者才是价值创造的主体。马克思在阐述劳动力价值和知识价值关系时就特别强调，“对脑力劳动的产物即科学的估价，总是比它的价值低得多，因为科学再生产的必要劳动时间，同最初生产科学所需要的劳动时间是无法相比的。”在新的知识经济时代，劳动出现知识化、智能化、数据化、复杂化等特点，复杂劳动在价值创造中所占的比重越来越大，由复杂劳动驱动的创新成为现代社会价值创造的决定性力量。价值创造主体不再是科技知识，而是知识劳动者、脑力劳动者。在职务科技成果的发明和形成过程中，已有知识和单位物质技术条件固然起到了不可忽视的作用，然而人才是创新过程中最活跃且不可替代的因素，因此职务科技成果产生价值的最重要源泉在于发明人的复杂脑力劳动、创造性劳动。在当今日趋智能化、复杂化，技术生命周期越来越短的技术进化过程中，职务科技成果能否取得重大突破，更是取决于科技创新人才的创造性劳动成效。

习近平总书记明确提出：“我们必须把创新作为引领发展的第一动力。把人才作为支撑发展的第一资源，把创新摆在国家发展全局的核心位置。”①新时期的中国，要实现从追赶到引领的发展，就必须充分解放思想，全方位确认知识生产者的劳动价值，根据知识生产者对经济作出的巨大贡献，给予与其劳动价值贡献相匹配的报酬，一方面是对科技人

① 选自《在党的十八届五中全会第二次全体会议上的讲话(节选)》(2015 年 10 月 29 日)，《求是》杂志 2016 年第 1 期。

员从事高度艰辛的复杂劳动、付出了巨大劳动代价之后所给予的经济回报；另一方面是鼓励更多的科技工作者在本职岗位上作出更大的创造性成果，为社会经济服务，以充分体现知识的作用。职务科技成果混合所有制改革，从根本上而言是对创新过程中创造性劳动的承认与肯定和对创造性人才的重视与尊重。只有让发明人在职务科技成果中享有应用的成果权利，才能通过所有权的配置给予科技创新人才稳定的预期，从高质量创新成果的大量产出、创新成果的主动披露发布、创新成果的及时有效转化等方面给予发明人和科技创新人才足够激励，进一步调动和发挥科技创新人才积极性，为科技发展和社会进步提供源源不断的创新动力，有效实现“驱动创新”，并在此基础上实现创新驱动。

2. 全省试点，将其作为全面创新改革试验区建设内容组织推进

四川省委、省政府要求试点工作必须坚持重点突破原则，聚焦产权改革，先行先试，力争形成可复制、可推广的政策措施；坚持政策落地原则，强化“三权”政策落实，打通政策执行中的“堵点”，建立职务科技成果处置管理的有效方式，推动科技成果向现实生产力转化。必须实现“一年试点突破”，在 2017 年率先形成一批改革举措并逐步扩大试点范围；“两年推广总结”，在 2018 年初步建立职务科技成果产权归属的有效机制，向全国提供可复制、可推广的经验。

在协同推进方面，各相关部门必须统筹谋划、系统部署。要求省级部门根据职责和任务分工，加强政策、资源统筹，建立协同推进机制，形成科技和知识产权部门、行业部门、社会团体等紧密配合、协同推进的工作格局，以强化改革试点工作的组织保障；试点单位必须结合实际，将试点工作列为本单位重点工作，建立健全领导机制，积极创造条件、扎实推进，精心制定具体实施方案，明确具体任务、时间节点以及可检验的成果形式，形成协同推进的局面；四川省科技厅及有关部门，必须严格组织对试点单位进行年度检查和评估，及时发现和解决问题，宣传和推广典型经验，按试点工作成熟程度及分类，提出重大改革举措的推广建议，将较为成熟的改革举措报省政府批准，以强化试点工作的推广及应用。

四川省委、省政府要求试点工作必须精心组织，扎实推进。在启动实施阶段，要着力推动和指导各试点单位结合自身实际和改革需求，积极研究制定改革试点工作推进方案并启动实施，试点单位的工作推进方案涉及三个方面，一是进一步完善职务科技成果归属机制，赋予科技人员科技成果所有权，建立健全职务科技成果产权的有效确权制度，具体来说，试点单位要建立健全科技成果转化的内部管理与奖惩制度、与成果完成人及团队通过约定分享职务科技成果产权的权利、进行职务科技成果产权归属分配、成果完成人可无偿获得试点单位拟放弃知识产权的职务科技成果；二是必须充分发挥收入分配政策的激励导向作用，使科技人员收入与其岗位职责、工作业绩、实际贡献紧密联系，让科技人员合理合法地实现“名利双收”，具体来说，成果完成人可按照所占职务科技成果产权份额取得相应的收益比例、试点单位可从成果转化收益中提取部分以对转化作出贡献的其他人员进行奖励、试点单位在转化中所获的收入无须上缴国库、完成人及相关人员的科技成果转化所获收益不受当年单位绩效工资总额限制；三是坚持完善职务科技成果转化制度，在使用处置、价值评估、作价入股、企业创办等方面形成针对性强、便于操作的实施细则，具体来说，试点单位应建立健全科技成果转移转化工作机制、试点单位自主决定职务科技成果

转让不需报备、试点单位领导在尽到义务并未谋取非法利益的前提下可免除因科技成果转化后续价值变化产生的决策责任、支持试点单位科技人员创办科技企业、科技人员以职务科技成果作价入股的情况无须报单位的主管部门审批。在深入实施阶段，针对改革试点推广过程中遇到的问题，要继续完善工作机制，解决突出问题，全面推进试点单位改革任务的实施。在总结评估阶段，必须组织开展督查，全面总结、系统梳理改革试点成效，开展阶段性评估总结，将成熟的改革举措在全省推广并向全国提供可复制、可推广的经验。

作为创新改革的新探索，四川省的高校职务科技成果混合所有制试点工作在产权制度的顶层设计、政策配套、操作细则方面进一步深化研究，形成了可推广、可示范的经验，积累了更加成熟的经验，为将改革举措上升为国家层面的政策奠定了基础。

3. 逐点突破，试点单位建立推进机制和管理措施

毋庸讳言，职务科技成果混合所有制改革也面临众多挑战。挑战之一是如何突破体制机制上的难点，从而全面建立推进机制，制定管理措施。在总结、研究试点单位职务科技成果混合所有制改革的新经验后发现，基于科技成果转化的基本目标，试点单位在机制建立等方面开展了具有针对性的创新实践，并取得了重要进展，为促进职务科技成果最终实现产业化奠定了基础。

首先，在组织保障方面，试点单位大多成立了专门机构以负责转化工作。如在西南交通大学，科学技术发展研究院主管全校科学技术研究工作和科技创新能力建设发展，负责学校科研活动的组织、管理和服务，而西南交大科技园负责科技成果转化、企业孵化和创新创业人才培养工作；西南交大产业集团负责学校经营性资产管理工作。四川农业大学不仅建立了科技成果转移转化重大事项领导班子集体决策制度、职务科技成果权属混合所有制及“三权”改革领导小组和科技成果转化改革工作办公室，以保障各相关职能部门根据职责和任务分工，密切配合、协同推进；还与成都市政府、温江区政府、成都市农林科学院、四川特驱投资集团有限公司联合成立成都都市现代农业产业技术研究院，共同开展科技成果使用、处置和收益管理的“三权”改革实践，探索职务科技成果混合所有制改革，共同推动农业科技成果“三权”改革实践，在科研经费使用、成果转让收益、推广转化岗位职称评审等方面，最大限度激发科研人员的积极性。

其次，试点单位纷纷出台有关确权的指导性文件，在制度上实现重点突破，明确改革方向。2017 年 1 月，西南交通大学印发《西南交通大学职务科技成果转化实施细则(试行)》，规范了职务科技成果的混合所有制度，详细规定了科技成果转让或许可流程、转化方式与流程以及作价投资流程等具体操作规程，着力保障了国有知识产权奖励前置的切实可行。四川大学出台了《四川大学科技成果转化行动计划(试行)》以深化科技成果“三权”改革为保障，提出了“科学确权，早期分割，权益共享，责任共担”的基本原则，允许对既有和新申请的知识产权进行分割确权，确保了产权对科技人员的长期激励。四川省科学技术信息研究所等单位也研究并制定了职务科技成果混合所有制改革实施方案，明确了职务科技成果产权奖励的条件、流程、方式和份额等内容。

此外，为保障政策落地，试点单位大多制定了针对混合所有制的支持、配套政策。从管理措施看，各试点单位在组织实施、分类管理等方面颇具创新意识。四川省中医药科学

院采取单位成果转化分类推进的管理措施，鼓励单位中的创新型团队采取最新模式进行探索。同时，积极对医药中心实施转化，鼓励其市场化运作。四川轻化工大学紧紧围绕促进科技成果转化的目标，学校从自身收益份额中拿出10%奖励中介机构和二级学院，着力发挥混合所有制的激励作用。四川大学制定了科学合理的精准分割确权评议流程，结合学科特点以及成果形成过程中所获财政资金和学校公共资源的使用情况，确定资源使用系数以及确权分割的程序、原则、流程。西南交通大学将科技成果处置权、收益权、分配权问题统一整合为知识产权归属问题，学校将自身所持科技成果权属的30%转让给学校全资公司，由全资公司作价投资，实施转化，且允许全资公司留取部分分红利用于维持公司的成果转化工作。作价入股的转化方式不仅不会造成国有资产的流失，而且有利于调动各方积极性。

混合所有制改革的真正意义不仅是新制度建立，还是符合条件、全面创新的体制机制升级改革，是科技成果转化发展的一个新阶段。试点单位探索并建设混合所有制改革推进机制和管理措施的各项举措，为混合所有制改革提供了有力支撑，是建立职务科技成果混合所有制的战略步骤和良好开端。

4. 破冰前行，“确权”工作与“三权”改革不断深入

“三权”改革指将科技成果的使用权、处置权和收益权全部下放给符合条件的项目承担单位。“确权”指单位与职务发明人就专利权的归属和申请专利的权利签订奖励协议，规定或约定按一定比例共享专利权，实际上就是将科技成果使用权、处置权、收益权问题统一为知识产权归属问题。“三权”改革是所有权改革的基础，所有权改革是更彻底的“三权”改革。《中共中央国务院关于深化体制机制改革加快实施创新驱动发展战略的若干意见》明确提出“将科技成果的使用权、处置权和收益权全部下放给符合条件的项目承担单位”。《中华人民共和国专利法》第六条第三款规定：“利用本单位的物质技术条件所完成的发明创造，单位与发明人或设计人订有合同，对申请专利的权利和专利权的归属进行约定的，从其约定。”这为发明成果混合所有制的实施留下了空间。《中华人民共和国促进科技成果转化法》第十八条明确规定，“研发机构、高等院校对其持有的科技成果可以自主决定转让、许可或者作价投资”。该条规定意味着将科技成果的处置权给了高校，因此该法案被称为中国版的“拜杜法案”。但其实施也遇到了制度困境，根据《教育部直属高等学校国有资产暂行管理办法》第二十四条规定：“高校经批准利用非货币资产进行对外投资，应当聘请具有相应资质的中介机构对拟投资资产进行评估，资产评估事项按规定履行备案或核准手续”，复杂的审批程序与《中华人民共和国促进科技成果转化法》中高校不需审批或者备案的规定相冲突。

以“西南交大九条”为例，其具有哪些突破点？第一，奖励前置。“西南交大九条”将《中华人民共和国促进科技成果转化法》中允许的转化后股权奖励变为国有知识产权前置奖励，实现了产权分割。奖励前置将促使发明者披露高质量发明，令其与市场需求的对接更加紧密。第二，三权合一，即使用权、处置权、收益权合一。将科技成果使用权、处置权、收益权问题统一为知识产权归属问题。将《中华人民共和国促进科技成果转化法》中规定的不低于50%的奖励，提高到70%。学校将所持科技成果30%的权属转让给学校下

属全资公司，由全资公司作价投资，实施转化，代表学校持有股份，待产生股份分红时，再向学校支付红利，允许全资公司留取部分红利用于公司的成果转化工作，奖励给该成果转化的相关管理服务团队。作价入股的转化方式不仅不会造成国有资产的流失，且有利于调动各方积极性。学校新出台的规定中，将科技成果与其他无形资产区分开来，这样做一是避免了实际操作中几乎不可能真正意义上执行的资产评估产生的障碍，二是合理合法地化解了《中华人民共和国促进科技成果转化法》与《教育部直属高等学校国有资产管理暂行办法》中关于国有资产对外投资报备规定的矛盾。

“先确权，后转化”有以下好处。第一，提高发明者的积极性。从激励角度看，该做法消除了不确定性和延迟性，极大地提高了发明者的积极性。第二，提高科技成果转化效率。根据科斯定律，不同的产权制度和法律制度会产生不同的资源配置效率，产权制度是决定经济效率的重要内生变量。第三，彻底解决可转化科技成果供给不足的问题。科技成果转化率低的问题备受关注，但可转化科技成果供给严重不足的现象则很少有人关注。在没有职务发明人产权保证的制度时，高校的大多数知识产权是发明人为了结题、报奖和职称晋升而申请的，并没有多少转化价值。职务科技成果混合所有制让发明人产生了明确的知识产权预期，可以鼓励职务发明人从立项到科研完成的全过程中培育成果的可转化价值属性，从而产生更多可转化的科技成果，改善科技成果供给侧结构，并挤出大量专利泡沫。第四，该做法对高校以后的申请专利工作具有引导作用。

5. 社会关注，国家媒体多次报道

职务科技成果混合所有制让职务发明人获得了科技成果“所有权”。这是一项具有制度创新意义的探索，在实践中已经产生了专利转化方面的明显成效，中央电视台等国家级媒体对此进行了大量报道。2016 年 5 月 21 日，中央电视台《新闻联播》节目以《科技成果确权自主创新提速》为题，报道了西南交通大学在加速科技成果转化上的新尝试和新实践。有关媒体人士评论，科技体制改革已进入“深水区”，西南交通大学尝试了科技领域的“小岗村改革”，这可能会打开我国科技体制改革的新局面。2016 年 10 月 5 日，《新闻联播》节目以《四川：机制创新促进高校科技成果转化》为题，报道了电子科技大学科技成果混合所有制实践以及四川省抓住人才和科研力量优势，创新体制机制，让高校科研成果快速转化，直接助力经济发展的做法。2016 年 12 月 11 日，中央电视台《新闻联播》节目播出了题为《四川：注入源头活水壮大优势产业》的报道，以西南交通大学教授戴光泽团队研发的动车接地装置成功产业化为例，再次肯定了“高校科技成果知识产权由发明人和学校共有”的制度。2017 年 5 月 30 日，《新闻联播》节目以《科技强国创新圆梦——我国科技界坚实推进科技改革发展》为题，对西南交通大学在国内率先开展职务科技成果权属混合所有制改革，加速科技成果转化进行了报道。《新闻联播》的 4 次报道体现了体制机制创新已成为驱动科技创新的重要力量。职务科技成果权属混合所有制改革打破体制机制障碍，积极打通从实验室到市场的高速公路，为推动我国科技创新，建设产学研合作发展之路提供了引擎。

除了《新闻联播》的持续报道外，职务科技成果混合所有制改革也引起了其他媒体的高度关注。2016 年 7 月 23 日，中央电视台财经频道《经济半小时》栏目聚焦西南交通大学，播出了《全面深化改革：西南交大的“小岗村试验”》专题报道，深度剖析了此项改革在对接国家战略、调动科技创新热情活力方面的重大意义。此外，《人民日报》《光明日报》《科技日报》《中国科学报》《中国青年报》《中国经营报》《中国新闻周刊》《凤凰周刊》等也先后多次对西南交大“先确权，后转化”的职务科技成果权属改革进行了报道，赞扬了西南交大直面困难、迎接挑战的勇气，肯定了此项改革对促进我国科技与经济深度融合、激发创新者动力和活力的积极意义。

在引发媒体关注的同时，改革工作也得到国家各部委和各省市相关部门的重视。从2017年2月国家知识产权局贺化副局长到西南交大调研职务科技成果混合所有制试点情况伊始，至2017年6月国务院办公厅调研组、中央纪委驻科技部纪检组、国家全面创新改革试验检查评估组、中国民主同盟上海市委课题组、黑龙江省科技厅、山东省知识产权局以及四川省科技厅、成都市科技局等先后到试点单位调研。值得一提的是2017年6月22日，湖北省武汉市东湖新技术开发区发布支持创新创业的新政策，其中就提出了开展科技成果所有权混合所有制改革的具体措施，做出了在汉高校院所按职务科技成果发明人（含发明人团队）占成果所有权70%以上的比例与高校院所共同申请知识产权的决定。由此举可以看出职务科技成果混合所有制的影响力正在进一步提升。

国家媒体的持续报道、国家部委和各省市相关部门的先后调研以及湖北省武汉市的重要举措，充分体现出职务科技成果权属改革的广泛影响，以及国家对科技发展制度创新的重视和支持。

6. 深入探索，理论和实践研究同步进行

四川省科技厅、省知识产权局于2017年初印发了《四川省职务科技成果权属混合所有制改革试点实施方案》，在全国范围内率先进行职务科技成果权属混合所有制改革试点。该方案中的试点单位包括四川大学、西南交通大学等10所高校，四川省中医药科学院、机械研究设计院等10个科研院所。该方案印发后，20个试点单位纷纷着手开展职务科技成果混合所有制的改革工作。在改革试点工作的开展过程中，为了了解改革工作的具体操作情况、理清实践环节中遇到的问题，同时也为了各试点单位能够相互交流经验与学习，2017年6月9日，四川省决策咨询委员会召开了“职务科技成果混合所有制改革试验进展与经验研究”课题座谈会。此次会议整体介绍了各单位改革试点工作的进展情况，并各自总结了丰富的经验。同时，根据各单位的反映，梳理了改革试点工作中的主要阻力，包括在经济层面上对智力劳动价值的认识不足、中介机构发展不全面；法律层面的政策法规互相矛盾、法律条文解读存疑；管理上的制度环境建设、激励机制有待完善等问题。因此可以看出，科技成果转化是一个所涉专业领域相当广泛的课题，需要从经济、法理、公共政策等多角度、多学科切入，进行综合探讨。改革试点工作要结合实际情况进行，进一步上升到理论研究。从经济领域出发，探讨知识生产者的劳动价值，并基于委托代理理论、不完全契约理论、产权理论等，分析职务发明所有权配置、科技成果转化激励机制等问题。在法律层面，则借鉴国外相关法律法规与实施办法，并与我国在职务科技成果转化方面的法律法规及政策进行对比、分析与总结，为我国相关法律条文的调整提供一定参考。从公共政策看，此次座谈会的目的是提炼高校职务科技成果混合所有制改革中体制机制上的创新与突破，提出进一步完善改革的配套政策和操作细则。因此，座谈会的课题以政策制定为切入点，对我国高校职务发明政策变迁进行梳理，同时将国外技术转移制度的经验与我国科技成果转化的实践情况结合，为制度建设与机制创新提供可借鉴的经验。

5.2　其他地区职务科技成果转化的制度创新进展

5.2.1　北京市在科技成果转化奖励上探索突破

《北京市促进科技成果转化条例》（以下简称《条例》）于 2019 年 6 月向社会公开征求意见。《条例》从成果权益、转化实施、政府支持和保障等各方面显示了北京在科技成果转化方面的制度突破。《条例》明确规定，科技成果转化收入留归科研成果完成人所在单位，其中有以下几方面值得关注。

1. 科研成果完成人可以自行实施成果转化

《条例》规定，政府设立的研究开发机构、高等院校对其持有的科技成果，可以自主决定实施转化，除涉及国家秘密、国家安全的成果外，不需要审批或者备案；可以自主决定是否进行资产评估。科技成果转化收入归本单位。

如果政府设立的研究开发机构、高等院校持有的职务科技成果具备转化条件，该单位应当积极组织实施转化或者在不变更权属的前提下，与科技成果完成人依法签订协议，由科技成果完成人实施转化；针对双方未能签订转化协议且单位未组织实施转化的成果，科技成果完成人可以自行实施或者与他人合作实施转化，所得收益归科技成果完成人。

《条例》的最大亮点是明确规定了职务发明人可以享有职务科技成果的全部或部分产权。研究开发机构、高等院校可以将其依法取得的职务科技成果的知识产权以及其他未形成知识产权的职务科技成果的使用、转让、投资、入股等权利，全部或者部分给予科技成果完成人，并同时约定双方的成果转化收益分配方式。但如果科技成果涉及国家安全、国家利益、重大社会公共利益，则不适用前款规定。

《条例》还明确规定了奖励报酬标准。除有约定外，对科技成果完成和转化做出重要贡献的人员可按如下标准给予奖励和报酬：将职务科技成果转让、许可他人实施的，可以从该项科技成果转让或者许可净收入中提取不低于 70%作为报酬；利用职务科技成果作价投资的，可以从该项科技成果形成的股份或者出资比例中提取不低于 70%作为报酬；自行实施或者与他人合作实施职务科技成果的，在成功投产后，从开始盈利的年度起连续五年内，每年可从该项科技成果实施的营业利润中提取不低于 5%作为报酬，五年奖励期限满后，可依据其他法律法规继续享有奖励或者报酬。

2. 科技成果转化成效将作为职称评审重要标准

《条例》将科技成果转化的经济和社会效益作为对科技人员专业技术职称评审、考核评价的重要依据，这与四川、湖北等省份的做法相同。《条例》还设置了“勤勉免责制度”，即高校院所相关负责人在根据法律、法规和本单位规章制度开展科技成果转化活动时，履行了民主决策、信息公示、合理注意和监督管理等勤勉尽责义务，且未牟取非法利益的，免除其在科技成果定价中因科技成果转化后续价值变化而产生的决策责任。北京市本地企业如果能承接重大创新项目的转化，参与产业关键共性技术的研究开发，形成重点新产品等，可享受财政资金资助、奖励、补贴、后补助等优惠待遇。

3. 科技成果转化人才可享受诸多优惠待遇

北京市政府设立成果转化专项资金，同时引导社会资金支持成果转化，并且以政府采购形式，促进科技成果转化。北京市政府应当制定科技成果转化人才培养和引进政策。对于本市引进的科技成果转化人才，相关行政部门应按照有关规定为其申办本市户籍提供支持，落实科技成果转化人才在住房、医疗保险、子女就学等方面的待遇。对于本市引进的外籍科技成果转化人才，市公安局、外国专家局等有关部门应当按照有关规定，在办理入境签证、居留许可和就业许可时简化程序、放宽条件、提供便利。

5.2.2 上海市围绕科创中心建设促进科技成果转化

自《中华人民共和国促进科技成果转化法》(2015 修正)出台以来，上海市响应中央决策部署，为加快建设具有全球影响力的科创中心，出台了一系列政策文件，在推进高校职务科技成果转化过程中也取得了丰富成果。

1. 政策文件

2015 年 5 月，上海市出台《上海加快科创中心建设 22 条意见》(以下简称“科创 22 条”)，其中明确提出推进科研院所更加深入地进行改革，将通过扩大科研院所管理自主权和个人科研课题选择权，探索研究成果体现科研人员劳动价值的收入分配机制。此外，允许高校和科研院所等事业单位科研人员在履行岗位职责的前提下，在科技创新型企业兼职兼薪。科研人员可保留人事关系离岗创业，在创业孵化期 5 年内返回原单位的，继续计算工龄，保留原聘专业技术职务。这一意见在流动机制和劳动分配机制上打开了科研人员发展的新窗口。

同年 7 月，上海市出台了《关于深化人才工作体制机制改革促进人才创新创业的实施意见》(以下简称“人才新政 20 条”)，将科研成果的相关权益下放给市属高校和科研院所。该意见在收益方面，引入科技成果的市场化定价机制，提倡自主定价或者市场化协议定价。研发团队或者个人的收益从原规定的 50%提高到 70%，鼓励科研人员在职离岗创业，并通过市场解决成果权益和收益两个核心问题。进一步调动研发团队和个人的科技创新积极性。

同年 11 月，针对“科创 22 条”中关于科技成果转化的方案，上海市政府出台《关于进一步促进科技成果转移转化的实施意见》，提出重视对科研和转化团队的激励，单位可先奖励团队，再由团队协商决定团队成员的收益分配方式和比例。在股权激励方面，针对高校和科研院所以科技成果作价入股的企业，该实施意见指出，要提高股权奖励的比重，该比重可超过 50%，用于股权奖励的激励额可超过成果完成后 3 年(不满 3 年的，计算已有年限)税后利润形成的净资产增值额的 17.5%。

2016 年 9 月，在“人才新政 20 条”的基础上，上海市委、市政府又发布了《关于进一步深化人才发展体制机制改革加快推进具有全球影响力的科技创新中心建设的实施意见》（以下简称“实施意见 30 条”），在强化人才创新创业激励机制方面，该意见推出的新政策包括：完善科技成果的使用、处置、收益管理制度；完善科技成果转移转化奖励机制，如高校、科研院所科技成果转移转化扣除其处置过程中的直接费用后，其净收入的 70%或以上可用于奖励个人和团队；落实促进科技成果转移转化的税收政策；建立有利于科技成果转移转化的工作机制；加大创新创业人才激励力度；进一步完善科研项目资金管理制度。

基于人才“解绑”与创新环境“激活”的政策支持，为促进和规范科技成果转化，上海市于 2017 年 4 月出台《上海市促进科技成果转化条例》。明确高校等单位具有对成果进行自主转化、自主定价、自主奖励的权利。高校等单位可以自主对其持有的科技成果决定采用转让、许可或作价投资的方式实施转化；可以通过协议定价、挂牌交易、许可或者作价投资的方式确定成果价格；可以规定或与成果完成人约定奖励与报酬的具体方式、数额及其实现方式。

2017 年 7 月，上海市出台《上海市促进科技成果转移转化行动方案(2017—2020)》，明确提出要“取得一批可复制、可推广、在全国具有示范意义的成果转化模式和体制机制改革成果”“形成国内科技成果转移转化的示范高地”，通过形成多部门促进科技成果转移转化的协同机制，激发研究开发机构、高等院校科技成果转移转化活力，鼓励企业开放式创新，主动承接和转化研发机构、高等院校具有实际应用价值的科技成果，建立开放共享的科技成果信息库等，促进科技成果，尤其是高校职务科技成果的落地转化。上海市的一系列政策营造了科技成果转移转化所需的政策环境，激励了创新人才，对科技成果转化过程中的政策障碍、产权问题以及激励问题，给出了相应的政策引导。

2019 年 3 月，上海市政府出台《关于进一步深化科技体制机制改革增强科技创新中心策源能力的意见》，进一步提出扩大高校、科研院所和医疗卫生机构等单位在科研活动中的选人用人、科研立项、成果处置、编制使用、职称评审、薪酬分配、设备采购、建设项目审批等自主权。明确提出“在不影响国家安全、国家利益和社会公共利益的前提下，探索开展赋予科研人员职务科技成果所有权或长期使用权的改革试点。允许单位和科研人员共享成果所有权，鼓励单位授予科研人员可转让的成果独占许可权。”

2. 高校进展

上海市已有多所市属高校成立了技术转移中心。针对我国高校未形成体系化、全链条技术转移服务体系、专业人员数量普遍不足、技术转移机构的运行机制单一、技术转移机构不具备自主权、专业化技术转移人才队伍尚未形成、技术转移机构的激励机制不够充分等问题，2018 年，上海交通大学、同济大学、华东理工大学、华东师范大学、上海理工大学、上海工程技术大学、中科院上海微系统研究所、上海化工研究院 8 所高校与科研院所被选为上海市科委首批技术转移服务机构示范单位，将持续得到后期补贴资金支持，建立健全组织化、市场化、专业化的机构，促进科技成果转移转化，并为上海市乃至全国的其他高校、科研院所的技术转移服务体系建设树立榜样。这些示范项目的核心，是建立技术转移机制、提升技术转移中心及其人才的地位。示范项目的基本前提，是得到高校和科研院所领导层的足够重视，并落实相应的资金、资源支撑和保障。示范项目的内容为对标国际知名技术转移机构，建立职务科技成果披露制度，完善技术转移服务人员的职称评定、收入分配等制度，形成体系化、全链条的科技成果管理体系。

3. 成功案例

上海市高校中，第一个采用"先投后奖"模式实现科技成果成功转化的是上海理工大学庄松林院士团队于 2016 年对"太赫兹"技术的作价投资，其具体做法是先将核心专利以无形资产的方式作价入股，注册公司，再经过校长办公会决议，将学校持股的无形资产中的 80%奖励给一线科研团队。当时，上海市的相关条例尚未出台，这个案例是市政府有关部门依据国家的促进科技成果转化法，结合地方实际情况，"摸着石头过河"，协力研究推进才取得成功的。

上海海事大学安博文教授团队研发的光纤传感技术成果成为《中华人民共和国促进科技成果转化法》(2015 修正)出台后，上海市第一个实现无形资产出资入股成功转化的高校案例。

复旦大学将抗肿瘤药物专利以不超过 6500 万美元的作价，许可美国 HUYA 公司行使该药物除中国(含港、澳、台)以外的全球范围内独家临床开发和市场销售的权利，同时，该团队研制的新药益母草碱(SCM-198，主要功效为活血化瘀、治疗心血管疾病)项目实现全球独家转让，转让价格高达 1.5 亿元人民币。

华东理工大学的抗体及疫苗高效工业化生产关键技术项目一期进展显著，上海市张江高新技术产业开发区管理委员会、上海市教委支持该技术项目落户张江高科技园区。

4. 上海在科技成果转化中的权属讨论

上海市在推动科技成果转化的过程中，主要通过单位自主运用处置权进行奖励，其中以入股分红、收益分成等为主要形式的成果转化收益是相关政策推行的核心。高校等单位具有成果转化自主权，但实际上发明人与单位共享专利权的探索并未得到践行。在 2019 年出台《关于进一步深化科技体制机制改革增强科技创新中心策源能力的意见》之前，上海市的科技成果转化从政府层面到高校层面都尚未实际产生改革实践。该意见出台以后，上海市内一些部属与市属高校，可能会进行职务科技成果混合所有制或单位长期下放成果使用权的改革探索。但鼓励赋予成果所有权的现行政策，以及现行法律规定权属归于单位相悖而产生的政策风险，决定了赋予发明人成果的长期使用权和独占许可权将会成为上海市职务科技成果转化主要尝试的方法。

5.2.3 湖北省的职务科技成果所有权改革

1. 萌芽阶段

1)政策措施

2008 年 6 月，湖北省人民政府印发《关于深化改革创新机制加速全省高新技术产业发展的实施意见(试行)》。文件中提出了推进职务科技成果转化的"四个 70%"政策：即高校、科研院所将职务科技成果转让他人实施的，可从技术转让所得的净收入中提取 70%用于奖励成果完成人；采用股份形式实施转化的，可将成果形成股权的 70%奖励给成果完成人；以横向课题结余经费出资入股或增资入股，该部分股权的 70%可奖励给课题组成员；纵向课题产生的职务科技成果，如果成果完成人在湖北省企业中进行成果转化，可享有该成果在企业中股权的 70%。

2) 进展成效

2008 年，湖北省新组建省级工程技术研究中心 13 个，校企共建研发中心 6 个，省级重点实验室 10 个，新获准国家级创新型试点企业 5 家。全省登记省级重大科技成果 802 项，全省专利申请量创下新高，达 21147 件，全省高新技术产业增加值达 1105 亿元。2012 年，湖北技术合同成交额突破 200 亿元。

2. 起始阶段

1) 政策措施

2013 年 12 月，湖北省政府出台《促进高校院所科技成果转化暂行办法》（以下简称"科技成果转化十条"）。文件中将研发成果的使用权、经营权、处置权和收益权赋予了科研团队，在高校、院所研发团队在鄂实施科技成果转化、转让的收益中，科研团队所得不得低于 70%，最高可达 99%。此外，该文件将科技成果的处置制度由"报批制"改为"备案制"。

2014 年 6 月，湖北省政府出台《湖北省高校院所科技成果转化资产处置与收益分配实施细则》。该细则第四条规定，按照"荣誉权归高校院所，知识产权归属研发团队"的原则，授予研发团队科技成果知识产权。该细则第五条进一步规定，科技成果转化的资产处置分为所有权转让、使用权许可、作价入股三种方式，具体方式由研发团队按照公开透明的原则自行确定。科技成果转化的资产处置合同由研发团队与受让方签订。处置合同签订后，研发团队将科技成果转化资产处置备案表、处置合同复印件报所在单位、行政主管部门和省财政厅各存档备案一份。

2016 年 7 月，湖北省发布《湖北省自主创新促进条例》。该条例规定，由国家或湖北省设立的高等院校、科研机构将科技成果以技术转让或者许可方式实施转化所得的净收入中，其研发团队可以分得不低于 70%；以作价投资实施转化所得的股份或者出资比例，其研发团队可以分得不低于 70%。另外，高等院校、科研机构利用财政性资金产生的科技成果，可以自主实施转化，除涉及国家安全、国家利益和重大社会公共利益的外，单位的主管部门和资产管理部门不须对其审批或者备案。

2) 进展成效

"科技成果转化十条"及其实施细则实施一年后，在鄂高校、科研院所出台相关细则 38 项，起草政策 24 项；新创办企业 243 家（此前历年累计 429 家），转化科技成果 853 项。其中，湖北工业大学实现科技成果转让、技术转移 375 项，产生收益达 1.42 亿元，并注册多家科技企业。武汉理工大学"复合精冲成型技术与装备"、武汉大学"可信软件的构造方法与技术"、华中农业大学"生物法制备大米多肽系列产品"等重大科技成果成功在湖北省实现了转化。520 多项科技成果在武汉市东湖高新区入园转化，科技研究人员、大学生的创业转化积极性空前高涨。

2014 年，湖北省登记科技成果 1778 项，比上年增长 9.6%；签订技术合同 21520 项，比上年增长 44.3%；技术合同成交额 601.74 亿元，比上年增长 43.6%。

2015 年，湖北省实现科技成果转移转化 1248 项。其中，49 项重大科技成果在省内首次实现商业化转化应用，获得创投 6.1 亿元。全省共登记科技成果 1813 项，登记技术合同 20411 项，技术合同成交额达到 770.46 亿元，比上年增长 28.03%。

3. 发展阶段

1）政策措施

2017 年 6 月，湖北省武汉市发布《武汉东湖新技术开发区支持创新创业发展新经济的政策清单》。清单中指出，开展科技成果所有权混合所有制改革，支持在汉高校、院所按职务科技成果发明人（含发明人团队）占成果所有权的 70%以上，与发明人共同申请知识产权，或按照科技成果发明人占成果所有权 70%以上的比例分割现有职务科技成果所有权，职务科技成果发明人对持有的成果可自主实施转化。这一分配方案与四川省的类似，但仍缺乏权属分配的具体原则和依据。

2）进展成效

至 2017 年，湖北省内高校、院所累计新出台相关政策细则 48 项，成功转化成果 948 项，创办相关企业 304 家，湖北省内共登记技术合同 24742 份，成交金额达到 1066 亿元，比上年增长 14.9%。科技成果转化成效明显，全省实施科技成果转化项目 1563 项，挖掘企业技术需求 2281 项。

3）经验做法

湖北省在职务科技成果权属改革方面进行了诸多探索，2017 年 6 月，湖北省武汉市发布《武汉东湖新技术开发区支持创新创业发展新经济的政策清单》，该清单明确规定湖北省武汉市的高校实行职务科技成果混合所有制改革，并提出了促进高校院所科技成果转化和技术转移的具体政策，包括对高校、院所科技成果实现向企业转移转化时，按照实际成交价的 3%给予职务科技成果完成人和为成果转化做出重要贡献的人员以补贴，每年每人最高不超过 50 万元；按照实际成交价的 5%给予受让该科技成果的企业以补贴，每年每家企业最高不超过 200 万元。对高校院所科技人员在职务科技成果转化中获得的收入所产生的市、区两级财力贡献，将该部分收入全额作为成果发明人的奖励。对年技术合同认定金额达到 100 万元、1000 万元、1 亿元的单位，分别给予 1 万元、3 万元、5 万元的奖励。

5.2.4 广东省构建科技成果转化的政策体系

1. 改革背景

2012 年，广东省在全国范围内首开地方性自主创新立法先河，出台《广东省自主创新促进条例》，率先以地方性法规的形式，明确规定科研人员可获得不低于其职务创新成果转让收入 30%的奖励。

2013 年，广东省科技成果与产业对接会在广州举行。此次对接会得到了广东省内外 50 所高校、科研院所和创新平台的热烈响应，共发布了 1264 项具有产业化前景的技术成果并实现了成果与企业的对接，成果涵盖高端新型电子信息、新材料、新能源、节能环保、半导体照明、生物医药等新兴战略性产业，以及石油化工、有色金属、机械、轻工等传统优势产业领域。

2015 年第十七届中国科协年会在广州召开，5 月 24 日上午，中国科学技术协会、广东省政府联合主办广东省党政领导与院士专家座谈会，指导广东省加强核心技术和关键产业共性技术攻关，通过深化产学研合作、多主体协同创新、申报课题等多种形式，促进广东省重大科技专项实施；指导、帮助广东省切实加强科技成果转化应用，积极推进支持广东省珠三角国家自主创新示范区建设，推动科技体制改革在广东省的先行先试，让院士与专家的优秀科技成果“落户在广东、转化在广东、见效在广东”。

2016 年 7 月 25～29 日，时任全国人大常委会副委员长严隽琪率执法检查组在广东省开展《中华人民共和国促进科技成果转化法》执法检查。26 日上午，执法检查组在广州召开座谈会，听取广东省政府、广州市政府及有关部门的汇报。

2. 政策措施

2012 年，广东在全国范围内首开地方性自主创新立法先河，出台《广东省自主创新促进条例》，营造了全省自主创新的良好法制环境，有力地促进了经济和社会发展。2016 年 3 月 31 日，广东省修改并通过了《广东省自主创新促进条例(修正案)》，共修正了 26 条内容。修正案提出了一系列重大突破政策，包括将人力资源成本费从原先最高不超过课题经费的 30%提高为 40%，其中软科学、社会科学研究项目、软件开发类项目将人力资源成本费的上限从 50%提高到 60%；明确提出创新成果转化奖励比例下限为 60%等。该修正案第三十三条明确规定了广东省财政性资金设立项目形成科技成果的知识产权归属，第三十一条明确规定了科技成果转化对发明人的奖励比例。

2012 年广东省教育厅发布了《关于普通高校产学研结合示范基地和科技成果转化项目的管理办法》。其目的是加强广东省普通高校产学研结合示范基地和科技成果转化项目的规范化管理，保证项目的顺利实施和经费的有效使用。

2013 年 7 月，为充分调动高等院校、科研院所以及社会力量参与广东省前孵化器建设工作，营造良好的创新创业环境，推动科技成果产业化，广东省人民政府就大力发展前孵化器有关工作提出以下指导目标：积极整合和引导各种社会资源参与，争取在 1～2 年内建设 10 个以上前孵化器试点，催生 500 家创新型科技企业，成功转化 2000 项科研成果，培养 10000 名创新型人才，探索出一条加快广东省科研成果转化、低成本催生创新型企业的有效路径。

广东省探索成果收益分配制度创新，鼓励探索房租转股权等新型投资模式，鼓励高等院校、科研院所与事业单位科研人员的发明成果在前孵化器转化，成果所得净收益的至少 70%划归科技人员及其团队所有。高等院校、科研机构以职务创新成果出资入股的成果，其职务创新成果完成人及为其转化做出贡献的人员可以享有不低于该项成果入股时作价金额 30%的股份。

2015 年，广东省推出《广东省人民政府关于加快科技创新的若干政策意见》，该意见共 12 条政策，其中多项重大创新政策是在国内首次进行探索实施。该意见规定了赋予高等院校、科研机构对科技成果的自主处置权。该意见明确规定，除涉及国家安全、国家利益和重大社会公共利益外，赋予高等学校、科研机构科技成果自主处置权，可自主决定科技成果的实施、转让、对外投资和实施许可等科技成果转化事项。

2015 年 7 月，广东省人民政府出台《广东省经营性领域技术入股改革实施方案》，其中第三条和第四条专门针对职务科技成果改革。第三条“改革科技成果类无形资产处置方式”规定，高等院校和科研院所可自主决定对其持有的科技成果采取技术入股方式开展转移转化活动，有关主管部门和财政部门对高等院校和科研院所科技成果的使用、处置和收益分配不再进行审批或备案。涉及国家安全、国家利益和重大社会公共利益的科技成果技术入股，严格按相关法律法规规定实施。第四条“深化收益分配及激励制度改革”规定，高等院校和科研院所以科技成果作价入股的企业，应从该科技成果技术入股股权或收益中提取不低于 50%的比例，分配给高等院校或科研院所的科研负责人、骨干技术人员等重要贡献人员。科技人员所获科技成果技术入股奖励股权权属授予个人所有。高等院校和科研院所科技成果技术入股收益在完成重要贡献人员的股权收益分配后，留归单位的部分，纳入单位预算实行统一管理，处置收入不上缴国库，可用于奖励从事基础研究的科研人员。科技成果技术入股所获收益用于人员激励的支出部分，暂不纳入绩效工资管理。

2016 年 11 月 8 日，广东省为贯彻落实《中华人民共和国促进科技成果转化法》《国务院关于印发实施〈中华人民共和国促进科技成果转化法〉若干规定的通知》(国发〔2016〕16 号)《国务院办公厅关于印发促进科技成果转移转化行动方案的通知》(国办发〔2016〕28 号)精神，加快推动科技成果转化为现实生产力，提出以下实施意见：加强科技成果信息交汇与发布、推进科技成果转移转化载体建设、产学研协同推动科技成果转移转化、大力发展创新创业孵化平台、建设科技成果转移转化人才队伍、大力推动地方科技成果转移转化、完善促进科技成果转移转化的激励机制与保障措施。

基于 2004 年国务院发布的《关于第三批取消和调整行政审批项目的决定》(国发〔2004〕16 号)，规定改变科技成果鉴定管理方式，不再对其进行行政审批，由行业组织或中介机构实行自律管理。2016 年 11 月，广东省科技厅印发了《广东省科学技术厅关于取消科技成果鉴定业务的通知》(粤科函管字〔2016〕1891 号)。

2017 年 3 月，广东省将对发明人的成果转化奖励比例下限由 30%调高至 60%，并出台《广东省促进科技成果转化条例》，广东科技成果转化工作自此进入法制化新阶段。

2018 年 3 月，广东省科技厅、财政厅印发《广东省科学技术厅广东省财政厅关于科技企业孵化器、众创空间后补助试行办法(修订)》。

2018 年 4 月，广东省为了帮助孵化器转型升级，针对高校采取了以下措施：推动高校、院所的专业化孵化器建设。高校、院所拥有更多的科研人员和科技成果，这些人员的转化和创业行为有利于形成一股强大的力量。实际上这就是源头创新和转化生态的一部分。

2018 年 6 月，财政部、税务总局和科技部联合发布《关于科技人员取得职务科技成果转化现金奖励有关个人所得税政策的通知》，规定自 2018 年 7 月 1 日起，依法批准非营利性研究开发机构和高等学校根据《中华人民共和国促进科技成果转化法》的规定，从职务科技成果转化收入中给予科研人员的现金奖励，可按减免 50%的标准计入科技人员当月“工资、薪金所得”，并依法缴纳个人所得税。从此，职务科技成果转化的现金奖励可享个税优惠。

2018 年 8 月 22 日，广东省政府发布《广东省人民政府关于强化实施创新驱动发展战略进一步推进大众创业万众创新深入发展的实施意见》。其中指出建立全省统一的科技成果信息公开平台，培育、建设一批产学研与知识产权服务协同式高价值专利培育中心，扶持各类创新中心开展高质量专利培育工作。

2019 年 1 月，广东省政府出台了“科创 12 条”，即以广东省政府 2019 年 1 号文件发布的《关于进一步促进科技创新的若干政策措施》，该文件的出台有利于广东更好发挥科技创新的引领作用、实现经济高质量发展。“科创 12 条”中比较鲜明地倡导深化改革，在破除体制机制障碍、最大限度释放和激发创新活力，以及经费使用、成果权属、科技评价、国资管理、科研组织模式、职称评价等方面提出了一系列改革力度较大的政策举措。

3. 典型做法

1) 惠州模式：建设粤港澳大湾区科技成果转化高地

2017 年 3 月，广东省科技厅联合教育部科技发展中心、广东省教育厅、惠州市政府、广东省产学研合作促进会，在惠州召开了全国高校产学研合作工作座谈会，北京大学、清华大学、香港中文大学、香港大学等 67 所高校齐聚一堂，共同探讨产学研合作的空间、瓶颈和解决之道。

2017 年 6 月，中国高校科技成果交易会在惠州举办，该会议以突出高校科技成果对接洽谈、促进交易为主要目标，立足广东、服务全国，推动一批高校自主知识产权的重大科研成果落地转化和产业化。该会议邀请了来自 200 多所国内和海外知名高校的多位院士、专家，以及各地企业家参加，组织展览展示、推介和交易项目约 10000 项，打造了中国高校与地方、行业产学研合作的公共服务和成果交易平台。据不完全统计，截至 2018 年底，广东省对高校学部、学院级产学研合作项目的累计财政投入为 50 亿元，带动地市级财政投入 200 多亿元，社会及企业投入 1000 多亿元，吸引全国 312 所高校、332 个科研机构集聚广东开展产学研合作，有效提升了广东科技创新能力。

2017 年，惠州实施了“科技企业孵化器倍增计划”，促进众创空间和孵化器迅速增量提质，实现了众创空间和孵化器在惠州各区县的全覆盖。仲恺高新区还大力发展了异地孵化器，打造“全球孵化+仲恺加速”的孵化育成模式，韵腾激光、极而峰工业等 22 家高科技企业进入了仲恺加速器。惠州陆续建成众创空间 28 家，孵化器 26 家，其中国家级众创空间 12 家，国家级孵化器 5 家，孵化场地面积 100.47 万平方米，当年毕业企业(企业对孵化器毕业的专门称呼) 119 家。2018 年，惠州还实施了“高企培育行动计划”，出台了《惠州市关于加快培育发展高新技术企业的实施意见》，通过宣传培训、孵化育成体系建设、专利布局、科技金融、专业化服务、落实税收优惠、发展科技服务业等措施，全方位扶持高新技术企业发展，推荐了两批共 562 家企业申报高新技术企业认定。围绕支柱产业和战略性新兴产业发展需求，惠州市通过企业组建、联合高校和科研院所共建、引进高端人才团队共建三种模式推进新型研发机构建设，累计认定新型研发机构 15 家，其中省级9家，打破了惠州市缺乏高端创新资源的局面①。

2)广州模式：打造科技创新生态要素资源富集地

2011年6月2日上午，广州市创建国家创新型城市大会暨科技奖励大会在广州市委礼堂召开，会上颁发了2009年度广州市科学技术奖。获奖的80个项目是从全市各区县科技主管单位、各委办局及科研院所推荐上报的181项科技成果中挑选出的。科技创新与经济社会发展紧密结合，支撑和引领作用明显增强：在80项广州市科学技术成果获奖项目中，大部分是应用研究与产业化项目，其中应用技术项目占总获奖数的3/4。产学研合作日益加强，获奖科技成果中，属产学研结合科技成果的有13项，属应用技术成果的有54项。所有获奖项目累计新增产值90亿元、新增利税35亿元、新创收外汇13亿美元，节支总额达4亿多元。

2015年5月11日，广州市组织召开了第一届中国(广州)创新科技成果交流会项目对接会，该交流会涉及新一代信息技术、新能源与节能环保、生物医药、新材料、机械及其他专业领域。同月，广州市成功举办了第一届中国(广州)创新科技成果交流会，675个单位参展，共展示了1100个创新科技成果项目。

2015年，广州市相继出台了《广州市促进科技成果转化实施办法》《广州市科技成果交易补助实施办法(试行)》《广州市科技创新券实施办法(试行)》等促进科技成果转化的政策文件，大力引进广州需要的创新成果和服务。比如，以徐国风作为学术带头人，冠昊生物组建了一支40余人的科研团队，团队人数占公司人员总数的1/5。在研发机制上，股权奖励凸显出冠昊生物对科研人员的重视。据介绍，科研人员如果能成功地将研发成果转化为产品，则可以得到5%的项目公司技术股权奖励。

2015年广州市拥有国家级技术转移服务机构12家，省级科技服务业百强企业(机构)58家，市级科技服务业示范企业56家。在搭建技术转移转化服务平台和机构时，广州也有着自己的步调和计划：首先，提升科技创新平台服务能力，引导创新研发平台接受企业委托开展技术研发和成果转化服务。其次，构建科技服务信息共享平台，依托广州市科技资源公共服务平台，整合科技成果转移转化、科技服务业企业创业孵化、大型科技仪器设备协作共享等资源；建立科技文献、科技专家库等信息资源，鼓励企业、高校和科研机构、科技服务机构、科技机构等积极参与信息共建共享，构建集科技成果储存与发布、信息咨询、评估、创业孵化、知识产权保护、交易、投资于一体的科技服务业信息共享平台，为创新创业提供对接服务。再次，支持成果转移转化机构建设，建设具有技术评估、成果推介、融资担保、知识产权等专业性和综合性职能的成果转移机构。最后，对符合条件的国家、省、市级科技成果转移转化机构提供市级财政科技资金资助。

4. 进展成效

近年，广东省的科技综合实力和自主创新能力不断提升，全省区域创新能力连续8年综合排名稳居全国第二，位列全国第一梯队。在广东这一科技大省、科技强省，2017年中国(东莞)国际科技合作周暨科研机构创新成果交易会首次举办科技成果专场拍卖会，

① 惠州市人民政府办公室，惠州科技企业孵化器达26家，http://m.people.cn/n4/2018/0319/c3522-10692980.html。

其间共拍卖 11 件科技成果专利，拍卖金额达 2507.8 万元，平均溢价率约 40%。

职务科技成果自主行使处置权、技术入股等政策，破除了原有的制度性障碍，打通了科技成果向生产力转化的通道。华南理工大学的“芳纶纸项目”技术成果合计作价 6600 余万元，彻底打破了国外公司的垄断；“甘油二酯”技术相关专利成果转化，预计转化后 5 年内形成 10 亿元以上的年销售额。暨南大学信息技术研究所投入 400 万元研发出“超展系统技术”，由于该领域技术更新换代快，其自身的市场推广和营销能力有限，亟需快速与社会资本、行业资源结合实现产业化，否则将错失占领行业前端的良机。该校以技术入股的方式，与广州粤铁科技有限公司等 3 家公司共同组建了北京天鉴视讯科技有限公司，用于承接成果转化和开拓市场。这样，暨南大学不但收回了前期研发成本，还将增值收益部分作价入股，占股 16%。香港科技大学霍英东研究院于 2007 年落地广州南沙区，已成为广州和香港两地科技研究成果转化的平台。该院先进材料研发部总监、香港青年学者吕冬独创的添加纳米工艺可同步提升整块塑料的强度与韧性。与此相关的研究论文已于 2007 年发表在全球高分子材料领域的顶尖杂志 *Polymer* 上。“科研的最终目的是转化为实际应用。”2015 年底，吕冬与研发无人船的珠海云洲智能科技股份有限公司合作，联合创建了一家专为无人驾驶系统生产超轻高强材料的公司，首年产值即达到数百万元。

本章参考文献

马天旗．2018. 高价值专利筛选．北京：知识产权出版社．

田红，阮琦，盛利．2016．“职务科技成果混合所有制”：科技成果转化的“西南交大试验”．科技日报, 2016-05-11.

万小丽. 2009．专利质量指标研究．武汉：华中科技大学．

周黎安，陈烨. 2005. 中国农村税费改革的政策效果：基于双重差分模型的估计. 经济研究，8：44-53.

Jiang R, Jefferson G，Zucker S, et al. 2019. The role of research and ownership collaboration in generating patent quality：China-US comparisons. China Ecouomic Review，DOI: 10.1016/j.chieco.2019.101336.

第 6 章　案例集成：来自改革一线的具体实践

自西南交通大学率先在国内启动和开展高校职务科技成果混合所有制改革以来，以西南交通大学、四川大学等为代表的高校进行不断探索和实践，并在职务科技成果确权、职务科技成果价值评估、技术转移转化和公司化运作等方面打造了一批典型案例，这些典型案例可为其他高校和地区的职务科技成果混合所有制改革提供有益的参考和借鉴。

6.1　职务科技成果确权的实践案例

在高校职务科技成果混合所有制改革过程中，西南交通大学率先出台《西南交通大学专利管理规定》（以下简称“西南交大九条”），四川大学也出台了《四川大学科技成果转化行动计划(试行)》（以下简称“川大二十二条”）等相关文件，对高校职务科技成果混合所有制改革的相关路径进行了探索，并在专利和非专利技术职务科技成果确权等方面开展了一系列实践。

6.1.1　职务科技成果确权案例简介

广义上的专利确权行为即专门的授权机构就专利的申请和无效做出决定的行为，以及法院对此进行的司法审查。狭义上的专利确权行为包括两方面内容，一是指授权后因他人对权利的有效性提出异议而进行的行政复审与司法审查等行为，二是指专利权利的主体在专利行政管理部门对权利归属所进行的再次确认或变更。专利确权程序是专利授权机构对专利权的申请、无效或变更的决定程序，以及法院就相关决定进行司法审查的程序(王浩和刘远山，2014)。在高校推行职务科技成果混合所有制的过程中，如何在学校和职务发明人之间进行专利或非专利技术职务科技成果的分割确权，是需要解决的关键问题之一。

近年来，四川全省共 45 家试点单位完成职务科技成果分割确权 400 余项，作价入股创办高科技企业 60 余家，带动企业投资近 30 亿元。其中，截至 2018 年底，西南交通大学完成职务科技成果分割确权 184 项，创办高技术企业 24 家，成果转化数量是过去 5 年总和的 15 倍；四川大学完成分割确权 70 余项，创办科技企业 30 余家[①]。

1. 西南交通大学职务科技成果确权工作

西南交通大学的职务科技成果确权工作发端于该校的早期探索和“西南交大九条”的正式出台。“西南交大九条”依照法律法规及各项政策规定，为实现对职务发明人或职务发明人团队(以下统称职务发明人)的奖励，学校将职务发明人的“转化后奖励”前置为“国有知

① 资料来源：四川新闻网，http：//scnews.newssc.org/system/20181122/000924567.html。

识产权奖励”。对既有专利和专利申请，学校通过专利权人和专利申请人变更的方式实现对职务发明人的奖励；对已经处于审查中的专利申请，可由职务发明人提出奖励申请，学校与职务发明人签订奖励协议后，由学校在国家知识产权局单独申请专利，变更为学校和职务发明人共同申请；对新的专利申请，学校以共同申请作为对职务发明人进行奖励。学校与职务发明人就专利权的归属和申请专利的权利签订奖励协议，规定或约定按 30%∶70%共享专利权。以团队为单位的职务发明人，其内部分配比例由团队内部协商确定。高校依据《中华人民共和国促进科技成果转化法》赋予高校完全成果处置权和奖励权，将职务科技成果的“国有制”变成“国家和个人混合所有制”。在西南交通大学对职务科技成果混合所有制改革的探索过程中，该校土木学院 YQX 教授团队和材料学院 HN 教授的专利，是最早进行确权的职务科技成果之一。

YQX 教授团队的“隧道及地下工程喷膜防水材料”项目，从 2004 年起陆续申请了 6 项发明专利，直到 2010 年，这些专利还未实现转化。实际上该项目具有良好的转化与应用前景，行业内相关企业成都市嘉洲新型防水材料有限公司非常希望西南交通大学将该科技成果评估作价入股该公司，但由于职务发明专利权的奖励审批手续复杂，一直未能如愿。2010 年，西南交通大学国家大学科技园将该项目作为职务科技成果混合所有制试验的第一个案例，成功地将由西南交通大学所有的专利变更为该教授团队与国家大学科技园共同所有，然后经第三方评估，作价 500 万元入股成都嘉州新型防水材料公司，YQX 教授团队持有价值 300 万元的股份。该成果在成都嘉洲新型防水有限材料公司内又经过 3 年多的产品化研发，终于在 2014 年完成了产品化，后取得 3000 多万元的销售收入①。

HN 教授是国内最早开展心血管生物材料研究的学者之一。他潜心研究心血管支架多年，其多项科研成果位居国际先进水平。HN 教授团队研发的“新型心血管支架”系列职务发明专利由西南交通大学持有，该系列专利由 20 多项发明专利组成。得益于西南交通大学在职务科技成果管理方面的创新探索，西南交通大学国家大学科技园作为该项目产业化的牵头方，在 2012 年与学校签订专利转让协议，将学校所有的该系列职务发明专利权转到国家大学科技园名下。国家大学科技园向国家知识产权局呈送专利权人变更申请文件，实现了发明人团队组建的公司与国家大学科技园对专利权共同持有，通过第三方评估，该系列专利作价 1500 万元，其中团队组建的公司持有 750 万元股权，成果成功实现了转化②。

2016 年 1 月 19 日“西南交大九条”出台后，1 月 22 日该校就有“中低速磁悬浮二代技术”项目成果的 4 项核心发明专利、“可降解生物材料”项目成果的 4 项核心发明专利办理了知识产权的校内分割手续，并在国家知识产权局完成了专利权人变更事项。其中“中低速磁悬浮二代技术”项目在知识产权分割后一年内就完成了工程样车的设计、制造、调试、下线等一系列工作，完成了在国家磁浮中心的线路试验，并于 2017 年 8 月 4 日通过技术评审。

西南交通大学在职务科技成果混合所有制改革的过程中，除了对职务发明专利进行确权以外，也成功地对非专利职务科技成果进行了分割确权与转化。2017 年 5 月，该校 ZWM 院士团队“空铁列车——轨道梁桥耦合动力仿真、安全评估及设计优化技术”项目评估作

① 携手西南交大 金牛区打造成都“北改”创新典范，华西都市报，2016-05-20。
② “职务科技成果混合所有制”：科技成果转化的“西南交大试验”，科技日报，2016-05-11。

价 2500 万元，由学校和院士团队按 30%∶70%共同持有，以增资扩股的方式，入股注册资本金为 2 亿元的四川中唐空铁科技有限公司，院士团队获得 11.11%的股权，实现了该非专利成果的第一次“IPO 首次公开募股”[①]。

截至 2019 年 1 月，西南交通大学已有 205 项职务科技成果完成了知识产权分割确权，注册成立高科技创业公司 24 家，知识产权评估作价入股总价值超过 1.3 亿元，带动社会投资近 8 亿元[②]。

2. 四川大学职务科技成果确权工作

2016 年，教育部、四川省、成都市各相关部门出台了一系列深化创新创业工作和促进科技成果转化的政策，四川大学作为国家首批双创基地之一，出台了《四川大学科技成果转化行动计划(试行)》。该文件的行动领域从基础研究应用扩展到成果转移转化和产业化的全过程，系统性地提出了 8 大方面 22 条具体举措。在这一文件中，最核心的部分就是推进科技成果的“三权”改革，文件提出了一个基本原则即“科学确权，早期分割，权益共享，责任共担”，提出了实施职务科技成果所有制改革，加强产权归属对科研人员的长期激励，对既有和新申请的知识产权都可以进行分割确权，承认科研人员的创新思路和成果实现能力，并确定科研人员在最终科研成果产出后可拥有所有权。

在四川大学职务科技成果混合所有制改革过程中，该校生物材料学科的专利确权具有典型性。四川大学生物材料专业的 ZXD 教授团队研发了一款可用于人体面部微整形的新材料，该技术的研发主要依托企业提供的横向研发经费，其中政府财政资金约占 30%。根据四川大学的科技成果确权办法，该新材料发明对学校资源的使用水平适中，资源使用科学评估系数为 0.5，通过一个特定的算法，ZXD 团队可拿到该成果 82%的所有权。成果经评估作价 200 万元，与企业合作进行转化后，企业再投入 800 万元入股，企业、ZXD 团队、学校分别占公司股份的 80%、16.4%、3.6%。

四川大学科技成果所有权权属认定工作小组先后在 2017 年的第 1 次会议(涉及 1 项职务科技成果)、第 2 次会议(涉及 5 项)、第 3 次会议(涉及 4 项)、第 4 次(涉及 7 项)和第 5 次会议(涉及 9 项)，以及 2018 年的第 3 次会议(涉及 5 项)上，共就 31 项职务科技成果确权情况进行公示，部分项目确权情况见表 6-1。

6.1.2 案例分析

1. 确权的法律依据

在推行高校职务科技成果混合所有制改革时，西南交通大学、四川大学等高校，以及四川省内外不少单位纷纷出台了相关规章制度(表 6-2)，进一步为职务科技成果分割确权提供了有力依据。

① 西南交通大学新闻网. 西南交通大学率先探索职务科技成果权属混合所有制改革实现“三个转变”，https://news.swjtu.edu.cn/shownews-17824.shtml,2019-01-04。
② 唤醒“沉睡”中的科技成果——西南交大“混改”试验效应明显，科技日报，2019-02-01。

表 6-1　四川大学职务科技成果确权情况一览表(部分)

序号	项目名称	成果名称	所在学院	成果类型	编号	成果完成人确权占比	学校确权占比
1	一种可注射磷酸钙/天然高分子复合微整形材料	一种可注射磷酸钙/天然高分子复合材料及其制备方法和应用	生物材料工程研究中心	专利申请权	201610841617.5	80%	20%
		天然高分子复合微整形材料		技术秘密			
2	新型催化法烟气脱硫技术	富氮多孔碳脱硫及其制备方法	建筑与环境学院	专利	ZL201310357689.9	80%	20%
		硫酸尾气二氧化硫深度处理方法		专利	ZL200910216327.1		
		一种硫酸生产的方法		专利	ZL200910265076.6		
		低温催化氧化二氧化硫的碳基脱硫催化剂及其制备与应用		专利	ZL201410289691.1		
		新型催化法烟气脱硫技术		技术秘密			
3	靶向人上皮细胞黏附分子(EpCAM)的基因工程 T 细胞的生产和应用	靶向人上皮细胞黏附分子(EpCAM)的基因工程 T 细胞	生物治疗国家重点实验室	生物、医药新品种专有技术		90%	10%
4	基于 X 射线灭活的抗耐药菌疫苗制备技术平台及三个抗耐药菌	铜绿假单胞菌疫苗及其制备方法 (申请人：四川大学)	生物治疗国家重点实验室	专利申请权	201410437862.0	90%	10%
		基于 X 射线灭活的抗耐药菌疫苗制备技术平台及三个抗耐药菌疫苗一类新药。(包括 A 一种能提供交叉血清型免疫保护的绿脓杆菌 SKLB-V1；B 一种新型抗结核病疫苗 SKLB-V517；C 抗耐药金黄色葡萄球菌疫苗 SKLB-V503)		生物、医药新品种专有技术			
5	一种靶向 EBV 抗原的 B 细胞抗肿瘤疫苗	一种靶向 EBV 抗原的 B 细胞抗肿瘤疫苗	生物治疗国家重点实验室	生物、医药新品种专有技术		90%	10%
6	腺相关病毒生产制备技术	腺相关病毒生产制备技术	生物治疗国家重点实验室	技术秘密		90%	10%
7	缓释复混肥及其制备方法	缓释复混肥及其制备方法	建筑与环境学院	专利	ZL201310476652.8	85%	15%
8	湿法磷酸萃取法脱除金属阳离子新技术	生产高品质磷酸的联合萃取方法	化学工程学院	专利	ZL201610514424.9	85%	15%
		一种利用磷矿制备净化磷酸的方法		专利	ZL201610511259.1		
		一种湿法磷酸的净化工艺		专利	ZL201610517719.1		

续表

序号	项目名称	成果名称	所在学院	成果类型	编号	成果完成人确权占比	学校确权占比
9	一种服务器网络行为描述方法等三个专利	一种服务器网络行为描述方法	网络空间安全研究院	专利	ZL201510442715.7	83.6%	16.4%
		一种基于类自然语言特征的算法生成域名检测方法技术		专利申请权	201710243526		
		一种基于模糊综合评价模型的 DNS 健康度评估方法		专利申请权	201710243598.0		
10	基于主题遗传的在线主题建模方法	基于主题遗传的在线主题建模方法	网络空间安全研究院	专利	ZL201410016179.X	84.1%	15.9%
11	抗凝血药物磺达肝癸钠五糖中间体的制备方法	抗凝血药物磺达肝癸钠五糖中间体的制备方法	华西药学院	专利	ZL201510591442.2	85%	15%

注：来源于四川大学科学技术发展研究院、四川大学产业技术研究院网站。http://kyy.scu.edu.cn。

表 6-2 关于高校职务科技成果混合所有制改革的有关规章制度

规章制度	主要内容	确权比例
《武汉东湖新技术开发区支持创新发展新经济的政策清单》（2017 年）（“新黄金十条”）	支持在汉高校院所职务科技成果发明人（含发明人团队）按成果所有权 70%以上分割现有职务科技成果所有权，或按照科技成果发明人占成果所有权 70%以上分割现有职务科技成果所有权，职务科技成果发明人对持有成果可自主转化	个人（含发明人团队）不低于 70%
《促进国内外高校院所科技成果在蓉转移转化若干政策措施》（2016 年）（“成都新十条”）	支持在蓉高校院所开展职务科技成果权属混合所有制改革。鼓励高校院所与发明人或发明人团队组成的公司之间，通过约定以股份或出资比例方式进行知识产权奖励，对既有职务科技成果进行分割确权；以共同申请知识产权的方式分割新的职务科技成果权属。发明人可享受不低于 70%的股权	个人（含发明人团队）不低于 70%
《关于支持在蓉高校院所开展职务科技成果混合所有制改革的实施意见》（2016 年）	既有科技成果可申请变更知识产权所有人，分割确权后个人所占比例不低于七成。提高科技人员在科技成果转化收益分配中的比例等	个人不低于 70%
《四川省职务科技成果权属混合所有制改革试点实施方案》（2016 年）	进一步完善科技成果归属机制，高等院校、科研院所与科技人员（团队）可通过事前约定科技成果权属比例的方式实施科技成果转化奖励，探索职务科技成果分割确权的有效方式。进一步完善知识产权归属机制，对新申请或既有（包括正在申请）知识产权的科技成果，高等学校、科研院所和科技人员（团队）之间可以共同申请或变更权利人以确定职务科技成果权属共有，并以协议方式明确权属比例。 国家设立的研究开发机构、高等院校所取得的职务科技成果，完成人和参加人在不变更职务科技成果权属的前提下，可以根据与本单位的协议进行该项科技成果的转化，并享有协议规定的权益	以协议方式规定权属比例
《四川大学科技成果转化行动计划（试行）》（2016 年）	学校科学评估和确定所有权权属比例，成果完成人可享有 50%～90%的成果所有权，并按所有权权属比例享受相应的权益	成果完成人可享有 50%～90%的成果所有权
《西南交通大学专利管理规定》（2016 年）（“西南交大九条”）	第四条 依照法律法规及各项政策规定……学校将奖励前置简化为国有知识产权奖励。对既有专利和专利申请，学校通过专利权人和专利申请人变更的方式实现对职务发明人的奖励；对新的专利申请，学校通过申请实现对职务发明人的奖励。学校与职务发明人就专利权的归属和申请专利的权利签订奖励协议，规定或约定按 30%∶70%的比例共享专利权……	职务发明人 70%

2. 确权过程

西南交通大学与四川大学根据自身实际情况，分别建立了一套确权流程，确保职务科技成果分割确权有效、有序进行。

1) 西南交通大学确权过程

作为国内率先进行职务科技成果混合所有制改革探索的单位，西南交通大学的确权过程相对简单明了。该校将职务发明人的“转化后奖励”前置为“国有知识产权奖励”，“西南交大九条”中规定“学校与职务发明人就专利权的归属和申请专利的权利签订奖励协议，规定或约定由学校与职务发明人按 30%∶70%的比例共同享有专利权”。明确将职务科技成果知识产权的 70%分割给职务发明人，同时进行专利权人变更，发明人团队组建的公司可以与西南交通大学共同持有专利权。

2) 四川大学确权过程

四川大学的确权过程相对复杂但更加完整，不仅考虑了职务科技成果在学校和职务发明人之间的分割确权，而且以鼓励职务发明人“买断”单位权属部分的方式，促进职务科技成果进一步转化。四川大学组成确权工作小组，小组由该校科研院、产业技术研究院牵头，实验室及设备管理处、国有资产管理处、后勤管理处、财务处、审计处、学院(所、中心等)等部门配合。该确权工作小组先与相关专家进行交流评估，然后由学校与科研团队签订权属分配协议。确权后，鼓励教师买断学校权属的部分，为了保障国有资产的收益，对于市场急需且符合国家战略性新兴产业发展的科技成果，学校支持成果完成人按照公平、公开、公正的方式购买学校所有的权属。因为只有作价投资才能确权，学校那一部分最终会成为国有股权，但在成为国有股权之后仍然需要按照国有有形资产管理办法进行管理，包括报备、报批等流程，会增加时间成本，势必会影响企业的决策。但买断的方式面临一个问题，即在创业初期，发明人和相关利益主体是以知识产权的方式作价投资，且企业最需要资金支持，因此发明人可能没有足够的经济能力买断学校的权属部分。为解决上述难题，四川大学进一步降低了创新创业的门槛，避免因股权结构复杂影响企业的快速发展，提出教师可以采取分期付款的方式，鼓励教师买断所有权后进行入股和转化。成果完成人可以在 5 年以内，以零首付的方式分期付款购买学校的权属。

3. 确权方法及相关措施

为推进职务科技成果科学而有效地实现分割确权和成果转化，相关高校不但建立了规范的分割确权流程，而且还从深化校企合作、建立专业知识产权运营机构、建立科学的考评体系等方面入手，尝试在科研人员与单位之间构建真正的成果利益共同体，推动高校职务科技成果在地转化，并力争从根本上解决科技成果的有效转化和产业化问题；改变科研与市场脱节的状态，从科研立项开始，高校就与企业展开合作，实现了高校科研与市场之间的有效对接。

1) 规范的分割确权流程

四川大学作为综合型大学，学科门类繁多，因此该校的做法不同于其他试点高校。结合学校的特点，四川大学形成了科学合理的分割确权评议流程。根据成果所属学科特点，该校确定了确权分割的程序、原则与流程，细分了几大类资源使用系数。资源使用系数是根据科技成果形成过程中所获得的财政资金比例，以及占用公共资源的情况，经科学计算而成。

通过推进科技成果的“三权”改革，四川大学提出了一个基本原则即“科学确权，早期分割，权益共享，责任共担”，实施职务科技成果混合所有制，加强产权对科技人员的长期激励，对既有和新申请的知识产权都可以进行分割确权，承认科技人员的创新能力，让其在最终成果中能拥有所有权。按照上述确权流程和方式，教师最多可以获得职务科技成果90%的所有权。如果资源使用系数高，即职务科技成果研发过程的全部经费来源于财政资金，对实验设备依赖程度高，对实验材料耗费高，使用较多的学校实验场地、设备、图书、数据库及信息服务等资源，成果完成人最低可占科技成果所有权权属的51.5%；如果资源系数低，即职务科技成果研发过程对实验设备依赖程度低，对实验材料耗费少，学校实验场地、设备、图书、数据库及信息服务等资源使用少，则成果完成人可占科技成果所有权的90%[①]。

西南交通大学的确权方法是让职务科技成果权属在个人或其科研团队、学校、学院三方间按7∶2∶1分配，让科研人员真正分享到职务科技成果的所有权。此次改革首次从学校制度层面确认了职务发明人对职务科技成果的所有权，使职务发明人“晋升”为与学校平等的共同专利权人。

2）深化校企合作，推动需求与研发的对接

在推行职务科技成果混合所有制改革的进程中，四川大学、西南交通大学等高校按加强科研市场化导向、推动职务科技成果在地转化的原则，着力打造环高校知识经济圈（成果转化区）。四川大学为深化校企合作，推动需求与研发的对接，进行了环川大知识经济圈建设和环川大江安片区的国际化创新创业示范带建设，探索了校际合作的新模式。西南交通大学联合成都市、金牛区两级政府，共同搭建了“环交大智慧城菁蓉创业谷”科技成果转化平台，将职务发明人手中的科技成果进一步转化为股权、期权和分红奖励，明确给予职务发明人知识产权预期。

与此同时，四川大学首创了“校际联合基金”的模式，学校利用自主科研经费，与泸州市、德阳市等地方政府建立了校际联合基金。在与泸州市的合作中，学校和地方每年各出资500万元；在与德阳市的合作中，每年由地方出资500万元，学校出资300万元，截至2016年底，已经成功进行了三期合作，共支持了149个项目，推动了该校科技成果在泸州市和德阳市的转化应用。

3）建立专业的知识产权运营机构

四川大学在四川省科技厅的支持下，成立了四川大学产业技术研究院。该研究院定位为一个独立的法人机构，按照企业化管理、市场化运作的模式建立了专业的团队和机构。同时，该校与德阳市共建了四川大学德阳产业技术研究院，围绕德阳市重点产业开展了重大技术的转化和成果的产业化。在此基础上，四川大学将产业技术研究院进一步升级为总院，代表学校处理、统筹科技成果转化工作，推动该校职务科技成果在蓉、在川转化。

① 四川大学新闻网，https://news.scu.edu.cn/info/1135/15365.htm。

4) 建立科学的考核评价体系

为了给职务科技成果的分割确权及有效转化创造良好条件，四川大学进一步改革了校内考核评价体系，支持建立有利于创新创业的人事制度，规范科研人员兼职和离岗创业。以往的科技成果转化以及与企业合作开发作为横向项目，在四川大学的考核制度中不受重视，因此学校和教师更关注申请纵向项目。为改变这一状况，四川大学着力使考核评价体系进一步科学化，在考核评价过程中将纵向项目与横向项目的权重设置为同一水平，并专门设立重大科技成果转化系列职称，在这个系列中着重将科技成果转化、创新创业工作绩效作为教师评聘高级职称的主要指标。在科研人员兼职和离岗创业方面，学校规定在科研人员提出申请、审批备案以后，对于兼职时间不超过 3 个月，同时不影响高校原本工作量的人员，可以照样发放全部工资津贴。与此同时，四川大学还开通了师生共同创业的通道，教师的科研成果可以免费授权给学生创业，教师共同作为主要技术支持方对学生创业进行指导和支持。

为推动职务科技成果混合所有制改革过程中的确权和成果转化工作，西南交通大学也专门出台了《西南交通大学关于激励科技成果转化人促进科技成果转化的意见》等政策，学校制定了相关办法和评审条件，对科技成果转化和技术推广服务业绩突出、取得重大经济社会效益和行业性影响力的转化人进行职称提升，为职务发明人、科技成果转化者等为成果转化做出贡献的人才探索科技成果转化的职称晋升通道。

5) 重视引进人才政策

在人才方面，四川大学采用“企业提需求，高校出人才，政府给支持”的模式，集聚了海内外高水平的创新创业人才。同时，该校引进的很多国家级高层次人才都在成都创办了企业。此外，四川大学作为全国博士后改革试点高校，与地方合作共同构建高水平研发和成果转化的专业化博士后队伍，力争在产学研合作过程中，进一步催生更多的职务科技成果，并对其进行有效转化。

6.1.3　案例拓展——确权引致的问题分析

1. 确权仍然面临国有资产流失风险

科技成果作为无形的国有资产，不管是在地方还是国家层面，都应该针对其特点制定专门的管理办法，区别于有形的国有资产。虽然《财政部关于修改〈事业单位国有资产管理暂行办法〉的决定》(中华人民共和国财政部令第 100 号)为解决上述问题打开了一定的突破口，但是教育部的国有资产管理相关规定在一定程度上仍然会对高校职务科技成果的分割确权产生制约作用(张铭慎，2017；陈柏强等，2018)。学校在接受教育部的专项审批检查或相关审计事务中，仍然需要在学校备案，科技成果须入账，比如在有效的知识产权中，一个专利至少需记账一元钱。国家的系统性文件需要进行适当调整，以便为高校职务科技成果的分割确权和快速有效转化提供有力支撑。

另外，在中美贸易冲突尚未完全解决，且有关国家对核心知识产权和关键技术创新成果的国际交流态度趋于保守的国际形势下，如何在高校职务科技成果确权过程中，增加对科技成果国际流失的防范和应对措施也应得到充分考量。

2. 科技成果转化奖励的税收问题

在高校科技成果的转化过程中，科技成果作价投资、入股的只是一小部分，高校更多采用转让、实施许可、联合技术开发合作等途径进行成果转化。在成果转让、与企业合作产生的收益中，通常采用公司薪金的管理办法，发明人最高需要交纳45%的个人所得税，科技成果转化奖励税负过高。因此，国家应该实施以知识价值为导向的科研政策，充分尊重科研人员的劳动，对科技成果转化奖励收入的个人所得税缴纳比例进行调整。

可喜的是，国家及时对科技成果转化奖励的税收政策进行了调整。在2018年4月18日召开的国务院常务会议上，明确提出对因科技成果转化获得的现金奖励实行税收优惠。许多地方政府也积极落实国务院的相关决定。例如，2018年12月，宁夏回族自治区出台的《关于落实职务科技成果转化收益现金奖励有关事宜的通知》，进一步明确提出职务科技成果转化现金奖励及其税收优惠政策。该通知明确规定，“高校、非营利性研究开发机构的科技人员，从职务科技成果转化收入中取得的现金奖励，按50%计入科技人员当月(工资薪金)以缴纳个人所得税；高校、非营利科研机构对科技成果转化收入进行现金奖励时，可在取得科技成果转化收入之日起一定时期内分期兑现，结算期最长不超过3年。”

6.2 技术价值评估案例

6.2.1 技术价值评估的重要性

科技成果在本质上是一种商品，因此其与一般商品一样具有使用价值和交换价值。然而，科技成果又具备独特属性，例如技术成熟度、成果适用性、转化时效性、落地适应性等，因此，对科技成果的价值判定不能用一般商品的社会必要劳动时间来进行定量评估[①]。在科技成果转移转化的过程中，科技成果价值评估需要一定交易环境和交易条件，而对高等学校来讲，科技成果转移转化又涉及国有无形资产保值增值等问题，这些都进一步加剧了科技成果评估的不确定性。

价值评估对于科技成果转移转化而言至关重要，只有进行科学有效的价值评估，得到一个相对公平合理的成果价格估值，交易双方才会根据评估结果确定成果交易价格，进而促进科技成果的顺利转移转化。如果不进行价值评估，科技成果就很难找到市场化交易定价的参考依据，其带来的结果要么是成交价过高，需求方会因得不到预期收益而降低积极性；要么成交价过低，成果持有方会因价值低估而降低积极性。因此，科技成果价值评估既不能过高，也不能过低，需要相应的评估机制以促使科技成果交易公平合理(申轶男，2018)。在高校职务科技成果混合所有制改革的过程中，对科技成果的价值进行科学准确评估是促进科技成果转化的一个重要因素。

① 财经大辞典编委会，财经大辞典(第2版)，北京：中国财政经济出版社，2013年。

6.2.2　技术价值评估的常用方法

高校职务科技成果服务于社会的主要方式之一即企业对成果的成功转化与应用，而企业在进行科技成果转移转化决策时，也需要进行科学合理的技术价值评估。对技术价值的评估不仅关系着技术交易双方的利益，而且对促进产学研合作，提高技术成果转化率至关重要(郝世龙等，2014)。目前，技术价值评估的方法主要为成本法、市场法、收益法以及拍卖法等。

1. 成本法

成本法的主要思想是将待评估资产价值界定为重新建造或购置与其具有相同用途和功效的资产时需要的成本。使用该法评估技术价值时会过分依赖于历史成本，因此不能客观反映成果的预期收益。

2. 市场法

市场法的主要做法是以现行价格作为价格标准，通过市场调查，选择几个与待评估资产相同或相似的已交易资产作为参照物，将待评估资产与它们进行比较，并且在必要时进行适当的价格调整。市场法是一种简单直接的资产评估方法，但它对市场的成熟度有较高要求，而科技成果间具有较大的差异，且成熟的交易市场尚未形成，因此在实际操作中寻找相关交易案例非常困难。

3. 收益法

收益法主要根据一项技术带来的预期收益来评估其价值，是目前应用最为广泛的评估方法。收益法也叫收益现值法，主要着眼于科技成果的未来收益，也就是将在科技成果权属剩余有效期内的预期总收益转换成现值。由于收益法在具体评估时有确切的计算公式，因此应用最为普遍。不过，收益法的效果在很大程度上取决于评估参数，例如科技成果的经济寿命期、预期收益额、分成率、折现率等。对于科技成果的价值评估而言，相关评估参数的不确定性也会给其定价带来一定困难。

4. 拍卖法

拍卖法是通过多个需方竞价的方式来决定科技成果价格，该法充分发挥了技术市场公平、自由竞争的运作特点。科技成果持有者出售相关成果，具有需求的企业依据成果的特点、企业运用该成果的能力以及成果应用于现实生产之后能带给企业的利润进行全面、综合地考量，进一步对该成果价值做出评估，根据评估结果参加竞拍，最终由科技成果持有者选择出最优竞标者进行交易(郝世龙等，2014)。

6.2.3　西南交通大学技术价值评估案例简介

由于传统制度采用的“先转化后确权”模式涉及国有产权交易，客观存在国有资产定价难、作价难、政府审批冗长复杂，且在公司成立至少三年后方可确权等限制，因此，科技成果确权效率低、周期长、转化难。针对这一问题，西南交通大学从确定成果价值和加快成果转化两方面做出努力。在确定成果价值方面，西南交通大学先后出台了《西南交通大学职务科技成果转化实施细则》《西南交通大学关于激励科技成果转化人促进科技成果转化的意见》《西南交通大学科技成果资产评估项目备案操作细则(试行)》等文件，进一步明确了知识产权国有部分的定价细则、激励机制等，客观公允地评价职务科技成果的价值，有效推动了科技成果转化应用。

《西南交通大学职务科技成果转化实施细则》“第二章 转化方式与流程”对科技成果定价方式进行了详细规定，详见专栏 6-1；2018 年 6 月西南交通大学出台的《西南交通大学科技成果资产评估项目备案工作操作细则》“第二章 科技成果资产评估”则进一步对科技成果资产评估进行了明确规定，详见专栏 6-2。

专栏 6-1 《西南交通大学职务科技成果转化实施细则》(节选)

第二章 转化方式与流程

第三条 科技成果转化方式

科技成果转化方式主要包括：向他人转让该科技成果；许可他人使用该科技成果；以该科技成果作价投资，折算股份或者出资比例等。完成人应根据具体情况选择合适的转化方式。

第四条 科技成果定价方式

科技成果定价方式包括：协议定价、在技术交易市场挂牌交易、拍卖等方式。完成人应根据具体情况选择合适的定价方式。

第五条 科技成果转让或许可流程

采取转让或许可方式转化的，由完成人向科研院提交转化申请，确定转化方式和定价方式，科研院对转化申请材料进行审核。

(一)采取协议定价进行转让或许可的，由完成人与受让人按照市场规则确定价格，填写《拟交易的科技成果(知识产权)公示信息表》报科研院，科研院审核后在科研院网站公示，公示时间不少于 15 日。公示无异议后，由科研院代表学校办理正式转让或许可合同。

(二)采取挂牌交易、拍卖方式进行转让或许可的，由科研院代表学校与技术交易市场签订委托协议，提供挂牌所需文件资料，确定交易价格后，由科研院代表学校办理正式转让或许可合同。

第六条 科技成果作价投资流程

采取作价投资方式转化的，学校以全资资产公司或其授权委托的全资公司作为学校科技成果作价投资的出资主体。

(一)对已经分割确权的科技成果，在取得全体共有人同意的情况下，由科研院、完成人共同与全资资产公司或其授权委托的全资公司进行协商确定学校权属部分的价格并在科研院网站公示，价格不低于学校用于该专利的申请费、维持费、代理费等。公示无异议后，由科研院代表学校与全资资产公司或其授权委托的全资公司办理正式转让合同并进行权属变更，由其作为出资主体代表学校以该科技成果作价投资。

(二)对没有分割确权的科技成果，先进行确权，再按照第六条第一款的流程进行作价投资。

第七条 异议处理

对公示内容有异议的单位或个人，应以书面形式向科研院提出异议，并就异议内容提供相关说明。科研院针对异议组织专家进行复核，并根据异议内容组织完成人及学校有关部门进行处理，将结果书面告知异议申请人。

专栏 6-2 《西南交通大学科技成果资产评估项目备案工作操作细则》第二章内容

第二章 科技成果资产评估

第五条 科技成果资产的评估工作，由学校科技成果管理部门组织开展。

科技成果市场化交易定价的参考依据，学校可以由技术转移部门开展尽职调查进行价值判断，也可委托专家委员会或具有相应资质的第三方机构对科技成果进行价值评估。

第六条 资产评估专家委员会应由法律专家、管理人员、职业评估人、注册会计师和相应领域的技术专家共 5～7 人组成，由科技成果评估组织部门根据具体评估项目聘请人员组建。专家委员会以评估会议形式讨论形成评估报告。

第七条 学校建立第三方评估机构备选库。由采购与招投标管理中心按规定进行公开招标确定 3～5 家有资质的第三方科技成果评估机构作为备选机构，并分别签订合作协议。合作期限为三年。

科技成果评估组织部门从备选库中随机选取 1 家机构作为某一具体评估项目的第三方评估机构并签订评估服务合同。

6.2.4 案例分析

在对科技成果进行价值评估时，成本法、收益法和市场法三种传统的评估定价方法存在明显缺陷。成本法主要根据成果的产出花费来定价，但十万元成本完成的技术也有可能会产生一个亿成本完成的技术所达不到的贡献，因此，这种方法并不适用于所有情况；市场法主要参考市场上同类产品的价值进行产品价格定价，但目前我国尚不具有完全透明的价格市场，相关数据很难获取；收益法根据成果将来会带来多少收益来定价，但这个收益是不确定的，转化人、完成人、合作方都不确定应定什么样的价格①。

随着新《中华人民共和国促进科技成果转化法》的实施，政策层面对科技成果转化流程进行了松绑。在《中华人民共和国促进科技成果转化法》中，科技成果可以进行协议定价，成果的价值评估结果仅需在内部公示价格十五天即可，无须进行“招拍挂”的处置流程。西南交通大学等高校的职务科技成果价值评估方式主要为协议定价、在技术交易市场挂牌交易、拍卖等，一方面该做法具有清晰的规则与明确的运转方式；另一方面，该做法可以在具有一个较合理定价的前提下精简程序，缩短周期，对促进高校职务科技成果混合所有制改革和科技成果转化具有明显的推动作用。仅 2018 年 7 月，西南交通大学就先后有“千瓦级燃料电池锂离子电池混合动力装置”“一种感应式无线电能传输系统的负载合法性判定方法”等 25 项专利和“城市干道路网行程时间可靠性和交通状态估算软件”1 项软件著作权在转让的过程中采取协议定价的方式进行价值评估，并分别在 15 天公示后进行了成果转化(表 6-3)。

表 6-3　2018 年 7 月西南交通大学高校职务科技成果价值评估公示一览

序号	科技成果名称	科技成果类型
1	千瓦级燃料电池锂离子电池混合动力装置	专利
2	一种感应式无线电能传输系统的负载合法性判定方法	专利
3	一种级联型无输入及输出变压器的贯通式同相供电系统	专利
4	机车质子交换膜燃料电池系统最优效率控制方法	专利
5	一种基于模块化级联 H 桥的有源补偿同相供电系统	专利
6	一种电气化铁路同相供电功率互馈实验系统	专利
7	CBD 地区信号交叉口行人过街交通行为督导系统	专利
8	一种具有可控一氧化氮催化释放的铜离子与多酚配位物的螯合物涂层的制备方法	专利
9	一种具有可控一氧化氮催化释放的铜离子与多酚配位物的螯合物材料的制备方法	专利
10	一种具有一氧化氮(NO)催化活性的材料的制备方法	专利
11	一种具有一氧化氮(NO)催化活性的涂层的制备方法	专利
12	一种铜离子介导的具有原位催化 NO 释放功能的抗凝血涂层制备方法	专利
13	一种具有诱导催化内源性 NO 释放功能的抗凝血材料制备方法	专利
14	一种用于血管支架的多功能药物洗脱涂层的制备方法	专利

① 经济观察报. 技术成果的价值评估，谁最懂？2018-11-03。

续表

序号	科技成果名称	科技成果类型
15	一种风速风向检测装置	专利
16	一种双向半桥单边三电平 DC-DC 变换器电流有效值最小的优化控制方法	专利
17	一种双向半桥三电平 DC-DC 变换器电流有效值最小化控制方法	专利
18	基于过氧比区域的机车燃料电池系统净输出功率满意控制方法	专利
19	一种水冷 PEMFC 空气过量系数控制系统及方法	专利
20	基于模态频率敏感度的谐振频率迭代转移的自适应滤波方法	专利
21	磁感应式无线电能传输设备中的补偿装置及其补偿方法	专利
22	一种四旋翼飞行器的遥控和伺服信号的监控方法	专利
23	一种无工频变压器的三电平电力电子牵引变压器	专利
24	一种车载无工频电力电子变压器的拓扑构造	专利
25	一种多电平变换器直流电容电压的均压电路及其均压方法	专利
26	城市干道路网行程时间可靠性和交通状态估算软件	软件著作权

6.2.5 问题与建议

《中华人民共和国促进科技成果转化法》虽然规定了以“协议定价+公示”、在技术交易市场挂牌交易、拍卖等方式确定成果价格，但仍无法取代现行《中华人民共和国公司法》关于无形资产入股必须经过第三方评估机构评估的规定。目前市场上的资产评估公司大多对有形资产的评估具有丰富经验，但对科技成果的评估经验不足。事实上，目前科技成果的价格大多是通过协议定价事先确定的，评估公司的价值评估更多是一个程序性的环节。因此，应立项深入研究以“协议定价+公示”模式取代传统资产评估方式的可行性。

6.3 技术转移转化案例

6.3.1 技术转移转化的基本过程

技术转移是一种知识流动的行为过程，该过程包括将学术机构所研究的成果转移给企业，并开发成商业化的产品；或将某一产业的技术转移至另一个产业；或跨越国际，将一国的生产技术及管理科技转移给另一国使用(袁建中，2004)。科技成果转化是指科技成果从知识形态转化为实体产品或商品形态或者非实体服务形态并实现经济价值的过程，突出科技成果的应用推广，即通常所说的“纸”变成“钱”的过程(吴寿仁，2018)。技术转移往往不是孤立进行的，往往伴随着资本、人才、知识、信息、知识产权、管理、市场等要素的转移。高校推行的职务科技成果混合所有制改革，一方面职务发明人的收益与成果转移转化效果紧紧地捆绑在一起，极大地调动了职务发明人进行科技成果转化的积极性；另一方面消除了职务科技成果在传统所有制下面临的转移转化障碍，因此有力地促进了职务科技成果转化。

6.3.2　技术转移转化案例简介

西南交通大学材料学院 HN 教授团队科技成果的转移案例是职务科技成果混合所有制改革过程中较为典型的。该团队研发的“新型心血管支架”系列职务发明专利由西南交通大学持有，该系列专利由 20 多项发明专利组成。西南交通大学国家大学科技园作为该项目产业化的牵头方，在 2012 年与学校签订专利转让协议，将学校所有的职务发明专利权转到国家大学科技园名下。按照《中华人民共和国专利法》规定，发明人执行本单位的任务或者主要是利用本单位的物质技术条件所完成的发明创造为职务发明创造，职务发明创造申请专利的权利属于该单位，申请被批准后，该单位便成为专利权人。高校若要把国有股权奖励给发明人，要向教育部、财政部报备与审批，手续复杂，程序烦琐。

除了现有制度带来的障碍，负责高校科技成果转化的行政人员积极性不高，担心因定价太低导致国有资产流失，也是高校科技成果转化渠道不畅的主要原因。为破解上述难题，西南交通大学国家大学科技园向国家知识产权局出具专利权人变更申请文件，落实了发明人团队组建的公司与国家大学科技园共同持有专利权，通过第三方评估，该系列专利作价 1500 万元，其中团队组建的公司持有价值 750 万元的股权，促进了该成果的转化（田红等，2016）。

“可以说是职务科技成果混合所有制最终推动了上述成果转化。”西南交通大学职务科技成果混合所有制设计者、时任西南交通大学国家大学科技园副总经理康凯宁介绍说，“混合所有制彻底改变了过去‘教授拿不走股权，学校干不成科技成果转化，政府得不到科技型企业’的三输局面。通过对混合所有的职务科技成果评估作价入股，仅在改革探索之初的 2015 年，西南交通大学就已有 4 个教授团队与科技园、投资方成立了科技型创业公司并进入企业孵化阶段。‘西南交大九条’印发后，又有 4 个教授团队的职务科技成果进行分割确权、评估作价入股，准备与科技园、投资方成立科技型创业公司，其中包括中低速磁悬浮二代技术、同相供电技术、气体保护焊机、可降解生物材料等具有国际先进水平的职务科技成果。而在 2003～2009 年西南交大国家大学科技园只有一项职务科技成果得到转化”（温才妃和田红，2015）。

6.3.3　案例分析

中国发明专利申请量前 20 位的高校专利平均寿命只有 4.9 年。中国高校专利授权量占全国 10%以上，但平均寿命只有 3 年多，几乎没有实现经济效益（付宏刚和马海群，2014）。为促进科技成果转化、技术转移，我国在许多高校建立了国家级大学科技园、技术转移中心等机构，但在现行的成果归属体制下，发明人不愿积极进行科技成果转化，因此即使科技成果转化、转移中介机构再努力，也无法促成职务科技成果转化。

若发明人不掌握职务科技成果的知识产权，这样的成果一般价值会比较低，寿命也比较短。职务科技成果是由高校或者国家提供经费和物质技术条件、发明人投入创造性劳动而产生的。但是对于尚未转化的职务科技成果，发明人无法获得创造性劳动的相应报酬，即使高校根据科研工作量向发明人发放了科研奖金，其数额也无法对价发明人的创造性劳动。高校、国家、发明人对于职务科技成果而言，是缺一不可的主体。没有所有权，发明人就无权决策科技成果转化事项，职务科技成果就成了没有人真正关注其转化的纸面成果。有研究表明全国高校职务发明平均寿命只有 3 年多，这是因为许多学校只缴前 3 年的专利维持费，3 年后职务科技成果就面临保护失效的境地(田红等，2016)。

从有效激励和主体积极性的角度看，将高校这类非营利事业法人作为科技成果转化主体，就不可避免地面临低效率的问题。教育部科技发展中心统计资料显示：2013 年全国高校拨入科技研究的经费 1170 亿元，其中专利许可及转让收入仅 4.34 亿元，扣除委托研发经费 390 亿元，该项收入占比 0.56%(田红等，2016)。因此，以高校作为科技成果转化主体，其转化效率必然低下。一方面，科技成果转化不是高校第一要务，因此高校主导的科技成果转化缺乏足够动力；另一方面，职务发明人主导的科技成果转化相对顺利，但职务科技成果所有权为学校所有，而且其转化过程非常漫长，因此有些发明人选择私下进行转化。

高校职务科技成果的学术性、阶段性、试验性的不成熟性、不稳定性、非产品属性，导致其难以直接在市场上交易，因为不具有明显的价值属性；同时由于无法定价，高校资产负债表中也不会将职务科技成果作为资产列入。即使职务科技成果评估作价入股，也不能使该成果改变为转化科技成果的非资产本质属性，因其作价中隐含了发明人对成果进行继续开发的隐性知识价值。高校职务科技成果只能通过天使投资、风险投资进行检验，当确认成果具有开发价值后再引入产业资本，资源才会变成资产从而具有明显的价值属性。高校职务科技成果国有资产化，必然导致职务科技成果闲置，则意味着成果无法进行有效转移与转化，因此应该在观念上对高校职务科技成果去“资产化”(田红等，2016)。

在上述西南交通大学材料学院 HN 教授团队职务科技成果的转移转化案例中，职务科技成果混合所有制推动成果转移转化的主要途径和机制是赋予发明人对职务科技成果一定比例的权属，并在降低相关管理部门对国有资产流失担忧的同时，简化转移转化的办理流程，而且由于发明人获得对于成果转化的相关决策权，其对未来会有更好的、更加稳定的预期，发明人会更积极地运用其隐性知识进一步加大开发转化力度，从而形成科技成果转移转化的良性循环。

6.3.4 问题与建议

高校科技成果转化率偏低既与相关主体积极性不高有关，同时也与科技成果本身的质量、对市场需求动向的跟踪和了解、科学合理价值评估方式的确立等因素具有非常密切的联系。不论职务科技成果发明人，还是高校科学技术处等相关部门，目前均不具备足够的专业能力以处理科技成果转移转化过程中的相关问题。因此，在高校职务科技成果混合所有制改革过程中，在选择配套措施时，可以考虑参考西方国家的做法，成立类似于高校“技术转移办公室”(TTO)的专业化科技成果转化机构，进一步提升科技成果转化的比例与效率。

6.4 公司化运作案例

6.4.1 公司化运作基本概况

实现公司化运作是高校和科研机构进行职务科技成果转移转化的有效途径和显著成果。截至 2018 年底，四川省已完成职务科技成果分割确权 400 余项，作价入股创办企业 60 余家，带动企业投资近 30 亿元。其中，西南交通大学共有 184 项职务科技成果成功确权，产生高科技企业 24 家；四川大学已有 70 余项职务科技成果申请确权，作价入股创办企业 30 余家，投资金额近 16 亿元；按照职务科技成果混合所有制试点安排，成都大学“成龙谷”科技孵化器注册 20 余家企业，入驻团队达 50 余个。在职务科技成果混合所有制改革过程中，以西南交通大学、四川大学为代表的高校在公司化运作过程中取得了良好的成效。

6.4.2 公司化运作案例简介

1. 西南交通大学 DGF 教授团队成果公司化运作案例

DGF 是西南交通大学机械工程学院教授、博士生导师，兼任制造工程系主任、先进设计与制造技术研究所所长，系该校机械制造及其自动化专业学术带头人。多年来，DGF 教授带领其团队围绕国家和地方装备制造业领域科研需求，在先进轨道交通装备、航空装备、五轴数控装备等方面取得了丰硕的科研成果。可是，这些卓越的科技成果长期以来仅仅作为科技文献停留在纸面成果阶段，无人问津，更无法转化为让更多企业受益的产品。作为一名科技工作者，看到凝结自己心血的科技成果不能转化成为实际的生产力，DGF 教授觉得非常心痛。因此，当西南交通大学刚刚探索启动高校职务科技成果混合所有制改革政策时，DGF 教授便下定决心，毫不犹豫地走上了创业之路(曹瑶瑶，2016)，致力于依托其职务科技成果创办高科技企业，充分发挥科技成果的社会经济效益。

2014 年 10 月，DGF 教授等人创办成立成都天佑创软科技有限公司。该公司的经营范围主要包括计算机软件硬件的研发、销售；计算机系统集成与咨询；机电设备、电子产品设计、销售；仪器仪表、通信产品、五金交电、建筑材料、金属材料(不含稀贵金属)的销售。在四川省，类似经营范围的公司总注册资本为 69161 万元，资本主要集中在体量为 100 万～1000 万元和 1000 万～5000 万元的企业中，共 221 家。DGF 教授的目标非常明确，针对我国在制造业中的短板工业软件，结合自身的研究优势进行创业。西南交通大学和 DGF 教授团队通过知识产权确权分割后入股，学校占 20%股份，发明人团队占 60%，校外投资方占 20%，2016 年，公司业务步入正轨，产生经济收益。公司建立起了整体立铣刀结构通用数学建模方法体系，适应了变螺旋角、变槽深、不等齿距、齿过中心等不同类型刀具的建模，开发了刀具数字化设计与制造仿真工业软件系统，逐渐打破了国外软件的垄断(曹瑶瑶，2016)。

在推行职务科技成果混合所有制的过程中，西南交通大学十分注重职务科技成果转化和鼓励师生创新创业方面的综合改革工作，孵化和培育了一批高科技创业公司。2010～

2015 年，西南交大仅有 14 项专利实现了转让、许可，“西南交大九条”发布仅仅两年之后，就已有超过 168 项职务发明专利完成了分割确权，带动社会投资共 11 亿元，加速形成了“科技成果转化加快，国有资产增值，社会财富增加”的多赢局面。

2. 四川大学 WYQ 院士团队成果公司化运作案例

由中科院院士、华西医院生物治疗国家重点实验室主任 WYQ 领衔的四川大学华西医院生物治疗国家重点实验室研发团队经过长期科研攻关，取得了抗肿瘤药物、基因治疗技术等 7 项重要科技成果。在四川大学推进职务科技成果混合所有制改革过程中，该研发团队以作价入股的方式与来自西藏、成都、深圳的 3 家企业合作，企业共投资近 8 亿元，分别在成都高新区和温江区注册 7 家公司以对成果进行产业化开发。预计可立项研发的新药品种超过 50 个，后期吸引投资将超过 100 亿元。同时，根据《四川大学科技成果转化行动计划(试行)》，学校将把此次签约的 7 项成果作价 3.6 亿元所形成股权的 90%奖励给成果完成人，相关成果研发团队将获得价值约 3.2 亿元的股权[①]。此次合作转化的科技成果主要涉及新型肿瘤免疫治疗、新型基因治疗、预防与医疗细菌耐药的新型疫苗、防治衰老与衰老相关疾病的创新药物与产品等方面。在这一重大科技成果成功转化的基础上创办了一批高科技生物医药企业，这充分体现了四川大学在职务科技成果混合所有制改革政策和体制机制上的突破和革命。

6.4.3 案例分析

深化职务科技成果混合所有制改革，就是要在局部领域内调节生产关系，建立健全科技成果的产权制度和收益分配机制。职务科技成果混合所有制改革其核心就是从市场经济的最根本制度入手，通过科技成果产权的早分割、早确权、共享制以及“先确权，再转化”的方法，充分激发高校院所科研人员转移转化科技成果和自主创业的积极性和主动性，全面释放高校院所科研人员的创新创业活力。

为进一步推动职务科技成果混合所有制改革，鼓励高校院所科研人员的创新创业活动，2017 年 9 月，西南交通大学、四川大学、电子科技大学、西南财经大学、西南石油大学、四川农业大学、成都理工大学、中国科学院成都分院、中国科学院成都生物研究所、成都技术转移(集团)有限公司、成都生产力促进中心、成都科技发展研究中心共同成立了成都市科技成果“三权”改革联盟。

联盟将着力开展职务科技成果混合所有制改革研究，搭建职务科技成果混合所有制改革交流平台和服务平台，加快建设创新创业载体，完善高校、科研院所的科技成果对接机制，积极融入“创业天府”行动计划，不断深化职务科技成果混合所有制改革，推动“校院地”协同创新，促进高校、科研院所的高端创新资源服务地方经济发展，营造大众创业、万众创新的良好环境，为成都市的产业结构转型升级提供有力支撑。

为发挥科技成果“三权”改革联盟作用，实现混合所有制改革的“抱团”突破，联盟计划搭建改革经验交流平台，推广四川大学、西南交大等高校的混合所有制改革经验，在

① 川大 7 项科研成果 90%股权奖励个人，人民网教育频道，2017-09-30，http://m.people.cn/n4/2017/0930/c655-9942512.html。

校地共建的新型产业技术研究院和环高校院所成果转化区进行相关制度安排，加大对混合所有制改革成功案例和科技创新创业典型人物的宣传力度，带动更多的高校院所积极投身于混合所有制改革实践，围绕石墨烯应用、先进金属材料、机器人及智能装备等优势产业领域，再建一批新型产业技术研究院，进一步深化产学研协同创新和集成创新。

6.4.4　问题与建议

公司化运作过程是促进高校科技成果转化和实现“创新型创业”的重要途径之一。不过从长期看，作为职务科技成果发明人的高校教师如何在科技成果的公司化运作过程中适当而有效地参与，如何处理好教学科研和成果转化及创业之间的关系，是一个有待进一步探讨的问题。在此过程中，为充分发挥发明人因“隐性知识”等因素而在职务科技成果开发和运用过程中不可替代的作用，一方面可以进一步研究和探索企业“首席科学家”的相关聘任制度，另一方面可以充分发挥发明人科研团队特别是博士和博士后及相关专业化科技成果转化机构的独特作用，在公司化运作过程中让高校年轻教师、科研团队的年轻学子、专业化科技成果转化机构之间形成科学合理的分工，进一步提升高校职务科技成果转化的总体效率。

6.5　产权改革失败案例

6.5.1　科技成果产权改革失败概况

我国很多地区都在积极进行职务科技成果所有权改革探索，希望通过改革实现科技成果的快速、高效转化应用，创造社会价值，推动地方经济社会发展。总体来看，各地进行的职务科技成果混合所有制改革主要是在全面创新改革示范区或者国家自主创新示范区进行的探索和试验，其初衷是通过共同申请的方式，事先确定科研人员对科技成果的所有权，规避国有资产管理问题，提升科研人员对科技成果的处置权，推动科技成果的快速转化。职务科技成果混合所有制改革是理顺科技成果管理、使用、转化等各方面关系，简化科技成果转化程序，增大科研人员对成果处置权的改革尝试，其目的是推动科技成果的快速转化。在这方面，西南交通大学等高校做出了有益的尝试，取得了宝贵的经验，有人认为科技成果所有权混合制改革可以从根本上解决科技成果转化的难题。但职务科技成果混合所有制改革中还存在着一些有待解决的问题。在改革实践中，也存在少数因为执行者对职务科技成果混合所有制改革理解产生偏差、执行存在失当而催生的产权改革失败案例。

6.5.2　产权改革失败案例简介

根据我国的现行法律，除少数特殊规定外，对职务科技发明创造权利归属的规定大致相同，即执行本单位任务而产生的职务发明成果归属于单位，只有利用本单位的物质技术条件所完成的创新成果，才存在单位与发明人之间的约定空间。“职务科技成果混合所有制”与现行《中华人民共和国专利法》第六条、《中华人民共和国促进科技成果转化法》

第十九条、《事业单位国有资产管理办法》第二十条及第三十八条等相关法律条款有冲突，造成科研人员在探索实践过程中始终存在无法可依的顾虑。

例如，在上海理工大学太赫兹技术成果作价投资办理工商注册登记的过程中，对于如何将 80%的技术股权登记在 7 名科技成果完成人名下的问题，在 2015 年初上海市科委、教委、工商和税务四个部门的有关处室负责人协调时，工商部门提出了两种处理办法：一是将科技成果的权利由单位持有变更为单位与科技人员按份共有，再到工商部门办理注册登记；二是按照《中华人民共和国促进科技成果转化法》第四十五条的规定分两步进行，第一步以技术成果作价投资，取得技术股权，第二步将技术股权的 80%奖励给科技人员，再办理变更登记(吴寿仁，2017)。其中第一种做法实际上就是实施高校职务科技成果混合所有制，但是上海市科委等相关主管部门认为，采用混合所有制这种做法会留下隐患，存在法律风险，不利于新公司今后的健康发展。

6.5.3　案例分析

上海理工大学太赫兹技术成果之所以会在转化过程中面临上述挑战，主要原因如下。

首先，上海市科委等相关主管部门认为，单位与科技人员之间的劳动法律关系决定了科技人员不可以分享职务科技成果(吴寿仁，2017)。

第一，主管部门和上海市科委体制改革与法制处等相关负责人认为(吴寿仁，2017)，按照《中华人民共和国专利法》，职务科技成果是员工执行本单位任务或者履行其岗位职责所取得的，是员工创造性劳动与单位提供的物质技术条件相结合的产物，一方面职务科技成果作为完成本单位任务的成果，体现了单位的意志，另一方面，成果的相关责任由单位承担，因此，职务科技成果应当归属于单位。单位将职务科技成果等劳动成果转化为收入，进而支付科技人员劳动报酬，这样才能完成从劳动到劳动报酬的转化。退一步讲，职务科技成果归科技人员所有，就意味着劳动成果归劳动者个人所有，将劳动力转化为劳动报酬就无从说起。所以，职务科技成果不能归职务科技成果完成人。

第二，如果单位与科技人员在双方签署的劳动合同中约定科技人员可以分享劳动成果，只要充分体现了当事人的意思自治，这种做法本身不存在问题，但是它超出了《中华人民共和国劳动法》和《中华人民共和国劳动合同法》的范围，单位与科技人员之间的劳动关系就变成了一般的合作关系，即受《中华人民共和国合同法》(该法已于 2021 年 1 月 1 日废止)调整，从而会引发法律层面的混乱。

第三，在一般情况下，单位(实际上是单位的经营者和管理者)无权将由单位持有的职务科技成果随意地变更为由单位和科技人员共同持有。按照合理合法的变更方式，只有科技人员按照独立交易原则受让并向单位支付相关转让费用、单位所有权人(国家)将科技成果的全部或部分赠予科技人员、提供相关证明材料将原本属于科技人员的科技成果带纠正性质地变更为科技人员所有三种途径，但是上海理工大学太赫兹技术成果作价投资不属于上述任何一种途径，因而将该职务科技成果变更为单位与科技人员混合所有显然缺乏合法性和合理性。

其次，上海市科委和相关部门负责人认为，职务科技成果完成人享有奖励和报酬的权利，并不意味着他们可以享有相应的所有权，而且职务科技成果完成人享有股权奖励后不应享有同等的股东权利(吴寿仁，2017)。他们认为，股权奖励实际上体现的是包括分红权和剩余财产分配权等在内的财产权或经济权利，在性质上属于劳动报酬，而诸如投票权等人身权应当保留在单位，也就是说科技人员原则上不能对职务科技成果如何转化、与谁合作转化等问题进行最终决策，但在转化过程中，科技人员又必须协助和配合。如果职务科技成果作价出资比例不大，出资形成的股份占比不大，骨干科技人员在科技成果转化中起主导作用，能够代表科技成果出资方与投资者协商，则没有必要对科技人员所持股权的人身权作出限制。但在上海理工大学太赫兹技术成果作价出资案例中，上海市科委和相关部门负责人认为，技术成果作价出资比例高达 90%，且其中 80%的股权奖励给了科技人员，即科技人员在新公司中占有股权 72%，此时对新成立的太赫兹科技公司的治理方式进行约定就显得很有必要(吴寿仁，2017)。此外，一些需要国家控制或者影响国家安全的高科技成果，若审查报批制度不健全，部分科研人员将某些特殊科研成果直接投放至企业进行转化，也会产生一定的安全隐患。

综上所述，上海市科委和相关负责人认为，上述案例中将单位持有的职务科技成果变更为单位与科技人员按份额共同持有于法无据，于理不合，其中存在明显的法律风险，可能导致科技人员不当得利的问题(吴寿仁，2017)。因此，该职务科技成果实施混合所有制的探索和尝试最终失败。

6.5.4　问题与建议

从上海理工大学太赫兹技术成果作价出资案例可以看出，在职务科技成果混合所有制改革过程中，权属的具体分割和配置仍然存在许多问题，需要进一步研究和探讨。

首先，改革背景下职务科技成果权属的混合性不可偏废。高校职务科技成果混合所有制关注的科技成果主要是职务科技成果，本质上它由高校和发明人共同所有，在这一过程中，高校在职务科技成果权属当中作为主体之一，其身份存在性不能因为混合所有制改革而发生变化。此外，依据《中华人民共和国专利法》，职务科技成果是执行本单位任务或主要利用本单位物质技术条件所完成的发明创造，在推进职务科技成果混合所有制改革过程中，是否有必要对这两种不同形式的职务科技成果进行更加细致的规定，是需要进一步讨论和研究的问题。

其次，在科技成果转化过程中职务科技成果相关权利的落实需要进一步研究。高校职务科技成果混合所有制改革在本质上是一种“按份额共有”的科技成果共有制，因此，在转化过程中，占有权属份额更多的发明人及其团队在理论上拥有更大的支配权。然而，考虑到当前较为复杂的国际形势下，科技成果转化的复杂性，以及各单位总体战略和国家利益，在转化过程中以及转化之后，科技成果权属权利的实际行使具体如何在高校和发明人之间进行分配与安排，成了一个有待进一步探讨和厘清的问题。

本章参考文献

曹瑶瑶. 2016. 忽如一夜春风来 创新创业气象新——记西南交通大学创新创业故事. 中国经贸导刊, (34): 69.

陈柏强, 詹依宁, 刘增猛. 2018. 国有资产管理视角下关于高校专利维护与运营的思考和建议. 研究与发展管理, (6): 151-156.

付宏刚, 马海群. 2014. 我国高校知识产权保护现状探析. 中国高校科技, (3): 7-12.

郝世龙, 沈琦, 张晓凌. 2014. 技术价值评估方法的研究与应用. 电脑与信息技术, 22(5): 4-6.

申轶男. 2018. 基于转移转化的高校科技成果价值评估研究. 科技管理研究, (19): 96-100.

田红，阮琦，盛利. 2016. “职务科技成果混合所有制”：科技成果转化的“西南交大试验”. 科技日报, 2016-05-11.

王浩, 刘远山. 2014. 专利确权制度重构. 湖北警官学院学报, 27(1): 89-92.

温才妃, 田红. 2015. 西南交通大学探索职务科技成果混合所有制. 中国科学报, 2015-11-05.

吴寿仁. 2017. 科技成果转化热点问题解析(三)——再谈科技成果混合所有制. 科技中国, (8): 30-33.

吴寿仁. 2018. 科技成果转化若干热点问题解析(九)——技术及技术转移概念辨析及相关政策解读. 科技中国, (2): 54-60.

袁建中. 2004. 科技管理: 观念与案例. 台北: 联经出版社.

张铭慎. 2017. 如何破除制约入股型科技成果转化的“国资诅咒”？——以成都职务科技成果混合所有制改革为例. 经济体制改革, (6): 116-123.

第 7 章　未来之路：职务发明产权改革的出路

7.1　我国职务发明权属制度的法理基础及其变迁

职务科技成果的产权，归根结底，就是职务科技成果归谁所有的问题。职务科技成果的所有权从法学视角看，不同国家出于各自的公共利益、发展阶段与现实需求出台了相应的规定。我国《最高人民法院关于审理技术合同纠纷案件适用法律若干问题的解释》（法释〔2004〕20 号）对适用《中华人民共和国合同法》的司法解释，规定在以下情形，科研人员可享有科技成果所有权，一是单位与科研人员事先约定在履职中完成的科技成果归科研人员的；二是科研人员利用法人或者其他组织提供的物质技术条件，约定返还资金或者缴纳使用费的；三是科研人员个人完成的技术成果归完成该成果个人所有的（吴寿仁，2018）。但值得注意的是，公立研究机构（如高校、科研院所）与企业由于单位性质、创新方式、资金来源、劳动关系等存在差异，职务科技成果的产权归属应受到区别对待，有些成果更应属于完成本单位任务，有些则倾向于基于课题申报的自主研究，个人对成果的智力劳动投入存在差异，因此，高校教师、科研院所研究人员、企业雇员对于职务科技成果产权的归属态度就有较大区别，这也是未来立法应着重考虑的内容。

7.1.1　“社会主义制度的公有属性”是我国职务发明制度的早期表征

我国在 1979 年开始起草新中国第一部专利法时，职务发明制度归属问题就被引入专利制度框架的基本原则之中加以考虑。研究探讨之初，立法者始终对我国自身的政治经济体制优先考虑，而并非简单地照搬条文或移植制度，其性质关乎我国产权国有化这一基石，这并非一般意义上调整单位与个人关系的“职务发明”权属制度，其涉及国家与个人关系的专利所有权归属制度。我国绝大多数专利权将归社会主义公有制单位所有，选择引入职务发明制度，应有利于体现我国公有制经济的优势和特点。1984 年 3 月，第六届全国人民代表大会常务委员会第四次会议通过的《中华人民共和国专利法》是我国第一部专利法，其中第六条，并非简单地确立了职务发明权属制度，而是确定了体现“国家利益”的以职务发明为形态的“中国特色”专利权属制度。第六条第一款规定了我国内资机构职务发明权利归属，即“执行本单位的任务或者主要是利用本单位的物质条件所完成的职务发明创造，申请专利的权利属于该单位；非职务发明创造，申请专利的权利属于发明人或者设计人。申请被批准后，全民所有制单位申请的，专利权归该单位持有；集体所有制单位或者个人申请的，专利权归该单位或者个人所有。”第六条第二款规定了我国境内的外资机构职务发明的权利归属，“在中国境内的外资企业和中外合资经营企业的工作人员完成的职务发明创造，申请专利的权利属于该企业；非职务发明创造，申请专利的权利属于发明人或者设计人。申请被批准后，专利权归申请的企业或者个人所有。”我国第一部专利法中明确提出了处理“国家、集体和个人”的三元无形财产权关系，并通过区分专利权的所有和持有，以保障国家对专利权的法律利益，充分体现了社会主义的公有制基础。

7.1.2 “经济体制改革”是我国职务发明制度第二次修订的原始动因

2000 年，我国以加入世界贸易组织(WTO)、适应政企分开等国有企业制度调整等大事件为重点的经济体制改革拉开帷幕，充分体现了社会主义市场经济的属性，为满足经济、科技融合的体制改革需求，对专利法中涉及职务发明制度的条款进行了第二次修订。本次修订增加了《中华人民共和国专利法》第六条第三款关于约定职务发明的规定；相应修改了第十六条，明确将“发明创造实施奖励”改为“合理的报酬”，体现了对职务发明人贡献的制度性“对价”，落实了“对于知识产权的职务发明人、设计人、作者以及主要实施者，要给予与其实际贡献相当的报酬和股权收益”的总体要求。这是我国立法在专利权归属、处理、专利实施的激励机制等基本方面的重要调整，顺应了我国以市场经济改革姿态加入 WTO 的时代需求，也是我国专利制度与国际逐步接轨的重要方面。修订后的《中华人民共和国专利法》第六条的条文内容明显简化，直接规定职务发明创造申请专利的权利属于该单位；申请被批准后，该单位为专利权人。原第六条中的国家与单位、个人之间三元的专利权归属关系逐步被单位、个人的二元关系取代，并增加第三款规定在特定情形下，单位与个人可约定职务发明权归属。

7.1.3 “充分激发创造者活力”将成为未来职务发明制度调整的基本方向

2015 年 7 月，国家知识产权局报请国务院审议《中华人民共和国专利法修订草案(送审稿)》，国务院法制办收到此件后，开展了深入调查研究，征询了有关部门和社会公众意见。2018 年以来，司法部同国家知识产权局等有关部门根据新形势新要求，又进行了一系列调查研究工作，形成了《中华人民共和国专利法修正案(草案)》，并经国务院第 33 次常务会议讨论通过。2018 年末，第十三届全国人大常委会第六次会议对《中华人民共和国专利法(修正案草案)》进行了审议。较之于 1992 年、2000 年、2008 年对我国专利法的前三次修订，这次修订紧扣时代发展的新问题，着力提升知识产权保护力度，强化知识产权制度对创新的激励，着重破解以下方面存在的问题。一是专利权保护效果与权利人期待之间存在差距，专利维权困难，存在举证难、成本高、赔偿低等问题，新兴业态中的专利侵权现象增多，滥用专利权现象时有发生；二是专利技术成果转化率低，专利许可供需信息失衡，转化服务不足；三是为适应加入相关国际条约，以及给发明人、设计人取得专利权提供更多便利的需要，我国专利授权制度有待进一步完善(蒲晓磊，2018)。

本次对专利法的修订，着重修改了促进专利转化实施与运用的相关条款，其中涉及了职务发明制度的相关问题。制约我国专利转化实施与运用的一个重要因素就是制度对创新的激励作用不明显，而职务发明制度的初衷，就是通过给予发明人、设计人合理的回报预期，激发并调动广大职务发明人投身发明创造和成果转化的积极性，以制度的形式为专利权的取得与实施提供便利。针对专利法第六条，即涉及职务发明问题的主要条款，修订前后的对比见表 7-1。

表 7-1　《中华人民共和国专利法》修订前后对比

本次修订前	本次修订后
执行本单位的任务或者主要是利用本单位的物质技术条件所完成的发明创造为职务发明创造。职务发明创造申请专利的权利属于该单位；申请被批准后，该单位为专利权人。	执行本单位的任务或者主要是利用本单位的物质技术条件所完成的发明创造为职务发明创造。职务发明创造申请专利的权利属于该单位；申请被批准后，该单位为专利权人。该单位可以依法处置其职务发明创造申请专利的权利和专利权促进相关发明创造的实施和运用。
非职务发明创造，申请专利的权利属于发明人或者设计人；申请被批准后，该发明人或者设计人为专利权人。	非职务发明创造，申请专利的权利属于发明人或者设计人；申请被批准后，该发明人或者设计人为专利权人。
利用本单位的物质技术条件所完成的发明创造，单位与发明人或者设计人订有合同，对申请专利的权利和专利权的归属进行约定的，从其约定	利用本单位的物质技术条件所完成的发明创造，单位与发明人或者设计人订有合同，对申请专利的权利和专利权的归属进行约定的，从其约定

对《中华人民共和国专利法》第六条的修订主要涉及第一款，即单位专利处理权和职务发明人、设计人获得相应产权的激励方式予以原则性规定。也就是说，专利法允许单位在不违背其他相关法律法规(如国有资产管理的相关法规)的前提下，合理处置单位持有的专利，允许单位实行“产权激励”，且不完全列举了三种“产权激励”的形式，即股权、期权、分红。应当说，这样的修订是与《中华人民共和国促进科技成果转化法》中专利权由国家“下放”到单位的规定进行了制度衔接的结果，专利法首次明确规定了单位对其专利拥有处置权。知识产权相比于股权、期权、分红等“产权”是一种无形的产权所有形式，但同样属于“产权”范畴，且在知识经济时代发挥着愈加重要的作用，职务科技成果混合所有制改革中提出职务科技成果的知识产权可以由单位和发明人共同所有，即对职务发明人赋予了一定专利权属，实行“知识产权激励”，充分调动了发明人参与科技成果转化的积极性。本次修订将“产权激励”纳入了创新激励机制体系，是新形势下实行以知识价值为导向的分配原则在知识产权制度领域的体现，虽未明确规定实行“知识产权激励”制度，但草案中第六条新增的表述以及与原有的第三款表述的结合，从立法层面为职务科技成果混合所有制改革扫清了障碍，为职务发明人提供了权利配置与利益分配的基本保障。

职务科技成果混合所有制改革是四川全面创新改革试验区建设初期阶段的亮点工作之一，职务科技成果混合所有制是依据《中华人民共和国促进科技成果转化法》、借鉴美国《拜杜法案》并经过实践形成的一种制度创新。“西南交大九条”将《中华人民共和国促进科技成果转化法》中允许的转化后股权奖励前置为国有知识产权奖励，实现了产权分割，具有突破性和示范性意义。

在法理层面，职务科技成果混合所有制改革实际上的“产权分割”，与《中华人民共和国专利法》第六条第一款“职务发明创造申请专利的权利属于该单位”以及《中华人民共和国促进科技成果转化法》第十八条“职务科技成果，完成人和参加人在不变更职务科技成果权属的前提下，可以根据与本单位的协议进行该项科技成果的转化，并享有协议规定的权益”之规定相冲突，根据《教育部直属高等学校国有资产管理办法》第二十条要求按照国家有关规定及时办理专利权入账手续、加强管理的规定，“产权分割”行为存在国有无形资产“流失”之虞。本课题组对美国、日本以及中国台湾地区展开了相关专题研究，没有发现职务科技成果的产权按大比例分割给个人或课题组的案例(除了个人在市场条件下购买专利权的情况外)。另外，依法获得成果处置权的高校没有动力推进专利成果产业化，导致高校大量专利成果闲置，凸显职务科技成果混合所有制改革在中国具有特别意义；《中华人民共和国专利法》第六条第三款对“申请专利的权利和专利权的归属作出约定的，从其约定”的模糊规定，也为职务科技成果混合所有制改革留下了制度余地，也导致了相应的争论，引发了各种关于“修法”的建议。

2017年春参加全国两会的四川人大代表正式提出议案，在京津冀、上海、广东、安徽、四川、武汉、西安、沈阳8个全面创新改革试验区内“暂停适用《中华人民共和国专利法》第六条”，并提出修改《中华人民共和国专利法》第六条。但全国人大常委会尚未将《中华人民共和国专利法》相关条文的修订列入年度修法计划，并建议深入研究。应当说，职务科技成果混合所有制改革还面临着较长的立法之路，具体表现在以下四个方面。

1. *应用释法*

要对相关条款的法律适用做出更加详细的解释，可以通过全国人民代表大会行使“解释法律权”解决或部分解决令人们困惑的问题。在我国，引发全国人大常务委员会启动释法程序的事由一般分为两大类，一是法律制定或修改后，社会上对相关规定的含义及其解释存在不同认识，需要进一步明确其具体含义，以引导社会舆论；二是相关法律制定或修改后，随着经济社会发展，出现新的不相适应的情况，需要通过人大释法来明确法律适用的依据。但是，全国人大常委会不仅行使释法权的次数很少，而且范围也很窄，仅有的五次人大释法均为对香港问题的解释，在解释问题的类型上，“明确适用法律依据的解释”在数量上远少于“明确法律规定具体含义的解释”。全国人大常委会的释法实践和社会呼声表明，立法解释制度在我国现阶段有其存在的现实必要性和扩大使用范围的迫切性。就目前而言，专利法第六条第一款和第三款是“从属关系”还是“平行关系”，其矛盾争议和影响是否足以启动释法程序，还有待观察。

2. *地方立法*

通过专项工作在地方人大立法，在上位法指导下，补充、完善相关规定和细则。由四川省第十三届人大常务委员会第六次会议通过并于2019年1月1日起施行的《四川省促进科技成果转化条例》第二十五条规定，“利用本省财政资金设立的研究开发机构、高等院校所取得的职务科技成果，应当积极实施转化。实施国有单位的职务科技成果转化，可以按照混合所有制改革的原则依法确定职务科技成果权属。职务科技成果权属发生争议的，除法律法规有明确规定外，按照有利于科技成果完成人或者参加人的原则妥善解决。”从原则上对推进改革的总体思想进行了贯彻，以地方立法的形式予以了明确规定，为改革推进提供了强有力的地方立法支撑，下一步应就“混改确权”的分割程序、财务审计、尽职免责等具体程序，明确相关地方条例。

3. 专项立法

在《职务发明条例草案(送审稿)》(2016 年 4 月 2 日)的基础上继续研究“职务发明单独立法”问题。国家知识产权局从 2010 年底开始制订《职务发明条例》，并于 2012 年 8 月和 11 月两次就《职务发明条例草案(征求意见稿)》公开征求意见；2012 年 11 月 26 日，国家知识产权局连同国务院 11 个部委和中国人民解放军总装备部(现中国共产党中央军事委员会装备发展部)发布《关于进一步加强职务发明人合法权益保护促进知识产权运用实施的若干意见》；2014 年 4 月 1 日和 2015 年 4 月 2 日，国家知识产权局先后两次就《职务发明条例草案(送审稿)》公开征求意见。根据《关于职务发明条例草案(送审稿)的说明》，条例草案借鉴德、法等国的发明申报制度，并结合我国国情规定发明报告制度，旨在保护单位对职务发明的合法权益，并预防权利归属纠纷的发生。但从另一层面看，德国的《雇员发明法》也被诟病增加了企业的经营成本，且与我国的雇主优先主义存在不相适应的地方，关于是否有必要单独立法的问题，国内外仍存在争议。将职务发明“混合所有制”原则融入单独立法的原则考量，有利于更好地平衡雇主与雇员利益，有利于制定一部中国特色鲜明的职务发明法。

4. 专利修法

进一步推进专利法修订进程。关于专利法第六条的修改，除本章前面部分写明的修正案内容外，还有部分学者提出了新的建议，例如，建议将专利法第六条第一款修改为“执行本单位的任务完成的发明创造为职务发明创造。单位可以与发明人或设计人订立合同，对职务发明创造申请专利的权利和专利权的归属进行约定，没有约定的，申请专利的权利和专利权属于该单位”。本修订将职务发明权属由“单位所有”变为“单位决定所有”，赋予单位充分的自主权，并非完全意义上的“单位优先”。还有学者建议将第六条修订为“对于完成本单位任务获得的发明创造，所有权优先归单位，有约定的从其约定；对于利用本单位的物质技术条件完成的发明创造，所有权优先归发明人，有约定的从其约定”，以此更好地平衡单位与发明人之间的利益。总体而言，专利法第六条的修订，应更加充分体现发明人对发明创造智力贡献的价值，强化对创新主体的激励与“松绑”，实现公共利益与私人利益之间的平衡。

7.2　推动职务科技成果权属改革与发展的政策建议

7.2.1　依据不同单位和不同技术属性分类推进

1. 依据单位不同属性推进改革工作

对不同属性的单位，建议针对其自身特色和特殊困境分类推进职务科技成果混合所有制改革工作。

第一，在高校方面，首先应对已有的科技成果进行筛选，筛选出可以进行混合所有制改革的发明创造成果。其次，高校自身应该建立相应的科技成果转化归口管理部门，进行科技成果转化工作。最后，建立专业的人才队伍对科技成果进行作价评估。建议结合第三方评估机构与自身业已成立或准备成立的科技成果转化专门机构，对本校职务科技成果存量进行"颗粒归仓"式的完整评估，将确属潜在商业价值较高但又因管理体制与激励机制而受限制和约束的科技成果，优先列入混合所有制改革确权范围；对于商业价值较低或者成果质量本身较低的科技成果，可以考虑采用停止缴纳专利维持费等其他方式处理；对于准备新申请的专利，通过成立科技成果转化专门机构等方式对其申请质量进行审查，逐步提升科技成果质量与潜在价值。

第二，在科研院所方面，首先要明晰自己的属性是公益性科研院所，如四川省自然资源研究院和四川省草原科学研究院等，还是属于转企科研院所，如四川省食品发酵工业设计研究院。单位应该根据自身不同的属性制定不同的政策。基础性、公益性科研院所在积极推动混合所有制改革工作的过程中，可通过尝试政府技术购买或者技术转化与应用补贴等配套政策方式助推成果转化应用；转企科研院所在深入分析其科技成果转化规律与特殊性的基础上，可比照企业职务科技成果管理方式制定权属和相关转化政策措施。

2. 依据技术不同属性推进改革工作

针对不同属性的技术类型，可采用如下方式分类推进改革工作。

第一，基础性技术。基础性技术市场前景较差，离成功转化还有非常长的一段路要走，针对这种职务科技成果，在筛选的基础上要依托混合所有制改革进一步推动其衍生出应用性技术的开发与成果转化，并制定相应的具体政策与措施。

第二，应用性技术。应用性技术相对基础性技术来说，市场前景更广阔，与市场需求连接更紧密，这类技术应通过科学、合理的确权，确立针对单位、发明人和科技成果转化单位等各参与主体的有效激励机制，制定相应的政策加速其转化。

7.2.2 分析资源要素投入规范"确权"程序

2016 年 1 月，西南交通大学印发的《西南交通大学专利管理规定》是我国最早关于职务科技成果混合所有制改革的文件。2016 年 6 月，在四川省全面创新改革试验区建设过程中，成都市发布了《促进国内外高校院所科技成果在蓉转移转化若干政策措施》，从政府层面明确规定了职务发明人对职务科技成果的所有权，随后四川省各试点高校和科研院所陆续制定了本单位的职务科技成果混合所有制改革实施方案。对比各单位的做法，除四川大学的《四川大学科技成果转化行动计划(试行)》规定了比较系统、具体的实施原则和措施外，其他单位在"确权"原则、操作程序和流程以及权益分配比例方面含糊其辞，有失科学和规范性。

四川省政府应在总领全局的基础上，督促试点单位制定完善的职务科技成果混合所有制操作细则，进一步规定"确权"原则、操作程序和流程以及权益分配比例。混合所有制在实施过程中涉及科技成果的权属分割、评估作价入股、二次研发、产业化等一系列环节，每一环节应制定更具体的实施办法，形成科学、标准、规范的操作细则是试点单位的责任。同时，职务科技成果混合所有制改革涉及科技成果转化法、专利法、国有资产管理办法以及税收、财务、工商管理等相关政策，继续改革势必触碰部分政策壁垒，四川省应利用全面创新改革试验区先行先试的政策优势，系统地设计关键性改革的配套政策，为提炼可复制和推广的改革经验，以及具备全局性、普遍性和可操作性的改革做法奠定基础。

7.2.3　理顺相关主体责任、权利、权益和风险化解关系

1. 在单位与科技成果完成人关系中明确权责

高校和科研院所应结合单位以及学科特点，根据成果产生时使用的财政资金和学校公共资源的情况，确定确权分割的原则和流程。高校和科研院所要根据科技成果形成过程中使用的财政资金的比例以及占用公共资源的情况来计算资源占用系数，以此来科学合理地确定单位与个人的权责配置比例。个人提出确权申请以后，单位要成立确权工作小组(由产业技术研究院或类似部门牵头，相关部门配合，并与相关专家进行交流评估)，然后由单位与科研团队签订权责的比例分配协议，以具有法律约束效应的方式明确单位与科技成果完成人之间的权利与责任，避免在成果转化过程中出现互相推诿的情况。确权后，高校和科研院所可鼓励科技成果完成人按照公平、公开、公正的方式买断学校的权属。科技成果完成人可以在成果完成后 5 年以内以零首付的方式分期付款购买学校的权属，鼓励科技成果完成人买断所有权进行入股和转化。

2. 建立单位内部主体之间利益与风险对等机制

单位内部主体有效合作，将职务科技成果进行成功转化的关键，是按照市场经济运行规律建立合理的收益分享机制，从而保证各方利益共享与风险共担，使各方可以分享科技成果转化所带来的利益，形成有效的利益共同体。目前，试点单位内部主体之间尚在关注利益的分配问题，而对相对应的潜在风险却极少提及。因此，收益分配的依据也应改进，新的收益分配方式也应该与单位内部主体所投入的资本及其承担的风险对等。所谓投入的资本不仅指单位与个人的资本金，还包括科技中介提供服务的人力资本、服务、资金消耗等。基于“风险共担、利益共享”的原则，要建立单位内部主体的收益分配机制的数理模型，建立科学、可行的指标，量化各个主体所承担的风险、所付出的投资(包含资金、人力成本、知识等)。投入的资金较易度量，在人力成本的度量上，可以对不同级别的人员建立人力成本的配比系数，根据其参与项目转化的时间，计算其人力成本。与此同时，合理确定资金、人力资本、知识之间的比例权重，从而计算出单位内部各主体的最终投入值。对风险的衡量则需要建立指标评价体系，可请相关专家进行判断和打分，采用层次分析法等对判断矩阵的各层次进行单排序计量和一致性检验，进而得到各指标的权重。最后综合考虑各主体的投入及其承担的风险，建立合作收益分配比例模型。值得一提的是，目前国内高校科技成果转化方面尚缺乏完备、规范的校内财务和审计制度，高校应通过财务严格记录成果转化每个环节的资产变动与资金流向，围绕成本计量、价值评估、转化交易、收益分配、审计调查等方面开展流程再造，加强规范管理，从资产收益和支出两条路径控制高校职务科技成果转化中的财务风险。

7.2.4 加快职务科技成果混合所有制改革的专业化进程

在单位与科技成果完成人之间的权责关系明确之后，还应考虑单位内部主体关系链中的重要一环——技术转化中介机构。由试点单位的试验改革情况看，目前可将试点单位分为两类，一类还未建立技术转化中介机构，另一类初步建立了技术转化中介机构，但是其服务能力尚不能满足科技成果转化的需要。还未建立中介机构的单位，应该立足单位优势，鼓励单位内的科技工作者创办具备诸如科技评估、科技咨询、中介机构资质认证、面向决策的战略研究等资质的专业技术转化中介机构。对于已经初步建立中介机构的单位，其目前最主要的任务是提高中介机构的专业服务能力。首先，注重高端人才的培养，科技成果转化服务工作对人才结构和人才素质有极高的要求，因此，必须培养一批能够对科研成果的使用价值、可行性等各个方面进行深入分析的高端人才，可以由政府出面聘请一些科技、政策、管理等方面的国际顶尖人才对当地科技中介机构从业人员进行培训，举办一系列知识讲座，为中介机构传授经验，提高其服务能力。其次，要加强中介机构行业协会的建设。目前各试点单位的中介机构发展参差不齐，为促进科技中介机构的规范、全面健康发展，应组建各类科技中介行业协会，制定科技中介服务的行业规范和服务标准。

培育和建设依托于高校的科技成果转化主体机构（或称高校技术转移机构），探索建立一批围绕职务科技成果的专业化确权评估、风险预警、转化服务机构与平台。科技成果转化主体机构是产学研链条中的重要环节之一，是促进技术成果从大学向企业转化的中介组织或技术的直接实施方，也是高校创新成果与产业融合的助推器。针对我国高校职务科技成果转化存在的一些显著和亟待解决的问题，例如科技资源和市场信息的不对称、缺乏专业科技中介机构和高素质复合型技术经理人等，专业化机构的设立能够起到桥梁作用。应充分利用高校科技创新的主体优势，建立高校职务专利导航科技创新决策机制，建立高校职务专利导航服务工作的专门机构。

建立和完善四川省高校技术转移机构的服务模式并建立技术中介的运营和有效监管机制。在国际上具有代表性的美国大学技术许可办公室和日本社会性企业技术许可组织（独立法人）的运作模式，当前对四川省具有特殊参考意义。以美国和日本为代表的高校创新成果转化部门将职务发明专利的信息利用作为贯穿工作始终的职能，其中包括引导职务发明者的技术发明信息披露和科研人员专利信息利用培训；之后技术转移专业人员与机构会找相关技术专家对科技成果（例如专利）进行评估，同时进行知识产权的预警分析，如果科研成果被认定为有市场前景，那么技术转移机构会寻找有潜在需求的企业接洽；技术经理人的专利评估与信息利用培训应着眼于提升专利技术的预警分析与转化实施的流程把控水平；在技术转移机构和平台中，专利的技术特点应是公开透明的，专利信息在技术中介机构与平台上的披露可以让市场充分了解专利技术，也有利于技术发明方不断改进研发的技术；技术中介机构和平台还应呈现企业和市场对技术的需求信息，便于各主体有效对接。围绕职务科技成果专业化确权评估、风险预警、转化服务的机构和平台应开展以下服务，如技术发明信息披露与管理机制、研发过程的科技与商业信息共享、公共政策信息支持、技术经理人职业培训、技术市场需求信息整合、研发主体知识产权信息共享服务、专利运营、产业和企业专利导航、产业和企业知识产权评估与评议、法律服务等，同时有必要建立一整套围绕职务科技成果孵化与转化的专业化机构与平台建设指导规范，对这类机构的职能、运行和发展进行有效监管。

7.2.5 优化职务科技成果混合所有制改革的法律政策环境

利用好全面创新改革试验区先行先试政策，是大力推进科技成果转化机制变革的历史性机遇。中共中央办公厅、国务院办公厅印发的《关于在部分区域系统推进全面创新改革试验的总体方案》和四川省推进实施并经国务院批准的《四川省系统推进全面创新改革试验方案》从总体上坚持问题导向，把破解制约创新驱动发展的突出矛盾和问题作为“牛鼻子”，把推进有利于科技成果转化的体制机制改革作为改革方案的主要任务之一。国家授权四川省在科技成果转化机制等领域先行先试，是寻找问题突破口、建立“试验田”、积累并总结政策与制度运行经验、探索建立高校职务科技成果转化体制机制的重要机会。

高校科技成果转化问题的核心之一在于对《中华人民共和国专利法》《中华人民共和国专利法实施细则》中关于职务发明制度的再界定，以及对于《中华人民共和国专利法》第六条的权属约定原则的有效运用。职务发明共有制以及赋予职务发明人专利申请权是目前受到较多讨论的两种破解高校职务发明成果转化的路径，它们在能很大程度上激发科研人员参与和推动成果转化的积极性，提升科技成果转化效率。但这两种路径在国际上并没有相应的立法先例，且仍需较长的配套立法修订过程，因此存在一定的执行成本与风险。总体来看，我国职务发明制度以“雇主优先”模式为原则，在制度运行中产生了奖酬制度落实不佳、职务发明的界定和适用范围过宽、权属约定契约化较弱等问题。权属约定契约化作为现有立法框架下最具可操作性的路径手段，应成为下一阶段四川省推进职务科技成果转化的突破口和着力点，例如，德国《雇员发明法》为保护雇员的利益，对合同自由进行了法定限制，事先规定对雇员不利的约定无效。现阶段我国职务发明权利归属于单位仍是基本原则，但在这一原则之上，若发明人同单位之间有与原则不同的约定，则法律尊重双方之间的协议，优先按照协议确定权利的归属，但我国现有的法律机制和地方条例并没有充分发挥契约机制在职务发明权属认定方面的上位作用。

本章参考文献

蒲晓磊. 2018. 专利法迎来第四次修改：故意侵犯专利权最高罚款 500 万元. 法制日报, 2018-12-24.

吴寿仁. 2018. 科技成果转化若干热点问题解析(十四)——科研人员科技成果所有权探析. 科技中国, (7): 28-36.

附录：《西南交通大学专利管理规定》

（2016 年 1 月 4 日）

第一章　总　　则

第一条　为加强西南交通大学（以下简称“学校”）专利管理工作，规范职务发明人与学校的权属关系，鼓励职务发明人转化专利成果，根据《中华人民共和国专利法》《中华人民共和国促进科技成果转化法》《关于进一步加强职务发明人合法权益保护促进知识产权运用实施的若干意见》（国知发法字〔2012〕122 号）及《四川省知识产权局关于加强职务发明人合法权益保护促进知识产权运用的实施意见》（川知发〔2015〕6 号），特制订本规定。

第二条　本《规定》适用于下列人员：

（一）本校教职员工：本校任职的教师、职员、临时聘用人员、实习人员，以学校名义从事科研活动的博士后、访问学者和进修人员等。

（二）本校学生：被学校依法录取、具有学籍的受教育者。

第三条　本《规定》所称的“专利”包括：

（一）发明专利、实用新型专利、外观设计专利；

（二）非专利专有科技成果；

（三）技术信息和技术秘密；

（四）法律法规规定或者根据书面合同约定应当由学校享有的其他专利、技术权利。

第二章　权　　属

第四条　执行学校的任务或者主要利用学校物质技术条件完成的发明创造为职务发明创造。依照法律法规及各项政策规定，为实现对职务发明人或职务发明人团队（以下统称职务发明人）的奖励，学校将奖励前置简化为国有知识产权奖励。对既有专利和专利申请，学校通过专利权人和专利申请人变更的方式实现对职务发明人的奖励；对新的专利申请，学校通过共同申请实现对职务发明人的奖励。

学校与职务发明人就专利权的归属和申请专利的权利签订奖励协议，规定或约定按 30%∶70%的比例共享专利权。职务发明人以团队为单位的，其内部分配比例由团队内部协商确定。

第五条　对于学校既有专利，可由职务发明人按本规定提出奖励申请，学校与职务发明人签订奖励协议后，由科学技术发展研究院（以下简称“科研院”）出具专利权人变更所需材料，在国家知识产权局将专利权由学校所有变更为学校和职务发明人共同所有，变更所需的费用由职务发明人承担。

第六条 对学校已经提出的处于审查中的专利申请，可由职务发明人按本规定提出奖励申请，学校与职务发明人签订奖励协议后，由科研院出具专利申请人变更所需材料，在国家知识产权局将专利申请由学校单独申请变更为学校和职务发明人共同申请，变更所需的费用由职务发明人承担。

第七条 对于本规定实施后的专利申请，职务发明人可以选择是否与学校共同申请专利。选择与学校共同申请的，学校与职务发明人签订奖励协议后共同申请专利。

第八条 委托合同或合作开发合同中约定学校享有专利权的，可以在合同中明确约定学校与职务发明人共同申请该专利，并按 30%∶70%比例共同享有该专利权。未在委托合同或合作开发合同中约定职务发明人与学校专利权属分配比例的，按本规定约定的比例执行。

第九条 离休、退休的教职员工，在离退休一年内完成的与其在学校承担的本职工作或分配任务有关的发明创造所获得的专利权，由学校与职务发明人按 30%∶70%比例共同享有该专利权。

第十条 学校在编人员或与学校建立聘用关系或劳动人事关系的人员外出进修或赴境外公派访问、进修、留学及开展合作项目研究，对其在校已进行研究，在校外或境外完成的发明创造，如协议约定学校享有专利权，则学校与职务发明人按 30%∶70%比例共同享有该专利权。

第十一条 来学校及其所属单位学习、进修或合作研究的客座研究人员、临时聘用人员、博士后在站人员，如协议约定学校享有专利权，则学校与职务发明人按 30%∶70%比例共同享有该专利权。

第十二条 学校与职务发明人共同享有的专利和专利申请，专利的申请费、年费等可由学校与职务发明人按各自的权属比例共同承担，也可由职务发明人先行承担全部费用，学校再以奖励的方式给予补贴。

第三章 转　化

第十三条 学校单独享有的专利一次性转让或许可后，学校从转让或许可净收益中(扣除相关费用)提取 70%分配给职务发明人，剩余 30%由学校与职务发明人所在二级单位按 1∶1 的比例分配，其他基层组织不再享有专利收益分配权。学校与职务发明人共同享有的专利一次性转让或许可后，除职务发明人所享有的 70%的收益外，学校享有的 30%的收益，由学校与职务发明人所在二级单位按 1∶1 的比例分配，其他基层组织不再享有专利收益分配权。

第十四条 对需要评估作价投资的专利和专利申请，学校将持有的专利权和专利申请权转让给所属的全资国有公司后，再进行评估作价投资。

第十五条 国家大学科技园、资产经营公司应引入市场机制，为专利成果转化提供中试投资、风险投资、评估作价和创业孵化等服务，积极推动专利成果资本化。

第四章　管　　理

第十六条　科研院负责专利管理工作。科研院通过科技建设专款支持知识产权申请、维持和保护方面的有关费用。

第十七条　学校及其所属单位派出人员，包括访问学者、进修人员、公派留学生等派出国的人员和派往国内其他单位的研究人员，应遵守本规定，不得擅自将学校的专利、技术及相关技术资料、信息对外泄露、带出。

第十八条　来学校及其所属单位学习、进修或合作研究的客座研究人员、临时聘用人员、博士后在站人员，应由学校与其单位签署协议，约定其在学校及其所属单位学习或工作期间完成的发明归属。

第十九条　学校各单位或个人接受国内、外单位或个人委托，或者委托国内、外单位或个人进行研究、开发，须订立书面合同。合同中应对专利归属进行约定。

第二十条　学校所属单位及有关人员应按照《西南交通大学科研档案归档要求和归档范围》做好科研档案归档工作，严格执行《西南交通大学科技档案工作暂行规定》和本《规定》，做好专利成果保护工作。

第二十一条　学校教职员工申请非职务发明专利，应向科研院申报，接受审核。对于符合条件的，科研院出具相应证明。

第五章　奖　　惩

第二十二条　学校依法保护职务发明创造、职务技术成果完成人的合法权益，按照国家规定给予奖励，并作为工作业绩和评定职称的重要指标之一。

第二十三条　学校既要保护职务发明人合法权益，也要维护学校的合法利益。转化过程中，存在下列情形之一的，学校将根据不同情况，对当事人予以批评、不得晋升职称、解除聘任等行政处分；给学校造成经济损失的，学校依法追究民事赔偿责任；构成犯罪的，报请司法机关依法追究其刑事责任：

（一）未征得学校同意，擅自对外转化、转让职务发明专利；

（二）未征得学校同意，擅自创办企业实施职务发明专利；

（三）故意夸大技术水平、技术成熟度，引起转化合作纠纷；

（四）以非专有技术冒充专有技术造成纠纷。

第六章　附　　则

第二十四条　国防专利可参照上述规定执行，但实施须遵守《国防专利条例》。

第二十五条　本规定由知识产权办公室（挂靠科研院）负责解释。

第二十六条　本规定自公布之日起施行。

第二十七条　2013 年 6 月颁布的《西南交通大学知识产权保护管理规定》同时废止。